Wörner/Wilhelmi/Glöckner/Breuer/Behrendt

Digitalisierung des Rechts

Recht der Digitalisierung – Digitalisierung des Rechts

Band 1

Digitalisierung des Rechts

Herausgegeben von
Liane Wörner, Rüdiger Wilhelmi, Jochen Glöckner,
Marten Breuer und Svenja Behrendt

DE GRUYTER

ISBN 978-3-11-134332-7
e-ISBN (PDF) 978-3-11-134334-1
e-ISBN (EPUB) 978-3-11-134338-9
ISSN 2510-9820
DOI https://doi.org/10.1515/9783111343341

Library of Congress Control Number: 2024936431

Bibliografische Information der Deutschen Nationalbibliothek
Die Deutsche Nationalbibliothek verzeichnet diese Publikation in der Deutschen Nationalbibliografie; detaillierte bibliografische Daten sind im Internet über http://dnb.dnb.de abrufbar.

Einbandabbildung: Tierney / #320667457 / AdobeStock

www.degruyter.com

Vorwort

Dieses Buch versammelt die Beiträge des Kolloquiums zum Thema „Digitalisierung des Rechts“, das am 11. und 12. Mai 2023 an der Universität Konstanz stattfand. Es bildet zugleich den Auftakt der neuen Reihe „Recht der Digitalisierung – Digitalisierung des Rechts“.

Das Kolloquium hat sich interdisziplinär mit der Frage befasst, wie sich die Digitalisierung und die Datafizierung auf die Erkenntnis und Anwendung des Rechts auswirken. Die Frage gerät gegenüber der weiteren Frage, wie sich bestehendes oder zukünftiges Recht auf die Digitalisierung und die Datafizierung auswirkt, oft in den Hintergrund, ist aber in ihrer Bedeutung insbesondere für die Rechtswissenschaft und -praxis nicht zu unterschätzen. Ihr lässt sich nur im interdisziplinären Dialog nachgehen. Die hier abgedruckten Beiträge stammen demgemäß nicht nur aus der Rechtswissenschaft und -praxis, sondern auch aus der Linguistik, der Informatik und den Sozialwissenschaften.

Das Kolloquium fand im Rahmen des Centre for Human | Data | Society (CHDS) an der Universität Konstanz statt und wurde von der Initiative Recht und Digitalisierung (RuD) am dortigen Fachbereich Rechtswissenschaft veranstaltet. Zahlreiche Teilnehmerinnen und Teilnehmer haben den Dialog mit den Vortragenden aufgenommen und die Diskussionen bereichert. Neben den im vorliegenden Buch versammelten Beiträgen umfasste das Kolloquium auch eine öffentliche Podiumsdiskussion zum Thema Digitalisierung der Anwendung des Rechts mit Prof. Dr. Dirk Heckmann, Dr. Maximilian Schenk, Dr. Alexander Schwarz, Prof. Dr. Marc Strittmatter und Prof. Dr. Ingeborg Zerbes unter der Moderation von Dr. Claudia Kornmeier. Die Podiumsdiskussion steht im Internet unter dem Link https://streaming.uni-konstanz.de/talks-und-events/2023/chds-digitalisierung-des-rechts/digitalisierung-des-rechts-2023-05-11/ als Stream, mp4 oder mp3 weiterhin zur Verfügung.

Ein solches Kolloquium ist nicht ohne vielfältige Unterstützung möglich. Dazu gehört die Finanzierung, die im Rahmen der Forschungsinitiative RuD aus Mitteln der Exzellenzstrategie der Universität Konstanz erfolgte. Vor allem aber haben die Teams an unseren Lehrstühlen und am CHDS durch ihren engagierten Einsatz maßgeblich zum Gelingen des Kolloquiums beigetragen. Um die Betreuung dieses Buchs hat sich in besonderem Maße Frau Janine Blocher verdient gemacht. Ihnen allen sei an dieser Stelle herzlich gedankt.

Wir hoffen, dass dieses Buch mit seiner Fragestellung, wie sich die Digitalisierung und die Datafizierung auf die Erkenntnis und Anwendung des Rechts auswirken, und die in ihm versammelten Beiträge dazu auf ein breites Interesse stoßen und eine fruchtbare Diskussion anregen werden. Der komplementären

Frage, wie sich bestehendes oder zukünftiges Recht auf die Digitalisierung und die Datafizierung auswirkt, soll in einer weiteren Tagung nachgegangen werden.

Konstanz, im März 2024

Liane Wörner
Rüdiger Wilhelmi
Jochen Glöckner
Marten Breuer
Svenja Behrendt

Inhalt

Vorwort — V

Abkürzungsverzeichnis — IX

Liane Wörner, Rüdiger Wilhelmi, Jochen Glöckner, Marten Breuer
Digitalisierung des Rechts
Eine Einführung — **1**

Friedemann Vogel
Der Richter, (k)ein Bot?!
Vier Thesen zur Digitalisierung des Rechts aus rechtslinguistischer Perspektive — **9**

Alexandra Windsberger
Rechtslinguistik und Texterkennung im Kontext der Digitalisierung des Rechts
Über digitale Bermuda-Dreiecke und künstlich intelligente Praktikanten — **27**

Hanjo Hamann
Evidenz, Empirie und Data Science in der Rechtswissenschaft
Ein „Scoping Review" zur Taxonomie quantitativer Rechtsforschung — **41**

Stefan Leue, Rüdiger Wilhelmi
Modellierung des Rechts — 67

Matthias Schmid
Modellierung als Methode bei der praktischen Rechtsetzung — 91

Lena Leffer, Lucia Sommerer
Zum Einsatz einer Geldwäschedetektions-KI zur Strafverfolgung
Automatisierte Verkettung von Verdachtsstufen — **107**

Dominik Brodowski
Datengestützte Prognose justizieller Entscheidungen
Entwicklungsstufen, Gefahren, Potentiale — **125**

Isabella Risini, Shanshan Xu, T. Y. S. S. Santosh, Oana Ichim, Barbara Plank, Matthias Grabmair
Annotation von Referenzdaten zur Entwicklung einer KI-basierten Entscheidungshilfe für den Europäischen Gerichtshof für Menschenrechte
Ein Werkstattbericht — **143**

Krisztina Karsai
KI vs. menschliche Entscheidung bei der Analyse und Anwendung des Rechts — 165

Svenja Behrendt
Menschliches und maschinelles Entscheiden bei der Analyse und Anwendung des Rechts — 179

Autorenverzeichnis — 197

Abbildungsverzeichnis — 199

Abkürzungsverzeichnis

Abkürzung	Titel
a.F.	alte Fassung
AAAI	Association for the Advancement of Artificial Intelligence
AALS	Association of American Law Schools
ACM	Association for Computing Machinery
AcP	Archiv für die civilistische Praxis
AfBR	Archiv für Bürgerliches Recht
AG	Amtsgericht; alt. Aktiengesellschaft; alt. Die Aktiengesellschaft
AGB	Allgemeine Geschäftsbedingungen
AI	Artificial Intelligence
AI Ethics	AI and Ethics
AIDP	Association Internationale De Droit Pénal
AIES	Austria Institut für Europa und Sicherheitspolitik
AJ Pénal	Actualité Juridique Pénal
AJIL	American Journal of International Law
AktG	Aktiengesetz
Am. J. Comp. L	American Journal of Comparative Law
AMLA	Anti-Money Laundering Authority
AöR	Archiv des öffentlichen Rechts
API	Application Programming Interface
ARSP	Archiv für Rechts- und Sozialphilosophie
Artif Intell Law	Artificial Intelligence and Law
ASAIL	Automated Semantic Analysis of Information in Legal Text
AssÖR	Assistententagung Öffentliches Recht
AStA	Wirtschafts- und Sozialstatistisches Archiv (früher: Allgemeines Statistisches Archiv)
BaFin	Bundesanstalt für Finanzdienstleistungsaufsicht
BayObLG	Bayerisches Oberstes Landesgericht
BDSG	Bundesdatenschutzgesetz
BfDI	Bundesbeauftragter für den Datenschutz und die Informationsfreiheit
BFH	Bundesfinanzhof
BGB	Bürgerliches Gesetzbuch
BGBl.	Bundesgesetzblatt
BGH	Bundesgerichtshof
BGHSt	Entscheidungen des Bundesgerichtshofs in Strafsachen
BMBF	Bundesministerium für Bildung und Forschung
BMC Med. Res. Meth.	BioMed Central Medical Research Methodology
BMI	Bundesministerium des Innern und für Heimat
BMJ	Bundesministerium der Justiz
BRD	Bundesrepublik Deutschland
BRJ	Bonner Rechtsjournal
BRM	Behavior Research Methods

BRZ	Berliner Rechtszeitschrift
BSG	Bundessozialgericht
BT-Drs.	Bundestagsdrucksache
BVerfG	Bundesverfassungsgericht
BVerfGE	Entscheidungen des Bundesverfassungsgerichts
BYU L. Rev.	Brigham Young University Law Review
CAL²	Computer-Assisted Legal Linguistics
CDA	Combinatorial Data Analytics
CELS	Conference on Empirical Legal Studies
CELSA	Conference on Empirical Legal Studies in Asia
CELSE	Conference on Empirical Legal Studies in Europe
CEPEJ	European Commission for the Efficiency of Justice (Council of Europe)
CFS	Center for Financial Studies
CLDS	Center for Legal Data Science
CLSR	Computer Law & Security Review
COC	Case Outcome Classification
Cogent Edu.	Cogent Education
Colum. L. Rev.	Columbia Law Review
COMPAS	Correctional Offender Management Profiling for Alternative Sanctions
CR	Computer und Recht
DIN	Deutsches Institut für Normung
DIP	Dokumentations- und Informationssystem für Parlamentsmaterialien
DiRUG	Gesetz zur Umsetzung der Digitalisierungsrichtlinie
DNA	Desoxyribonukleinsäure
DNotZ	Deutsche Notar-Zeitschrift
DÖV	Die Öffentliche Verwaltung
Droit & Phil.	Droit & Philosophie
DRTF	Digitale Rechtstatsachenforschung
DSGVO	Datenschutz-Grundverordnung
DSM-Richtlinie	Richtlinie über das Urheberrecht und die verwandten Schutzrechte im digitalen Binnenmarkt
DStJG	Deutsche Steuerjuristische Gesellschaft
DStR	Deutsches Steuerrecht
EACL	Conference of the European Chapter of the Association for Computational Linguistics
EALR	ELSA (European Law Students' Association) Austria Law Review
ECHR	European Court of Human Rights
ECMO	Extrakorporale Membranoxygenierung
EGMR	Europäischer Gerichtshof für Menschenrechte
EL	Ergänzungslieferung
EMNLP	Conference on Empirical Methods in Natural Language Processing
EMRK	Europäische Menschenrechtskonvention
EP	Europäisches Parlament
ERA	Academy of European Law
eRIDP	e-Revue Internationale de Droit Pénal
ESELS	European Society for Empirical Legal Studies
EuGH	Europäischer Gerichtshof

EuZW	Europäische Zeitschrift für Wirtschaftsrecht
FAccT	ACM Conference on Fairness, Accountability and Transparency
FATF	Financial Action Task Force
FG	Finanzgericht
Fin-Tech	Financial Technology
FinCEN	Financial Crimes Enforcement Network
FIU	Financial Intelligence Unit
FraUKe	Frankfurter Urteils-Konfigurator elektronisch
Front. in Phys.	Frontiers in Physics
FUELS	Freie Universität Empirical Legal Studies Center
Geo. L. J.	Georgetown Law Journal
GG	Grundgesetz
GJZ	Gesellschaft Junge Zivilrechtswissenschaft
GK	Große Kammer
GmbH	Gesellschaft mit beschränkter Haftung
GmbHR	GmbH-Rundschau
GPCE	Conference on Generative Programming: Concepts & Experiences
GPT	Generative Pre-trained Transformer
GRCh	Charta der Grundrechte der Europäischen Union
GUI	Graphical User Interface
GVG	Gerichtsverfassungsgesetz
GwG	Geldwäschegesetz
GWuR	Geldwäsche & Recht
Harv. L. Rev.	Harvard Law Review
HRRS	Höchstrichterliche Rechtsprechung im Strafrecht
HUDOC	Human Rights Documentation
i.V.m.	in Verbindung mit
ICAIL	International Conference on Artificial Intelligence and Law
ICFP	International Conference on Functional Programming
IDPL	International Data Privacy Law
IEEE	Institute of Electrical and Electronics Engineers
IJoC	International Journal of Communication
Int. J. Const. L. (I•CON)	International Journal of Constitutional Law
Int. J. Soc. Res. Meth.	International Journal of Social Research Methodology
InTer	Zeitschrift zum Innovations- und Technikrecht
IPCC	International Professional Communication Conference
J. Am. Soc. Inf. Sci	Journal of the American Society for Information Science and Technology
J. Grad. Med. Edu.	Journal of Graduate Medical Education
JIEL	Journal of International Economic Law
JELS	Journal of Empirical Legal Studies
JITE	Journal of Institutional and Theoretical Economics
JLL	International Journal of Language & Law
JöR	Jahrbuch des öffentlichen Rechts der Gegenwart
JR	Juristische Rundschau
JTÖR	Junge Tagung Öffentliches Recht
JURA	Juristische Ausbildung
JuReko	Juristisches Referenzkorpus

JURIX	International Conference on Legal Knowledge and Information Systems der Foundation for Legal Knowledge Based Systems
JuS	Juristische Schulung
JW	Juristische Wochenschrift
JZ	JuristenZeitung
KG	Kammergericht
KI	Künstliche Intelligenz
KJ	Kritische Justiz
KriPoZ	Kriminalpolitische Zeitschrift
KYC	Know your customer
L.L.CON	Leibniz Linguistic Research into Constitutional Law
Law & Social Inq.	Law & Social Inquiry
LegalAIIA	AI and Intelligent Assistance for Legal Professionals in the Digital Workplace
LeGes	Gesetzgebung & Evaluation. Mitteilungsblatt der Schweizerischen Gesellschaft für Gesetzgebung und der Schweizerischen Evaluationsgesellschaft
LexGLUE	Legal General Language Understanding Evaluation
LG	Landgericht
LLM	Large Language Model
LRZ	E-Zeitschrift für Wirtschaftsrecht und Digitalisierung
LTO	Legal Tribune Online
m. Verw.	mit Verweis
m.w.N.	mit weiteren Nachweisen
M&A	Mergers & Acquisitions
MAKI	Massenverfahrensassistenz mithilfe von Künstlicher Intelligenz
MaLeFiz	Maschinelles Lernen zur effizienten Identifikation auffälliger Finanztransaktionen
MdEP	Mitglied des Europäischen Parlaments
MiDU	Medien im Deutschunterricht
MMR	Multimedia und Recht
MPI	Max-Planck-Institut
MTLD	Measure of Textual Lexical Diversity
MWAIL	Multilingual Workshop on Artificial Intelligence & Law Research
New. Engl. L. Rev.	New England Law Review
NJ	Neue Justiz
NJW	Neue Juristische Wochenschrift
NKRG	Gesetz zur Einsetzung eines Nationalen Normenkontrollrates
NLP	Natural Language Processing
NStZ	Neue Zeitschrift für Strafrecht
NVwZ	Neue Zeitschrift für Verwaltungsrecht
NZA	Neue Zeitschrift für Arbeitsrecht
NZG	Neue Zeitschrift für Gesellschaftsrecht
NZKart	Neue Zeitschrift für Kartellrecht
NZWiSt	Neue Zeitschrift für Wirtschafts-, Steuer- und Unternehmensstrafrecht
OLG	Oberlandesgericht
OMG	Object Management Group
Org. Res. Meth.	Organizational Research Methods
OVG	Oberverwaltungsgericht

ÖZW	Österreichische Zeitschrift für Wirtschaftsrecht
PeerJ Computer Science	PeerJournal Computer Science
PKH	Prozesskostenhilfe
PLOS	Public Library of Science
PMLR	Proceedings of Machine Learning Research
PNAS	Proceedings of the National Academy of Sciences of the United States of America
ProstG	Prostitutionsgesetz
RaVe	Rationale Variation in ECHR
RDi	Recht Digital
Res. Synth. Meth.	Research Synthesis Methods
RIDP	Revue Internationale de Droit Pénal
RL	Richtlinie
RTF	Rechtstatsachenforschung
RW	Rechtswissenschaft
SCDB	Supreme Court Database
SchiedsVZ	Zeitschrift für Schiedsverfahren
Sci. Rep.	Scientific Reports
SELS	Society for Empirical Legal Studies
SG	Sozialgericht
SIGPLAN	Special Interest Group on Programming Languages
SIT	Sichere Informationstechnologie
SMT	Satisfiability Modulo Theories
SNF	Schweizerischer Nationalfonds
SoSe	Sommersemester
SPIN	International Symposium on Spin Physics
SPSS	Statistical Package for the Social Sciences
StGB	Strafgesetzbuch
StPO	Strafprozessordnung
StV	Strafverteidiger
SummEval	Summarization Evaluation
SVM	Support Vector Machines
TACAS	International Conference on Tools and Algorithms for the Construction and Analysis of Systems
ToTA	Text of Trade Agreements
TRACFIN	Intelligence Processing and Action against illicit Financial Networks Unit
TTR	Type-Token-Relation
TUM	Technische Universität München
UCLA L. Rev.	University of California, Los Angeles, Law Review
UIF	Unità di Informazione Finanziaria per l'Italia (Financial Intelligence Unit of Italy)
UML	Unified Modeling Language
UN	United Nations
Urt.	Urteil
VERW	Die Verwaltung
VerwArch	Verwaltungsarchiv
Virginia J. of L. & Tech	Virginia Journal of Law & Technology

VG	Verwaltungsgericht
Wash. U. L. Q.	Washington University Law Quarterly
W. Va. L. Rev	West Virginia Law Review
WIPO	World Intellectual Property Organization
WiSe	Wintersemester
WpHG	Wertpapierhandelsgesetz
Yale L. J.	The Yale Law Journal
ZD	Zeitschrift für Datenschutz
ZDRW	Zeitschrift für Didaktik der Rechtswissenschaft
ZERP	Zentrum für Europäische Rechtspolitik der Universität Bremen
ZfDR	Zeitschrift für Digitalisierung und Recht
ZfIStw	Zeitschrift für die Internationale Strafrechtswissenschaft
ZGR	Zeitschrift für Unternehmens- und Gesellschaftsrecht
ZIP	Zeitschrift für Wirtschaftsrecht (ehem. Zeitschrift für die gesamte Insolvenzpraxis)
ZIS	Zollinformationssystem; alt. Zeitschrift für Internationale Strafrechtsdogmatik
ZJS	Zeitschrift für das Juristische Studium
ZPO	Zivilprozessordnung
ZRFC	Zeitschrift für Risk, Fraud & Compliance
ZStW	Zeitschrift für die gesamte Strafrechtswissenschaft
ZWH	Zeitschrift für Wirtschaftsstrafrecht und Haftung im Unternehmen
ZZP	Zeitschrift für Zivilprozess

Liane Wörner, Rüdiger Wilhelmi, Jochen Glöckner, Marten Breuer

Digitalisierung des Rechts

Eine Einführung

Die fortschreitende Datafizierung unserer gemeinsamen Lebenswirklichkeit einschließlich des Rechts stellt alle Rechtsanwender vor neue Herausforderungen. Die Zeiten, in denen der Computer als ein bloßer Ersatz einer (elektrischen) Schreibmaschine diente, sind längst vorbei. Wenngleich wir es mit einem Transformationsprozess zu tun haben, der derzeit noch in den Anfängen steckt, wird die Rechtsanwendung heute doch bereits in einem Ausmaß von der Digitalisierung durchdrungen, das die Beschreibung als Paradigmenwechsel trägt. Das hängt nicht zuletzt mit den rasanten Fortschritten zusammen, die im Bereich des Natural Language Processing erzielt wurden, geriet doch das Recht als eine auf Sprache basierende Kulturtechnik auf diese Weise in den Sog der Digitalisierung.

Dieser Ausgangsbefund erklärt den Ansatz des vorliegenden Bandes, der die Ergebnisse eines interdisziplinären Kolloquiums vereint. Der juristische Zugriff auf das Phänomen der Digitalisierung ist typischerweise durch einen regulativen Ansatz geprägt: Welcher rechtliche Rahmen wird benötigt, um den Transfer von der realen in die digitale Welt zu bewältigen? Genügt das herkömmliche rechtliche Instrumentarium oder bedarf es neuer regulativer Konzepte? Wie lassen sich die (Grund-)Rechte in der digitalen Welt schützen? Diese und ähnliche Fragestellungen waren es, die den Weg vom Hessischen Datenschutzgesetz über die „Entdeckung“ des Rechts auf informationelle Selbstbestimmung durch das Bundesverfassungsgericht bis hin zur Datenschutz-Grundverordnung geprägt haben.

Die Fragestellung, die dem vorliegenden Band zugrunde liegt, ist demgegenüber eine grundlegend andere. Welche rechtlichen Prozesse sind heute schon digitalisiert oder zumindest digitalisierbar? Kann man mittels Algorithmen, kann man mittels Daten Recht schöpfen? Lässt sich aus unstrukturierten, ggf. für den juristischen Blick unsystematischen oder jedenfalls intransparenten Daten Recht erkennen? Ist die Rechtswissenschaft im weiteren Sinne auf die Datafizierung und die damit einhergehende Quantifizierung vorbereitet, verfügt sie über die richtigen Methoden und wenn ja, welche sind das?

Die gemeinsame Diskussion jener Fragen erfordert die Auseinandersetzung mit den Grundlagen des Rechts in allen Bereichen des Zivilrechts, des Öffentlichen Rechts und des Strafrechts. Zudem kann sie nur unter Einbeziehung der Praxis und der einschlägigen Nachbardisziplinen gelingen, etwa der Data Science, der Statistik, der Informatik, der Linguistik oder der Philosophie. Der zugleich intra- und interdisziplinäre Diskurs soll es insbesondere ermöglichen, die mit der zu beobachten-

 https://doi.org/10.1515/9783111343341-003

den Quantifizierung des Rechts tatsächlich einhergehenden Risiken zu konkretisieren und zugleich die Chancen für Recht und Rechtswissenschaft zu identifizieren. Die Datafizierung soll also nicht aufgehoben, sondern es sollen Prozesse entwickelt werden, sie mit rechtlichen Grundlagen auch in der Anwendung zu verbinden. Das erfordert freilich im Kern auch eine Debatte über philosophisch-soziale Perspektiven. Quantitative Rechtswissenschaft muss kein „No Go" sein. Mit dem vorliegenden Tagungsband sei eine erste Brücke geschlagen, die im Detail intradisziplinär erforderlichen Diskurse sowie die interdisziplinären Diskussionen unter- und miteinander zu verbinden.

Zunächst gehen dazu *Friedemann Vogel* und *Alexandra Windsberger* mit einem Fokus auf der *Rechtslinguistik* der Frage nach, was Texterkennung im Recht überhaupt leisten kann und was sie insbesondere leisten sollte. Denn Rechtstexte werden nicht nur digitalisiert, sondern so aufbereitet, dass sie mittels Methoden moderner Textanalyseverfahren in Linguistik, Informatik und Data Science ver- und bearbeitet werden können. Dies kann zwar mit einer größeren Transparenz, in Gestalt der Offenlegung der Formen der Textanalyse etwa, und Effizienz in der Entscheidungsfindung einhergehen. Die Ergebnisse der Digitalisierung bleiben aber (bisher) weit hinter den Erwartungen und technischen Möglichkeiten zurück. Ein Begründungsansatz dafür stützt sich auf den Mangel an einer methodischen Strukturierung des Rechts und seiner Anwendung, die Aufgabe nicht nur der Rechtslinguistik, sondern auch der Rechtstheorie und juristischen Methodenlehre, aber wohl auch der Rechtsdogmatik bleibt. Zu beantworten ist die Folgefrage, wie die digitale Strukturierung in die etablierten Methoden der Rechtsanwendung integriert werden kann, um nicht zu einer zunehmenden Quantität bei gleichzeitig abnehmender Qualität der Produkte der Rechtsanwendung zu führen, sondern zu einer verbesserten Rechtspraxis. Vor diesem Hintergrund bleiben jedenfalls bisher Zweifel an den neuen Machine-Learning-Verfahren und Sprachmodellen wie ChatGPT. Nicht nur begründen sie die Gefahr zunehmender Redundanz von Informationen. Vielmehr stellen sie eine Blackbox dar, bei der die getroffenen Entscheidungen nicht oder nur sehr eingeschränkt überprüft werden können. Zunächst basieren Machine-Learning-Verfahren und Sprachmodelle lediglich auf statistischen Näherungen. Vor allem aber bleibt unklar, auf welchen Trainingsdaten, Algorithmen und manuellen Eingriffen sie beruhen. Ihre unreflektierte und unsachgemäße Anwendung in der Praxis stellt eine Bedrohung für den Rechtsstaat dar. Erst recht bedarf eine autonome Rechtsanwendung durch Maschinen einer wirksamen menschlichen Kontrolle und ist ansonsten abzulehnen.

Mit Blick auf eine mögliche *quantitative Rechtswissenschaft* gilt es zu fragen, was das Zählen, Messen und Wiegen, was Algorithmen im Recht überhaupt ermöglichen und zugleich bedeuten. An dieser Stelle müssen für die Rechtsanwendung zwei Probleme bewältigt werden, ein strukturelles und ein kulturelles: In struktureller Hinsicht beruht die Methode des juristischen Syllogismus auf der Trennung von Rechtsnormen und zu subsumierenden Tatsachen. Seit der Antike, über *David Hume* bis zu *Hans Kelsen* geht die Rechtswissenschaft von einem Dualismus von Recht und Tatsachen aus. Die Rechtsnorm wird durch die Transzendenz vom Sein zum Sollen gekennzeichnet. Wenngleich dies bei funktionaler Betrachtung zwingend erscheint, ignoriert die juristische Methodenlehre damit Erkenntnisse, welche diese Grundannahme in Frage stellen. Neuen Belastungen sieht sich die juristische Methodenlehre durch die Ermöglichung empirischer Forschung an Rechtsquellen im weiteren Sinne ausgesetzt. Denn seit jeher stellt die Unterscheidung zwischen Rechtsbegriffen einerseits und der Beweiserhebung zugänglichen Begriffen andererseits eine Demarkationslinie für diejenigen Bereiche dar, in welchen Juristinnen und Juristen innerhalb der Rechtsanwendung die Deutungshoheit beanspruchen und behalten. Vor diesem Hintergrund bedarf es dann aber besonderer Aufmerksamkeit, wann überhaupt oder unter welchen Voraussetzungen sich eine etwa mit Methoden der quantitativen Rechtswissenschaft einhergehende Bewertung auf der Basis gesammelter Fakten rechtfertigen lässt, wann der damit einhergehende Verlust individuell wertender – und zu verantwortender – Entscheidungsfindung tragfähig ist und wann nicht. Angesichts der häufig eher schwachen Entscheidungsgrundlagen bieten insbesondere die Modellierung, Quantifizierung und Visualisierung relationaler Daten im Recht (kritische Netzwerktheorie) auch Chancen bei der Verbesserung der Rechtsanwendung, die nicht auf der Grundlage pauschaler Verurteilungen versäumt werden sollten.

Doch die Etablierung empirischer Methoden innerhalb der Rechtsanwendung schafft aufgrund der disparaten Entwicklung der Disziplin selbst ein nicht zu unterschätzendes Problem: *Hanjo Hamann* geht der Vielzahl von Begründungsansätzen nach, die sich nach Programmatik, Anlehnungsdisziplin und Anwendungsbereichen teils mehr, teils weniger unterscheiden. Ihnen liegen in weiten Bereichen ähnliche Vorstellungen zugrunde; eine bestimmte analytische Methode tritt zwar gelegentlich prägend in den Vordergrund. Abgrenzungen erscheinen aber entweder als nicht zwingend oder willkürlich. Für die Erschließung der Empirik durch die Jurisprudenz bedarf es daher zum einen einer Kartographie der Reichweiten und Gegenstände der verschiedenen rechtsempirischen Strömungen (*scoping review*). Zum anderen begründet die mangelnde Vertrautheit der Adressaten mit den technischen oder statistischen Methoden der quantitativen Forschung eine besondere Gefahr des Missbrauchs im normativen Diskurs. Wenn die Akzeptanz empirischer Argumentation erst etabliert ist, mögen einfache Argumente durch ihre mathematische, insbesondere statistische, Herleitung oder eine technische Begründung unangreifbar werden.

Dies ermöglicht zu erfragen, ob und wie weit eine *Modellierung des Rechts* entlang der Strukturen datafizierter Entscheidungsprozesse möglich und sinnvoll ist. Die Modellierung kann dabei unterschiedliche Ansatzpunkte haben: Sie kann sich – erstens – auf die Tätigkeit des Gesetzgebers beziehen. Schon das Gesetz als solches ist ja ein Modell. Darüber hinaus kann die Modellierung des Rechts dem Gesetzgeber dabei helfen, in sich widerspruchsfreie Gesetzentwürfe zu generieren. Ist die Grundstruktur eines Gesetzes einmal modellartig erfasst, so fällt es bei Modifikationen, die sich im Zuge des Gesetzgebungsprozesses als notwendig erweisen, leichter, Änderungen vorzunehmen, ohne dadurch die Grundstrukturen in Frage zu stellen. Sofern sich grundlegende Eingriffe in die Gesetzesstruktur als notwendig erweisen, kann eine Modellierung dabei helfen, die geeigneten Ansatzpunkte zu identifizieren. Schließlich hat der Gesetzgeber angesichts der immer weiter fortschreitenden Datafizierung auch die Aufgabe, bei seinen Gesetzentwürfen eine spätere digitale Anwendung „mitzudenken". Auch hier kann eine zuvor erfolgte Modellierung des Gesetzes dazu führen, dass die grundlegenden Strukturen bereits so angelegt sind, dass sie einem späteren digitalen „Umbau" zumindest nicht entgegenstehen. Die Modellierung der Gesetze bildet jedoch das Recht allenfalls teilweise ab. Modellierung kann sich daher auch – zweitens – auf das Recht im Sinne der geltenden rechtlichen Regelungen beziehen und etwa auch Gewohnheitsrecht sowie Rechtsprechung und juristische Literatur umfassen, wie sie sich in der Rechtsdogmatik verdichten. Sie ist jedoch nicht nur angesichts des damit verbundenen Aufwands, sondern auch aufgrund der notwendigen Vagheit des Rechts nur bis zu einem gewissen Grad praktikabel und erstrebenswert. Modellierung kann weiter – drittens – bei der privatautonomen Gestaltung von Recht ansetzen, insbesondere bei der Ausarbeitung privatrechtlicher Verträge, etwa in Gestalt prozessorientierter Regelungen. „Modellierung" kann dabei entweder durch regelbasierte Systeme erfolgen, bei denen die rechtlichen Vorgaben in „wenn-dann"-Strukturen übertragen werden. Freilich eignet sich diese Art der Modellierung nur für relativ wenige Verträge, da sie eine große Gleichförmigkeit der vertraglichen Beziehungen voraussetzt. Zudem besteht die Schwierigkeit, alle Eventualitäten zu antizipieren, was im Regelfall nur schwer möglich sein wird. Erfolgversprechender erscheint es daher, Modellierung bei der Ausarbeitung privatrechtlicher Vertragsbeziehungen einzusetzen, um – ähnlich wie bei der Gesetzgebung – Inkonsistenzen zu vermeiden.

Die hier beschriebenen Themen werden in mehreren Beiträgen behandelt. *Rüdiger Wilhelmi* und *Stefan Leue* befassen sich zunächst mit der Frage, ob und wie das Recht modelliert werden kann, insbesondere welche Herausforderungen und Grenzen damit verbunden sind. Dabei legen sie einen Schwerpunkt auf den Einsatz von Rechtsmodellierung im Bereich der privatrechtlichen Vertragsgestaltung. *Matthias Schmid* nimmt demgegenüber die Tätigkeit des Gesetzgebers in den Fokus. *Lena Leffer* und *Lucia Sommerer* schließlich zeigen anhand eines konkreten Anwendungsbeispiels aus dem Bereich des KI-Einsatzes zur Aufdeckung von Geldwäsche-Verdachtsfällen, welche Herausforderungen der Einsatz künstlicher Intelligenz für den modellierenden Gesetzgeber mit sich bringt.

Die im Zuge der Datafizierung immer weitergehend und umfassender zur Verfügung stehenden Datenmengen von Rechtsprechung und Rechtswissenschaft werden längst auch mit Erwartungen dahingehend verbunden, sie nach Mustern auszulesen und so nicht nur Entscheidungsmuster destillieren, sondern auch zukünftige Entscheidungen prognostizieren zu können. Lassen sich also mithilfe von Daten und Algorithmen gerichtliche Entscheidungen gar effektiver und funktionaler gestalten oder mittels Algorithmen sogar vorhersagen (*predictive analytics*)? Derzeit sind weder die Potentiale derartiger Systeme hinreichend ausdifferenziert, noch sind die datengestützten Systeme selbst – von quantitativen *legal analytics* bis *predictive justice* – ausreichend beschrieben; etwaige Gefahren bleiben also weitgehend unklar.

Vorliegend unternimmt *Dominik Brodowski* einen ersten erfolgreichen Differenzierungsversuch, deckt dadurch Gefahren *in concreto* auf und analysiert die Potentiale. Dazu zählt der deutliche Hinweis, dass sich bis heute nur Korrelationen und keine Kausalitäten feststellen lassen, man also gerade nicht weiß, ob eine größere Entscheidungszahl an Strafaussetzungen zur Bewährung vor dem Mittagessen auf den Hunger der Richterinnen und Richter zurückgeht oder auf den Umstand, dass vormittags leichtere Fälle terminiert werden. Bei begrenztem Aussagegehalt überwiegen noch die Gefahren von *automation bias* bis hin zu selbsterfüllenden Prophezeiungen. Nutzt man die Datenmengen aber, um im Wege umfassender juristischer Grundlagenforschung die Anwendung des Rechts durch die Gerichte zu untersuchen, so kann dies erheblich zum Verständnis von Recht auch in einzelnen Rechtsordnungen beitragen. Zugleich kann – selbst unter Berücksichtigung der Grenzen quantitativer Analyse – Datafizierung ein Motor für weitergehende Rechtsvergleichung werden. Wie weit wir heute ungeachtet aller rasanten Fortschritte im KI-Bereich von einem tatsächlichen Ersetzen menschlicher Entscheidung durch künstliche Intelligenz nach wie vor entfernt sind, unterstreicht die Fallstudie, welche *Isabella Risini, Matthias Grabmair et al.* am Beispiel des Europäischen Gerichtshofs für Menschenrechte durchgeführt haben. *Krisztina Karsai* schließlich begründet ihre Erwartung, dass in einem Wettbewerb zwischen künstlicher und menschlicher Intelligenz erstere nicht wegen ihrer Präzision und Geschwindigkeit obsiegt. Denn es fehlt ihr gerade an Intuition und Intelligenz, Algorithmen können allenfalls Entscheidungshilfe sein, nicht aber Entscheidungen insgesamt treffen. So erschöpft sich die Subsumtion eines Sachverhaltes unter einen Normsatz unter Berücksichtigung von dessen Inhalt und Kontext nicht in einer kausalen Entscheidungsfindung; sie enthält mit *Svenja Behrendt* einen jeweils eigenen schöpferischen Anteil des Rechtsanwenders.

Ausgehend von Grundlagenfragen zu Rechtslinguistik und quantitativer Rechtswissenschaft gelangt der vorliegende Band damit zu immer konkreteren Anwendungsfällen, die als Zwischenergebnis eines festhalten lassen: Die Frage lautet nicht mehr, ob eine Digitalisierung und Datafizierung des Rechts überhaupt möglich sind. Zu fragen ist vielmehr, in welchen Bereichen, in welchem Grad und mit welchen Konsequenzen für das Recht und seine Anwendung Digitalisierung und Datafizierung des Rechts sinnvoll sind. Digitalisierung und Datafizierung des Rechts sind nicht völlig neu. In bestimmten Bereichen, etwa dem Steuer- und Sozialrecht, sind sie sogar seit langem gängige Praxis. Angesichts der jüngsten Fortschritte in der Linguistik, Informatik und Data Science ist jedoch damit zu rechnen, dass Digitalisierung und Datafizierung des Rechts noch stark zunehmen werden. Die Diskussionen zu den Beiträgen dieses Bandes im intra- wie interdisziplinären Diskurs haben dabei zugleich gezeigt, dass sich die Nutzung der entstehenden Datenmengen und eingesetzten Algorithmen auf absehbare Zeit eher auf die Vorbereitung und Unterstützung sowie auf Teilschritte der Rechtsanwendung konzentrieren sollte, ohne dass die damit verbundenen Dynamiken (und mit ihnen einhergehenden Gefahren) unterschätzt werden dürfen. Der schöpferisch-intuitive Eigengehalt menschlich juristischer Entscheidungsbildung bleibt (jedenfalls vorerst) unersetzlich.

Damit stellt sich die Frage nach den Chancen und Risiken der Digitalisierung des Rechts, die ja nicht nur Konsequenzen für das Recht selbst hat, sondern auch für den Einzelnen und für die Gesellschaft. Parallel dazu werden in dreifacher Hinsicht Fragen der Souveränität aufgeworfen: Es geht um die Souveränität des Einzelnen, die des Rechts und der Rechtswissenschaft. Für den (betroffenen) Einzelnen geht es um die eigene Souveränität gegenüber der Digitalisierung und Datafizierung. Wird Recht als System und in seiner Anwendung durch (intransparente) „Maschinen“ vermittelt, stellt sich für den Einzelnen etwa die Frage, wie er erkennen kann, was gilt und wie er sich gegen Entscheidungen wehren kann. Für das Recht selbst bleibt fraglich, wie es gegenüber Algorithmen aus der Statistik und Informatik, also gegenüber anderen Systemen und deren Logik, souverän bleiben kann. Für die Rechtswissenschaft schließlich geht es um ihre Souveränität gegenüber den Wissenschaften, auf denen die Digitalisierung und Datafizierung beruhen, also die Frage der Eigenständigkeit und Notwendigkeit von Gegenstand und Methode einer genuinen Rechtswissenschaft. Sind Rechtsneuschöpfung und Regelungserweiterung mittels Programmierung, Datafizierung und Algorithmisierung des Rechts zukünftig deshalb kein Problem, weil sich die selbständig schöpferische Methodik subsumierend-juristischer Entscheidungsbildung nicht behaupten wird, oder wird die Rechtswissenschaft diese Nagelprobe bestehen?

Die Beantwortung dieser Fragen setzt entsprechendes Wissen voraus. Sie kann und wird daher nur im intradisziplinären Methodendiskurs der rechtswissenschaftlichen Fächer bei zugleich interdisziplinärer Öffnung gelingen können. Dabei geht es weniger um das empirische Wissen über das Recht und seine Wirkung, das sich aus den mit der Digitalisierung und Datafizierung einhergehenden Erkenntnismöglichkeiten ergibt. Vielmehr geht es zunächst um das Wissen, wie Digitalisierung und Datafizierung funktionieren, was ihre Instrumente leisten können und was man über sie wissen kann. Zudem geht es um das Wissen, welche Wirkungen die Digitalisierung und Datafizierung auf das Recht, den Einzelnen und die Gesellschaft haben (werden), welche Veränderungen mit ihnen verbunden sind oder sein können. Die Mitglieder der rechtswissenschaftlichen Profession müssen also einerseits in den Nachbarwissenschaften sprechfähig sein, dürfen aber andererseits nicht versäumen, über die Voraussetzungen und Strukturen des Rechts und seiner Anwendung selbst zu reflektieren. Diesem Diskurs haben sich die Herausgeber gemeinsam verschrieben.

Friedemann Vogel

Der Richter, (k)ein Bot?!

Vier Thesen zur Digitalisierung des Rechts aus rechtslinguistischer Perspektive

Abstract: The subject of the text is a critical examination of the practical possibilities and methodological, legal-political and social implications of digitalisation of the law and a (possible) use of automated systems in justice from a legal-linguistic perspective.

I Einleitung: Zum Ausgangspunkt meiner Überlegungen

Ich selbst habe keinen rechtswissenschaftlichen Hintergrund und die juristische Praxis kenne ich nicht aus eigener Erfahrung, sondern nur aus der forschenden Vogelperspektive. Das sage ich deshalb noch einmal gesondert, weil ich gerade beim vorliegenden Thema sicherlich an vielen Stellen zu Pauschalisierungen tendiere, wo juristische Praktiker*innen stärker differenzieren würden nach Zeit, Rechtsgebiet, Verfahrenskontext, Fallgruppen usw. Als empirischer Sprachwissenschaftler und Rechtslinguist habe ich mich in den letzten zehn Jahren mit juristischer Textarbeit beschäftigt. Digitalisierung spielte und spielt dabei in dreierlei Form eine wichtige Rolle: erstens interessiere ich mich für die Folgen, die die zunehmende digitale Verdatung von juristischer Textarbeit nach sich zieht; zweitens habe ich – vor allem auch im Austausch mit juristischen Kollegen wie *Christensen, Hamann, Walter* und anderen – vergleichsweise früh mit computergestützten, vor allem korpus- und computerlinguistischen Methoden experimentiert, um mit deren Hilfe in „großen"[1] Textsammlungen („Korpora") Muster in der juristischen Fachkommunikation zu untersuchen. Aus diesen Experimenten wurden ernsthafte Studien, die sowohl zur Theorie juristischer Sprache und Fachkommunikation beigetragen haben als auch – allerdings mit sehr viel verhaltenerem oder zögerlicherem Erfolg – neue Überlegungen in der Rechtstheorie und Rechtsmethodik angeregt haben.[2] Eine dritte Rolle

1 Vor zehn Jahren waren 30.000 Texte noch viel, heute arbeiten wir teilweise mit vielen Hunderttausenden Texten.

2 *Vogel*, Das Recht im Text. Rechtssprachlicher Usus in korpuslinguistischer Perspektive, in: Felder/Müller/Vogel (Hrsg.), Korpuspragmatik, 2012, S. 314–353; *Vogel* (Hrsg.), Zugänge zur Rechtssemantik,

 https://doi.org/10.1515/9783111343341-004

spielt Digitalisierung in meiner Arbeit als meist umstrittener Gegenstand in Rechtsdiskursen, wenn es etwa um die Frage geht, wie Gesetzgebung, Behörden, Justiz usw. Medientechnik zu Überwachungszwecken strategisch zu perspektivieren und durchzusetzen versuchen (etwa am Beispiel „Online-Durchsuchung")[3].

Das sind also drei unterschiedliche, aber miteinander verbundene Aspekte von „Digitalisierung" des Rechts: 1) seine Verdatung, 2) maschinelle Verfahren der Sprachanalyse und -aggregation in juristischer Methodik und Forensik, 3) Kommunikationsmedien als Gegenstand von Rechtsetzung und als Objekt rechtlicher Beurteilung. Ich will im Folgenden – quasi als interessierter Zaungast – versuchen, vor allem zu den ersten beiden Aspekten vier Thesen zur Diskussion zu stellen.

II Zwischen Effizienz und methodischer Kontrolle

Die erste These lautet: Die Verdatung juristischer Textarbeit bringt teilweise mehr Transparenz und Effizienz in den Rechtsstaat – zugleich überfordert sie die Praxis (bislang) mangels methodischer Strukturierung.

Rechtstexte – seien es Urteilstexte, Kommentarliteratur, rechtswissenschaftliche Fachliteratur, ja auch Gesetzgebungsmaterialien – sind heute mehr denn je Gegenstand von Verdatungsprozessen. Sie werden zunehmend nachdigitalisiert oder liegen bereits in maschinenlesbarer Form vor, werden mit Metadaten versehen und gehen in Datenbanken ein. Diese Datenbanken – Beck Online, Juris, OpenJur, DIP und viele andere – bieten diese Textdaten wiederum ihren Nutzern an, mehrheitlich im Rahmen von Lizenzmodellen, selten open access, meist mithilfe einer GUI (Graphical User Interface) mit beschränktem Funktionsumfang, sehr selten auf Basis einer offenen API (einer technischen Schnittstelle, die z. B. Zugriff auf strukturierte Datenformate erlaubt). Die Datenbanksysteme werden oftmals mit inzwischen hocheffizienten Hypertext- und Filterfunktionen verbunden, um die mittlerweile gigantischen Datenmengen zu durchsuchen, zu vernetzen und algorithmisch zu ranken, zu sortieren oder neu zu kategorisieren. Grundlage hierfür bilden Fortschritte in Rechtsinformatik, Datenbankentwicklung, Indexierungsverfahren, Natural Language Processing, Sprachmodellen (dazu IV.) und vielem anderen.

2015; *Hamann/Vogel*, Evidence-Based Jurisprudence Meets Legal Linguistics, 43 BYU L. Rev. 1473 (2017); *Vogel/Hamann/Gauer*, Computer-Assisted Legal Linguistics: Corpus Analysis as a New Tool for Legal Studies, 43 Law & Social Inq. 1340 (2018); *Vogel/Walter/Tripps* (Hrsg.), Korpuslinguistik im Recht, 2022.

3 *Vogel*, Linguistik rechtlicher Normgenese, 2012.

Dieser immer größer werdende Pool an Rechtstextdaten bildet eine Fundgrube für die Rechtspraxis, sie vereinfacht Recherchen und Archivierung, reduziert Laufwege bei der Besorgung, sie erleichtert auch die Rechtsempirie bzw. Rechtstatsachenforschung, sie macht also Rechtspraxis damit transparenter. Effizienter wird sie auch insofern, als aus den Textmengen musterhafte Textbausteine erschlossen und als Templates in Textbearbeitungsprogrammen[4] zur Verfügung gestellt werden können. Warum sollte man jeden Standardsatz der Dogmatik immer wieder von neuem abtippen, wenn man inzwischen auch auf *Copy* & *Paste*-Vorlagen zurückgreifen kann, nicht nur für Formulare und typisierte Anschreiben, sondern auch für Urteilsentwürfe bestimmter Fallgruppen usw.[5] Genau genommen ist das nicht nur eine Frage der Effizienz, sondern auch der Rechtssicherheit, nämlich dann, wenn gleiches Recht(sverständnis) zuverlässig auch seinen erwartbaren bzw. identischen Ausdruck im Text findet.

Schließlich: Aus dem Nutzungsverhalten – also den durch Tracking-Algorithmen nachverfolgten Textzugriffen – der Datenbank-Endverbraucher könnte man wohl rückschließen, welche Rechtsprobleme und Rechtsgebiete am häufigsten nachgefragt sind, vielleicht auch, welche Normtexte größeren Nachschlagebedarf erzeugen. Aus diesen Benutzerverhaltensstatistiken kann man gezielt die weitere Datenakquise vorantreiben, die Benutzeroberflächen verbessern, das Angebot effizienter sortieren, vielleicht sogar Rückschlüsse für eine gesetzesredaktorische Optimierung ziehen.[6]

Alles eine schöne neue Datenwelt? Durchaus, aber man sollte sich keinen Illusionen hingeben:

1. Bis heute bleibt beim Großteil der Datenbanken für den Endnutzer völlig ungewiss, wer die ihm vorliegenden Daten warum ausgewählt und wie aufbereitet hat. Die Veröffentlichung von Gerichtsurteilen folgt schon ohne Digitalisierung mehr oder weniger dem Zufallsprinzip, um nicht zu sagen der Willkür von Autor*innen bzw. Datenbankbetreiber*innen. Der absolute Großteil gelangt nie in eine öffentlich zugängliche Datenbank: „Mindestens 99 von 100 streitigen Entscheidungen der ordentlichen Gerichte bleiben unveröffentlicht. Ein halbes Jahrhundert technischen Fortschritts hat daran so gut wie nichts geändert."[7] Es

4 Beispiele damit verbundener, spezialisierter Textverarbeitungsprogramme sind etwa forumSTAR-Text, bk.text (offenbar in Entwicklung), codefy, NoRA und andere unzählige Programme für den Einsatz in Kanzleien.

5 Das ist vermutlich auch der Grund für die zunehmende Textlänge von Gerichtsentscheidungen.

6 Vgl. zur gesetzesredaktorischen Arbeit im Bundesjustizministerium: *Vogel/Deus/Luth/Schmallenbach/Felder*, Gesetzesverständlichkeit aus rechtslinguistischer Perspektive, 2022.

7 *Hamann*, Der blinde Fleck der deutschen Rechtswissenschaft – zur digitalen Verfügbarkeit instanzgerichtlicher Rechtsprechung, JZ 2021, 656, 658.

fehlt an Konventionen und auch an Vorschriften für diese Praxis. Die Hoffnung auf eine größere Transparenz des Rechtssystems bleibt damit weit hinter den Erwartungen und den technischen Möglichkeiten zurück.

2. Schon 2014 haben wir auf einer Freiburger Tagung diskutiert (2015 als Buch erschienen)[8], welche Folgen ein unreflektierter Datenbankgebrauch in der Rechtspraxis mit sich bringen könnte. Etwas schlaglichtartig formuliert: Was an Argumentationsarbeit oder auch an theoretischen und methodischen Beiträgen nicht digital in Datenbanken vorliegt, droht mittel- und langfristig aus der Diskussion zu verschwinden oder gar nicht erst aufgegriffen zu werden.[9] Ohne methodische Strukturierung (im Sinne der strukturierenden Rechtslehre)[10] könnten die Algorithmen der maschinellen Textverarbeitung und die erzeugten Rankings und Sortiermaschinen unbeabsichtigt dogmatische Präferenzen konstruieren. Nutzungsstatistiken[11] werden heute in fast allen kommerziellen Plattformen genutzt, um damit Userprofile zu modellieren, zu vergleichen und Empfehlungssysteme zu füttern. „Empfehlung" klingt toll und klingt nach Arbeitserleichterung. Empfehlung bedeutet aber auch Vorentscheidung – im Alltag (z. B. bei der Suche nach Kleidern oder kompatibler Hardware) ist das manchmal praktisch, in der Rechtspraxis aber droht dann leicht ein Vor-Urteil. Wer entscheidet über diese Verfahren, wer kontrolliert, wie Nutzungsstatistiken, Datenaufbereitung und -präsentation und Rechtspraxis miteinander konfundieren? Empirische Forschung zu diesen Zusammenhängen ist mir nicht bekannt und Einsichten in halb- oder illegale Praktiken großer Datenunternehmen oftmals „Zufällen" (Leaks) geschuldet.
3. Für einen weiteren Punkt muss ich etwas ausholen: Die Rechtssprache ist musterhafter als etwa die Mediensprache oder zum Beispiel auch als die Fachsprache der Linguistik. Das ist nicht nur intuitiv so, sondern lässt sich auch empirisch zeigen: der Anteil an hochfrequenten, mehr oder weniger feststehenden Mehrworteinheiten ist in der Rechtssprache größer:[12]

---

8 *Vogel*, in: Felder/Müller/Vogel (Fn. 2), S. 314.

9 *Schuhr*, Datenbanken gerichtlicher Entscheidungen als Zugang zu juristischer Semantik?, in: Vogel (Hrsg.), Zugänge zur Rechtssemantik, 2015, S. 93–123; *Morlok*, Intertextualität und Hypertextualität im Recht, in: Vogel (Hrsg.), Zugänge zur Rechtssemantik, 2015, S. 69–90.

10 *Müller*, Strukturierende Rechtslehre, 2. Aufl. 1994; *Müller/Christensen*, Juristische Methodik, 11. Aufl. 2013.

11 Mitunter auch mithilfe von Drittanbietern: *Mayer/Mitchell*, Third-Party Web Tracking: Policy and Technology, in: 2012 IEEE Symposium on Security and Privacy, 2012, S. 413–427.

12 *Vogel*, Calculating legal meanings? Drawbacks and opportunities of corpus-assisted legal linguistics to make the law (more) explicit, in: Giltrow/Stein (Hrsg.), The Pragmatic Turn in Law, 2017, S. 287–306.

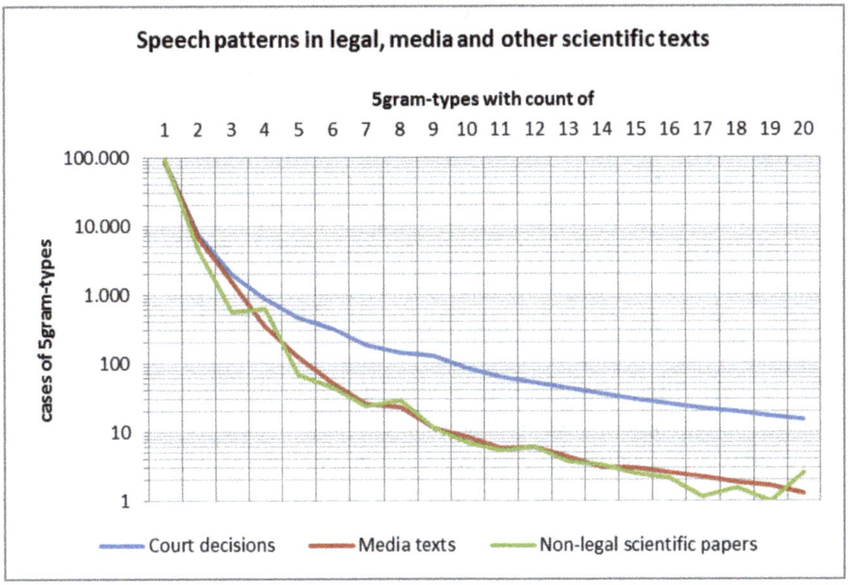

Abb. 1: Mehrgliedrige Sprachgebrauchsmuster (hier: 5-Wort-Einheiten) finden sich in Gerichtsentscheidungen deutlich häufiger als in Presse- oder sprachwissenschaftlichen Texten.[13]

Die Wahrscheinlichkeit dafür, dass eine bestimmte Mehrworteinheit (hier: 5-Wort-Einheiten wie z.B. *Grundrecht auf Gewährleistung der Vertraulichkeit* usw.) genau einmal vorkommt, ist in Gerichtsurteilen genauso hoch wie in Pressetexten oder sprachwissenschaftlichen Fachtexten. Dass eine bestimmte Mehrworteinheit über einen größeren Zeitraum hinweg aber zum Beispiel 10 mal verwendet wird, ist in Gerichtsurteilen um den Faktor 10 wahrscheinlicher als in Presse- oder anderen nicht-juristischen (hier: sprachwissenschaftlichen) Fachtexten. Der Grund für die Musterhaftigkeit liegt darin, dass Mehrworteinheiten in der Rechtssprache Ausdruck – und auch Ausweis – von Dogmatik-Bezügen sind. Man signalisiert durch die korrekte Verwendung solcher Mehrworteinheiten (auch ohne sie als Zitate zu markieren) die Kenntnis und die (idealiter argumentative) Berücksichtigung höchstrichterlicher Rechtsprechung und damit verbundener Konzepte.[14] Dieser Zusammenhang gilt meines Erachtens unabhängig vom Medienwandel. Die Digitalisierung des Rechts aber, also die Möglichkeit einer verlustfreien und nahezu zeitlosen Reproduzierbarkeit von Kommunikationszeichen, könnte – so eine Vermutung schon vor zehn Jahren – die ausdrucksseitige Musterhaftigkeit des Rechts

13 *Vogel*, in: Giltrow/Stein (Fn. 12), S. 295.
14 *Vogel*, in: Felder/Müller/Vogel (Fn. 2), S. 314.

noch befördern. Klickbare Texttemplates und *Copy & Paste* könnten über die Zeit erstens dazu beitragen, dass die Länge juristischer Texte kontinuierlich über die Zeit zunimmt. Letzteres ist nach meinen Daten der Fall und stellt auch die Frage nach der langfristigen Bewältigbarkeit dieser Textmassen: in einem Textkorpus aus allen über OpenJur[15] im Mai 2023 verfügbaren deutschen Gerichtsentscheidungen ausgewählter Instanzen[16] nimmt die durchschnittliche Textlänge (Durchschnitt der Mediane) seit den späten 1990er Jahren tendenziell zu.[17] Vor allem bei den unteren Instanzen, wo das rechtliche ‚Alltagsgeschäft' erledigt wird, legen die Textlängen teils deutlich zu. Bei den Bundes- und Oberlandesgerichten gab es bis Ende des 20. Jahrhunderts offenbar einen deutlichen Rückgang der Textlängen, im Anschluss aber auch hier Zuwächse, am deutlichsten beim BFH, für den hier nur Daten seit 2007 vorliegen. Zum Vergleich: Bei juristischen Fachzeitschriften – hier untersucht auf Basis des Juristischen Referenzkorpus (JuReko)[18] – zeigt sich angesichts (wandelnder) redaktioneller Richtlinien ein anderes und heterogeneres Bild.

Über die bloße Textlänge hinaus könnte zweitens auch die sprachliche Redundanz und damit quasi-dogmatische Verknöcherung im Rechtsdiskurs zunehmen, und umgekehrt die Argumentationstiefe sowie der Einzelfallbezug abnehmen (so einst die Vermutung von *Morlok*[19]). Für eine Zunahme an Redundanz gibt es bei allen Vorbehalten fehlender Grundgesamtheit[20] in meinen Daten tatsächlich Indizien: der relative Anteil einmalig vorkommender Mehrworteinheiten[21] sinkt diachron in einem Korpus von etwa 60.000 Verwaltungsgerichtsurteilen (2000 bis 2015), der relative Anteil von mehrfach vorkommenden Mehrworteinheiten steigt dagegen

15 https://openjur.de/ (27.9.2023).

16 Insg. enthält das in meiner Forschungsgruppe aufbereitete OpenJur-Korpus 583.449 Texte aus Gerichtsentscheidungen zugrunde; hier berücksichtigte Gerichte bzw. Instanzen waren: BGH, BVerfG, OLG, OVG, VG, AG, FG, SG, BSG, BFH.

17 Auch für Schweizer Rechtsprechungstexte ist eine deutliche Textlängenzunahme ab den 1990er Jahren belegt: *Abegg/Perić*, Sprache und Sprachgebrauch des Rechts, 2021, S. 72 ff.

18 *Vogel/Hamann/Gauer* (Fn. 2), 43 Law & Social Inq. 1340 (2018).

19 *Morlok*, in: Vogel (Fn. 9), S. 69.

20 Die Analysen können hier nur Tendenzen zeigen; für eine genauere Prüfung bedürfte es einer noch größeren Datengrundlage respektive Zugriff auf die Grundgesamtheit aller Gerichtsentscheidungen zumindest ausgewählter Gerichte oder Instanzen. Das ist bislang nicht einmal im Ansatz möglich: *Hamann* (Fn. 7), JZ 2021, 656.

21 Diversitäts- und Redundanzmaße (wie TTR oder MTLD, vgl. *McCarthy/Jarvis*, MTLD, vocd-D, and HD-D: A validation study of sophisticated approaches to lexical diversity assessment, BRM 2010, 381) beziehen sich in der Regel auf die Einwortebene und berechnen das Verhältnis der Häufigkeit verschiedener Worttypen (Types) und der Gesamtzahl aller Wörter (Token) in einem Text oder Teilkorpus. Hier interessiert aber nicht die lexikalische Diversität, sondern die Häufigkeit, in der Gerichtstexte mehrere Wörter in derselben Reihenfolge (musterhafter Gebrauch von Mehrworteinheiten) verwenden.

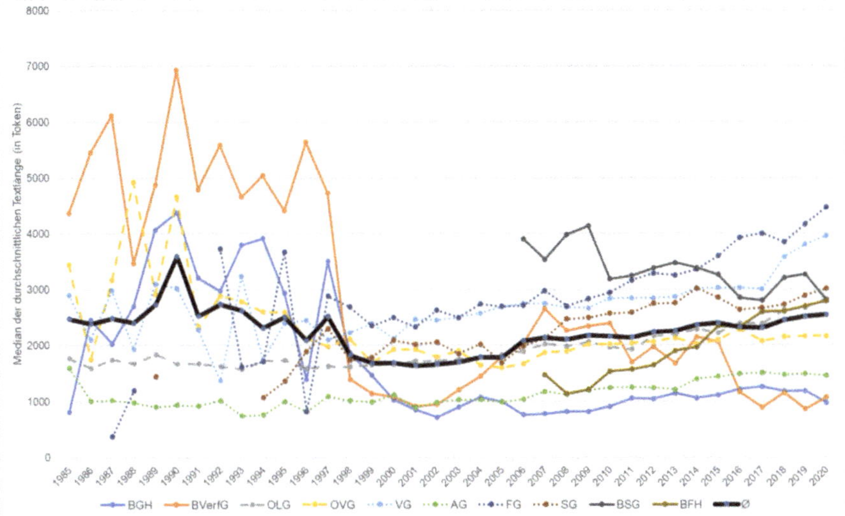

Abb. 2: Durchschnittliche Textlängen (Median) in Token bei Gerichten über die Zeit; Datengrundlage: Ausschnitt des OpenJur-Korpus, hier mit insg. 381.103 Gerichtsentscheidungen.

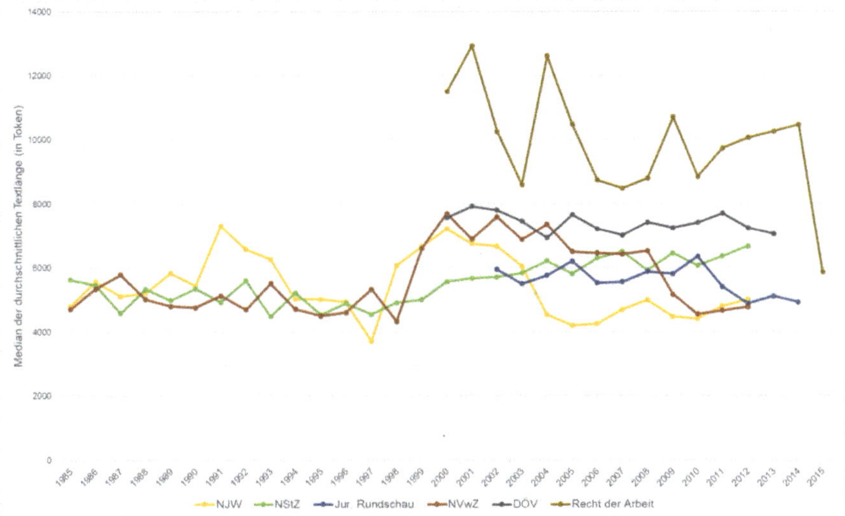

Abb. 3: Durchschnittliche Textlängen (Median) in Token bei ausgewählten juristischen Zeitschriften über die Zeit; Datengrundlage: Ausschnitt des JuReko-Korpus, hier mit insg. 15.775 Aufsatztexten.

über die Zeit kontinuierlich an. Mit anderen Worten: der Anteil an hochfrequenten identischen Formulierungen nimmt über die Zeit hinweg zu.[22]

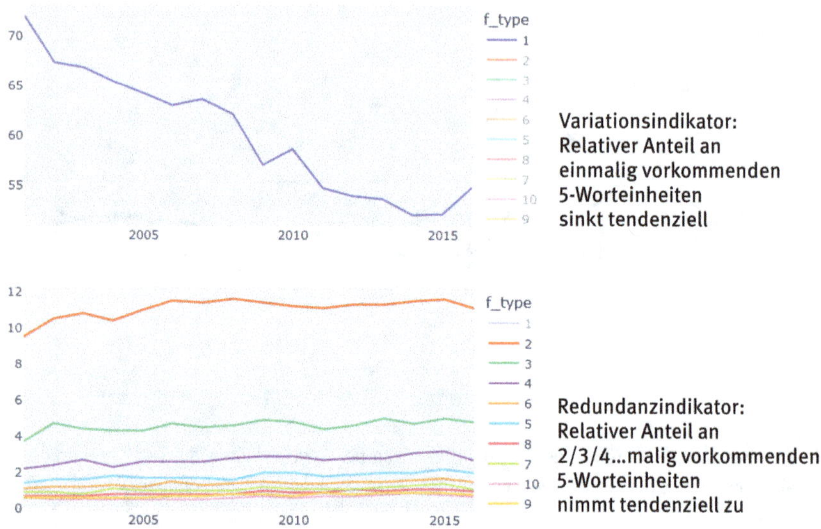

Abb. 4: Variations- und Redundanzindikatoren in Texten der Verwaltungsgerichtsbarkeit 2000–2015.

Damit ist natürlich noch nicht gesagt, dass die zuvor behaupteten negativen Effekte ebenso zutreffen, aber ich denke, es lohnt sich, dem theoretisch und empirisch weiter nachzugehen.

Was ich mit dieser ersten These sagen möchte: die Verdatung des Rechts hat viele verschiedene Effekte auf die Rechtspraxis. Nach meiner Wahrnehmung wird über damit verbundene Fragen durchaus diskutiert, aber von einer rechtstheoretischen oder methodischen Durchdringung oder gar Konventionalisierung im Rahmen juristischer Methodenausbildung sind wir noch weit entfernt. Auch für die empirische Rechtslinguistik gibt es noch viel Arbeit.

22 Zum Vergleich: in einem Korpus aus allen *Der Spiegel*-Pressetexten im vergleichbaren Zeitraum (2000–2015) bleibt der Anteil einmalig vorkommender 5-Worteinheiten über die gesamte Zeit relativ konstant (bei etwa 93 %).

III Korpuslinguistische Zugänge zur juristischen Semantik: Fluch und Segen für die Rechtspraxis?

Die zweite These lautet: Die Entwicklung und Popularisierung von korpus- und computerlinguistischen Textanalyseverfahren hat eine juristische Methodendiskussion ausgelöst, aber es ist überhaupt nicht gesagt, dass damit die juristische Praxis auch besser würde.

Die These mag vielleicht jene überraschen, die auch meine eigenen Gehversuche auf diesem Feld kennen. Seit 2010 habe ich versucht, computergestützte Verfahren der Sprachmusterberechnung auf rechtsdiskursanalytische Fragen anzuwenden. Die Grundidee eines ersten Aufsatzes 2012 war, dass die Quantifizierung von rekurrenten Sprachgebrauchsmustern in tausenden Gerichtsentscheidungen des Bundesverfassungsgerichts und anderer Gerichte Hinweise auf sedimentierte Konzepte, Denkmuster, Mentalitäten und Ideologien in der juristischen Dogmatik geben kann.[23] Denn wenn wir (in einem sprachpragmatischen Verständnis)[24] Bedeutungen als Gebrauchsmuster von sprachlichen Ausdrücken verstehen, dann liegt es auf der Hand, mit dem Computer in großen Textsammlungen solche Muster automatisiert auszählen zu lassen und daraus Rückschlüsse im Hinblick auf die diesem Gebrauch zugrundeliegenden kognitiven Schemata (als Teil der Semantik) zu ziehen.

Eine etwas andere Zielsetzung verfolgt der Einsatz sprachstatistischer Verfahren bei der Frage nach Bedeutungsvarianten von sprachlichen Ausdrücken vor allem als Teil der Alltags- bzw. Gebrauchssprache: Was ist die im sog. Gemeinsprachgebrauch „übliche" und damit auch in Gesetzgebung und/oder Rechtsprechung antizipierbare Bedeutung eines Wortes oder einer Phrase im Normtext? Was heißt die im amerikanischen Strafrecht verwendete Phrase „carry a firearm" aus Sicht der amerikanischen Alltagssprache? – Eine methodische Frage, deren Diskussion in den USA seit 2011 eine geradezu steile Karriere hingelegt hat.[25] Oder wie verstehen juristische Laien prototypisch den Ausdruck „geschäftsmäßig", wie er in

---

23 *Vogel*, in: Felder/Müller/Vogel (Fn. 2), S. 314.

24 Damit ist keine „praktische Sprache" gemeint, sondern eine Theorie- und Denktradition in Gefolge der Sprachphilosophie (*Wittgenstein, Austin, Searle* u.v.a.), die Sprache weniger auf ihre immanenten Strukturen hin untersucht, sondern als Gegenstand oder Medium sozialer Handlungen interpretiert.

25 *Mouritsen*, The Dictionary Is Not a Fortress: Definitional Fallacies and a Corpus-Based Approach to Plain Meaning, 36 BYU L. Rev. 1915 (2010); *ders.*, Corpus Linguistics in Legal Interpretation. An Evolving Interpretative Framework, 6 JLL 67 (2017).

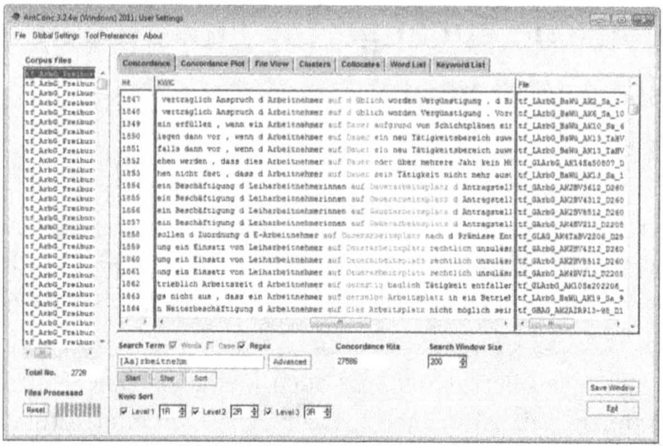

Abb. 5: Screenshot des für Forschungszwecke frei verwendbaren korpuslinguistischen Toolkits „AntConc“[a)], das ohne Programmierkenntnisse einfache Textanalysen erlaubt.[a)] *Anthony*, AntConc: design and development of a freeware corpus analysis toolkit for the technical writing classroom, in: IPCC 2005. Proceedings. International Professional Communication Conference 2005, S. 729; *Anthony*, AntConc (3.2.4w) [Computer Software], http://www.antlab.sci.waseda.ac.ip/ (22. 5. 2013).

§ 217 StGB verwendet wird und welche Folgen hat das für die rechtliche Beurteilung der Sterbehilfe-Praxis?[26]

Die korpusbasierte, maschinelle Sprachempirie verspricht mehr Transparenz, mehr interpretativen Nachvollzug als die bisherigen Standardpraktiken, als etwa die Konsultation der eigenen, höchst fehleranfälligen Sprachintuition oder der unsachgemäße Blick in Wörterbücher. Zunächst vor allem in den USA und mit Wirkung bis in die obersten Gerichte,[27] aber seit etwa fünf Jahren auch hierzulande ist daher das Thema „Korpuslinguistik im Recht“ – salopp gesagt – ein echter Renner. Grund für diese Popularisierung ist meines Erachtens nur bedingt ein Mehr an Effizienz und Transparenz bei der Betrachtung von Sprachmustern. Vielmehr verspricht der Einsatz computergestützter Sprachanalyse vor allem in der Justiz einen willkommenen szientistischen Autoritätstopos bei der Durchsetzung von interessegeleiteten und so präferierten Lesarten (z. B. zugunsten eigener und entgegen anderer Mandanten). Publikationen zu diesem Feld haben enorm zugenommen, die Probleme allerdings auch: Oft wird nämlich ignoriert oder zumindest unterschätzt, dass eine maschinelle Analyse und Quantifizierung von Sprachgebrauch die Rechtspraxis nicht einfach nur „leichter“ machen, sondern lediglich

26 *Vogel/Bäumer/Deus/Rüdiger/Tripps*, Die Bedeutung des Adjektivs geschäftsmäßig im juristischen Fach- und massenmedialen Gemeingebrauch. Eine rechtslinguistische Korpusstudie als Beispiel für computergestützte Bedeutungsanalyse im Recht, LeGes 30 (2019) Nr. 3, 18.

27 *Mouritsen/Lee*, Judging Ordinary Meaning, 127 Yale L. J. 788 (2018).

anders. Das Zählen von Wörtern ersetzt nicht ihre Interpretation im Lichte einer verfassungsrechtlich fundierten Rechtshermeneutik.[28] Dazu braucht es ein Verständnis grundlegender pragmatischer Sprachtheorie. Und es muss auch dogmatisch geklärt werden, welcher Sprachgebrauch denn überhaupt jeweils einschlägig ist für die jeweilige Recherche und Analyse: bei der strafrechtlichen Einordnung von inkriminierten Äußerungen als Beleidigung u. ä. mag der Fall relativ klar sein; aber wie sieht das bei Normtextausdrücken aus? Das sind keine methodischen, sondern dogmatische Fragen, die die neuen digitalen Verfahrensmöglichkeiten nicht lösen, sondern im schlimmsten Fall sogar verdecken.

IV ChatGPT & Co: Zwischen Entlastung der Rechtspraxis und Simulation von Rechtsstaatlichkeit

Die Problemfelder der ersten beiden Thesen kulminieren ein Stück weit in meiner dritten These und der neuesten Entwicklung hochperformanter Sprachmodelle: Die enorme Entwicklung von Machine Learning-Verfahren und Sprachmodellen auf dem Niveau von ChatGPT eröffnen völlig neue Anwendungsszenarien in Form von Schreib-Assistenzsystemen für die Rechtspraxis in Gericht, Rechtsetzung, Verwaltung und Wissenschaft. Ihre fehlende Kontrolle und intuitive bzw. fehlerhafte Verwendung aber sind eine Bedrohung für den Rechtsstaat.

Als ich im November 2022 – über Twitter angeregt – zum ersten Mal mit ChatGPT in Berührung kam, war ziemlich schnell klar: das verändert alles. Im Blick hatte ich dabei gar nicht zuerst das Rechtswesen, sondern alltägliche und professionelle kommunikative Praktiken in der Wissenschaft, im Call-Center oder in öffentlichen Diskursen. In den vergangenen Jahren wurde etwa regelmäßig von „Social Bot-Armeen“ berichtet, die nicht von „normalen Usern“ zu unterscheiden seien und darum enormen Einfluss auf Wahlverläufe u. ä. haben sollten. Das behaupteten jedenfalls zahlreiche „Analysten“[29], die jedoch auf Nachfrage regelmäßig keinen einzigen Beleg für ihre Behauptungen vorweisen konnten.[30] Und das war nicht überraschend, denn die sprachmodellierenden Automaten waren weit ent-

28 Vgl. die Beiträge in: *Vogel/Walter/Tripps* (Fn. 2).

29 *Murthy/Powell/Tinati/Anstead/Carr/Halford/Weal*, Bots and Political Influence: A Sociotechnical Investigation of Social Network Capital, 10 IJoC 20 (2016); *Bessi/Ferrara*, Social Bots Distort the 2016 US Presidential Election Online Discussion, 21 First Monday no. 11 (2016).

30 *Gallwitz/Kreil*, The Rise and Fall of ‘Social Bot’ Research, 2021, https://ssrn.com/abstract=3814191 (1.2.2024).

fernt von der Qualität alltagstypischer Kommunikation. Kurz: „Social Bots" als Bedrohung für Politik und Demokratie waren eine Chimäre und ein Topos zur Stützung von Regulierungsambitionen. Aber diese Gewissheit ist mit den Sprachmodellen der Generation GPT3, GPT4 und den zu erwartenden Nachfolgern passé.

Ohne hier in die technischen Details der Funktionsweise einsteigen zu können (dafür sind in diesem Band andere auch deutlich besser qualifiziert als ich): Für die Textpraxis allgemein, aber auch im Besonderen für die *juristische* Textpraxis eröffnen sich mit den neuen Sprachmodellen völlig neue Möglichkeiten der Human-Computer-Interaction und für Schreib-Assistenzsysteme.[31] Mit einer weiteren Verbesserung der jeweiligen Trainingsdaten – vor allem auf Basis von bislang fehlenden juristischen Texten – reichen zukünftig wenige Stichwörter, um einen *sachverhaltsbezogenen* Rohtext für verschiedene Textsorten zu generieren, seien es Urteilstexte, Normtextentwürfe oder Gesetzesbegründungen. Das gleiche gilt für Entwürfe von Zusammenfassungen auf Basis von Eingangsdaten – man denke an die Möglichkeit, Fallakten nach (aber nicht vor!) ihrem Detailstudium für das Sachverhaltsreferat oder eine Sammlung neuer Gerichtsurteile und Fachaufsätze für einen Kommentar automatisiert und abstrahierend zusammenfassen zu lassen. Für manche Rechtsbereiche und Fallgruppen könnten Spezialmodelle so gut werden, dass sie tatsächlich weitgereifte Texttemplates am Fließband erzeugen, einschließlich (simulierter) Argumentation, Anschluss an die Dogmatik und Kostenkalkulation. Zugunsten adressatenorientierter Gesetzesverständlichkeit könnten Paraphrasierungs- und Kommentierungsassistenten automatisiert Begleittexte zu Normtexten für verschiedene Adressatengruppen entwerfen und damit optionale Zugänge für eine Erstinformation zu rechtlichen Vorschriften bereitstellen. All das könnte die Rechtspraxis natürlich erheblich entlasten – sofern man die Möglichkeiten und vor allem Grenzen der Modelle und Assistenzsysteme kennt und zu beherrschen weiß. Das ist wiederum der entscheidende Knackpunkt: Denn im anderen Fall, also bei unsachgemäßer oder unreflektierter Verwendung dieser Systeme, könnte der Schaden für den Rechtsstaat beträchtlich sein. Zu dieser Einschätzung komme ich unter folgenden Annahmen:

- Zunächst: Sprachmodelle sind und bleiben immer statistische Näherungen, sie sind generell fehleranfällig und treffen im Kern ihrer Berechnungen nicht oder nur geringfügig voraussehbare bzw. kontrollierbare Filter-Entscheidungen („Blackbox" infolge von „hidden layers" im sog. Neuronalen Netz). Was bei der Erzeugung von Gedichten, Rezepten, Bewerbungsanschreiben oder selbst für

31 Allgemein zu Schreibassistenzsystemen, vgl. *Steinhoff*, Der Computer schreibt (mit). Digitales Schreiben mit Word, Whatsapp, ChatGPT & Co. als Koaktivität von Mensch und Maschine, MiDU 2023, 1; um Einsatz von Sprachmodellen in der Justiz siehe *Mielke/Wolff*, Künstliche Intelligenz und Large Language Models in der Rechtsprechung, LRZ 2023, Rn. 560.

Hausarbeiten relativ folgenlos ist, ist für die Rechtspraxis ein handfestes Problem. Nicht, weil die Arbeit ohne Assistenzsysteme fehlerfrei und allseits transparent wäre, nein: sondern weil das Sprachmodell selbst nicht erkennt, wann es Fehler produzierte[32] und die manuelle Nachkontrolle vor allem bei der Bewältigung wiederkehrender Aufgaben nicht oder nur eingeschränkt realisierbar wäre.

- Der Grad an Redundanz in Rechtstexten könnte sich selbstverstärkend erhöhen. Das liegt auf der Hand: denn die Sprachmodelle generieren musterhafte Texte auf Basis ihrer Trainings- bzw. Eingangsdaten. Sind die Eingangsdaten ihrerseits bereits teilweise muster-generiert, führt das in einen Zirkel, der es immer unwahrscheinlicher macht, dass seltenere Fallgruppen, Argumentationen oder rechtsdogmatische Konzepte zur Geltung kommen oder überhaupt berücksichtigt werden.
- Die neuen Hochleistungssprachmodelle basieren auf Datenmengen, Rechenleistungen und finanziellen Möglichkeiten,[33] die bislang nahezu ausschließlich Großkonzernen zur Verfügung stehen: Alphabet (Google-Mutterkonzern), Microsoft, Apple, SAP u. ä. Selbst die Universitäten sind nach meiner jetzigen Kenntnis nur in sehr begrenztem Umfang in der Lage, hier Schritt zu halten. Das heißt aber: Es gibt bislang nur äußerst begrenzte Transparenz oder gar Kontrolle über die Auswahl der Trainingsdaten, der Algorithmen und manuellen Eingriffe. Zu manuellen Eingriffen gehören auch moralische Codices, die Sagbarkeitsgrenzen definieren – ohne dass diese Grenzen irgendwie demokratisch legitimiert wären. Man stelle sich vor, die Rechtspraxis nutzte Assistenzsysteme dieser Art ohne Kenntnis der Hintergründe und ihrer möglichen Folgen für die Textgenerierung, *ohne* sorgfältige qualitative Kontrolle und

32 Am Beispiel ChatGPT: das System gab in seinen ersten Monaten auf (fast) jede erdenkliche Frage eine Antwort und dies in aller Regel mit absolutem Geltungsanspruch. Wies man das System darauf hin, seine Antwort sei falsch (völlig gleich, ob dies der Tatsache entsprach oder nicht), entschuldigte sich das System höflich und behauptete nunmehr das Gegenteil. Mittlerweile ist das System soweit „informiert", dass es „korrekte" von „unkorrekten" Antworten unterscheidet und sich dabei auch nicht mehr allzu leicht aus der Fassung bringen lässt. Doch wo verlaufen und wer definiert diese Grenzziehungen? Diese Frage beantwortet das System nicht (und kann sie auch nur bedingt abschließend definieren, weil es dem probabilistischen Grundprinzip des zugrundeliegenden Algorithmus widerspräche). „Die Modelle haben kein explizites Wissensmodell; sie wissen nichts und sie verstehen nichts.", *Mielke/Wolff* (Fn. 31), LRZ 2023, Rn. 560, 573; Mittlerweile finden sich in sozialen Medien zahlreiche Hinweise darauf, dass Anwälte oder Justizangehörige leichtfertig oder manipulativ frei erfundene Verweise auf Präjudizien und vermeintlich argumentativ stützende Fachliteratur mit ChatGPT erzeugen lassen (Beispiel: https://reason.com/volokh/2023/05/27/a-lawyers-filing-is-replete-with-citations-to-non-existent-cases-thanks-chatgpt/, 26.9.2023).

33 *Mielke/Wolff* (Fn. 31), LRZ 2023, Rn. 560, 572.

Rückversicherung! – Immerhin: Es finden sich immer mehr kleinere und mittelgroße Sprach- und Datenmodelle unter freien Lizenzen, auch die Effizienz der Trainingsalgorithmen hat durch die weltweite Popularität dieser Technologie innerhalb weniger Monate große Fortschritte erzielt, so dass man sich auch am heimischen Computer mittlerweile einfachere Modelle berechnen und Chatbots erzeugen kann. Diese Entwicklung außerhalb oder neben den ‚Big Playern' wird sicherlich noch weiter an Fahrt gewinnen, aber ich vermute, dass am Ende die Inhaber großer Ressourcen (etwa zur Erhebung und Aufbereitung von Trainingsdaten) über die Qualität der Modell-Ergebnisse und ihren produktiven Einsatz in der Breite entscheiden werden.

– Wenn die Assistenzsysteme nur online („in der Cloud") effizient arbeiten, verschärft sich das Problem weiter – in zweierlei Hinsicht: Bereits nach kurzer Zeit des ChatGPT-Hypes mehrten sich Berichte von Angehörigen aus IT-Unternehmen oder sogar Sicherheitsbehörden, die teilweise hochsensible Daten an cloudbasierte Assistenzsysteme online übertragen haben, um damit Programmcode zu optimieren oder eigene Texte zu verbessern.[34] Auf Twitter werben mittlerweile unzählige Plattformen mit dem Versprechen, bei direktem Zugang zum Mailarchiv oder zum Bankkonto automatisiert Briefvorlagen oder quasi-juristische Inkasso-Schreiben aufzusetzen und damit durch das System erkannte mögliche Geldrückforderungen einzutreiben.[35] Für mich ist nach wie vor viel zu intransparent, was die Cloudanbieter mit den Daten anfangen. Oft gehen sie in die Verbesserung der Assistenzsysteme ein, wo ggf. hochsensible Informationen dann Teil der Trainingsdaten werden und/oder ‚händisch' durch am oder neben dem Verarbeitungsprozess Beteiligte missbraucht werden können. Hinzu kommt ein zweiter Aspekt: Die Sprachmodelle sind bereits jetzt in der Lage, in Echtzeit Online-Daten in ihre Textmodellierung zu integrieren. Geschieht das automatisch und ohne User-Kontrolle, entsteht damit ein offenes Scheunentor für Manipulationsversuche. Angreifer – seien es militärische Propagandaeinheiten, Kriminelle oder Werbeagenturen – könnten dann an geeigneten Stellen strategische Textbausteine platzieren und damit den Textoutput der Assistenzsysteme beeinflussen. Das ist keine Hypothese mehr, erste Studien haben genau das bereits demonstriert.[36] Neu ist das Prinzip übrigens

---

34 So etwa prominent geworden im Falle von Samsung: https://www.golem.de/news/kuenstliche-intelligenz-samsung-ingenieure-leaken-interne-daten-an-chatgpt-2304-173220.html_(27.9.2023).

35 Das Unternehmen „DoNotPay" wirbt auf seiner Website etwa: „The DoNotPay app is the home of the world's first robot lawyer. Fight corporations, beat bureaucracy and sue anyone at the press of a button.", https://donotpay.com/ (10.5.2023).

36 *Carlini/Jagielski/Choquette-Choo/Paleka/Pearce/Anderson/Terzis/Thomas/Tramèr*, Poisoning Web-Scale Training Datasets is Practical, 20.2.2023, https://doi.org/10.48550/arXiv.2302.10149 (4.2.2024).

auch nicht, man kennt es im Kleinen schon lange, etwa unter dem Namen „Google-Bombing“.[37]

Das Risiko für diese Probleme halte ich intuitiv für ziemlich hoch, weil die Rechtspraxis erstens keine Zeit hat, sich in die technischen Hintergründe solcher Software einzuarbeiten, und zweitens, weil das offensichtliche Versprechen einer erheblichen Effizienzsteigerung viel zu verlockend ist. Denn wer solche Assistenzsysteme dann nicht einsetzt oder nicht praktisch mit ihnen umzugehen weiß, kann mit der Produktivität von konkurrierenden Kolleg*innen möglicherweise schnell nicht mehr mithalten.

Angenommen, wir bekommen diese Probleme in den Griff – ist es dann nicht einfach nur eine Frage der Zeit, bis wir bestimmte oder zumindest viele Aspekte der Rechtsarbeit automatisieren können?

V Der Richterbot: Bald Alltag oder Dystopie?

Damit komme ich zu meiner vierten und letzten These: Einen „Richterbot“, der nicht nur Textentwürfe generiert, sondern automatisiert Entscheidungen trifft, kann und darf es nicht geben.

Das ist natürlich eine provokante These – zumal Prognosen darüber, was nicht gehe oder technisch unmöglich sei, regelmäßig eines Besseren belehrt werden. Aber ich will meine These kurz erläutern und begründen:

Rechtsarbeit ist Textarbeit,[38] ist eine textbasierte Argumentations- und Entscheidungswissenschaft.[39] Das ist eine Binsenweisheit unter Rechtslinguist*innen. Die Strukturierende Rechtslehre beschreibt die Praktiken ziemlich genau,[40] dazu gehören – sehr verknappt formuliert:

- das Verarbeiten von Eingangsdaten der Streitparteien, zuarbeitenden Behörden, Gutachter*innen, ihre Versprachlichung teilweise mündlich, letztlich aber immer schriftlich;

---

37 *Bager*, Diskursmonitor. Glossar zur strategischen Kommunikation in öffentlichen Diskursen, 2022.

38 *Müller/Christensen/Sokolowski*, Rechtstext und Textarbeit, 1997; *Felder*, Juristische Textarbeit im Spiegel der Öffentlichkeit, 2003.

39 *Augsberg*, Die Lesbarkeit des Rechts, 2009, S. 1.

40 Zur Einführung: *Hamann*, Strukturierende Rechtslehre als juristische Sprachtheorie, in: Felder/Vogel (Hrsg.), Handbuch Sprache im Recht, 2017, S. 175; grundlegend: *Müller*, Strukturierende Rechtslehre (Fn. 10).

- die rechtsmethodisch geleitete Sortierung und Selektion dieser Sachdaten unter Einbeziehung von juristischem Vorwissen, unter Einbeziehung der zu interpretierenden Normtexte, dogmatischen Literatur und anderen begleitenden Ko(n)texten;
- die argumentative, auf eine revisionssichere Entscheidung hinführende Perspektivierung und Zubereitung aller normativen und fallbezogenen Eingangsdaten im Urteilstext.

Betrachtet man allein diesen Ausschnitt der Rechtsarbeit als Textarbeit, dann gibt es eigentlich keinen Grund zu der Annahme, dass entsprechend trainierte Sprachmodelle nach „Fütterung" *aller* fallrelevanten Sprachdaten – also Akten, Normtexte, dogmatische Texte usw. – nicht zu ähnlichen Ergebnissen wie Richter gelangen könnten.[41]

In der Rechtsarbeit eine Rolle spielen allerdings auch andere Aspekte, die oft nicht oder nur partiell versprachlicht werden:

- etwa die Einordnung einer Person (Beschuldigter oder Zeuge) anhand von habituellen Markern jenseits der Sprache (z. B. Kleidungsmode, Frisur, Verhalten vor Gericht) und darauf aufbauende Annahmen über deren Glaubwürdigkeit, vergangene und zukünftige Entwicklung usw.;
- eine Rolle spielen auch Annahmen über typische gesellschaftliche Zusammenhänge, die als Inferenzen (lebensweltliches Vorwissen zur Schließung von Wahrnehmungslücken) bei der Sachverhaltsbeurteilung implizit zum Tragen kommen;
- nicht zuletzt relevant ist auch die Herbeiführung von sog. „Deals" zur Vermeidung langer Prozesse usw.

Mit anderen Worten: Rechtsarbeit ist methodisch strukturierte Textarbeit, aber de facto eben *nicht nur* Textarbeit.[42]

Ein Modell (das nicht nur ein Sprach-, sondern ein multimodales Modell wäre), das in gleichem Maße diese Daten erfassen, ggf. in Echtzeit verarbeiten und in einer Entscheidung automatisiert verdichten könnte, ein solches Modell setzte eine totalitäre Gesellschaft voraus, in der jede soziale Regung erfasst, gespeichert, kategorisiert und berechnet würde. Diese Voraussetzung ist zumindest heute wenig wahrscheinlich.

---

41 Skeptisch dazu auch: *Gless/Wohlers*, Subsumtionsautomat 2.0. Künstliche Intelligenz statt menschlicher Richter?, in: Böse/Schumann/Toepel (Hrsg.), Festschrift für Kindhäuser 2019, S. 147, 153 ff.

42 *Vogel* (Hrsg.), Recht ist kein Text, 2017.

Aber man muss gar nicht zu einer solchen Dystopie greifen: ich hielte vollautomatisierte „Entscheidungsbots" – sofern sie funktionierten – selbst bei kleineren Fallgruppen für hoch problematisch, denn auf diese Weise entzöge sich die staatliche Herrschaft jeglicher symbolischer Verantwortungszurechenbarkeit:

> „Es geht nicht um Effizienz, sondern es geht um grundlegende Konzepte dazu, anhand welcher Parameter Entscheidungen getroffen werden sollen. Letztlich geht es um eine Diskussion über die Legitimation von Richtern und der Justiz an sich."[43]

Ein Richter oder eine Richterin kann personal adressiert, objektiviert und zur Verantwortung bzw. Rechtfertigung verpflichtet werden, ein Sprachmodell nicht, da herrschte im Arendtschen Sinne „Niemand".[44] Welche Folgen das für das Rechtsgefühl von Rechtsunterworfenen hätte, kann jeder erahnen, der schon einmal kafkaesk mit den Mühlen klassischer Bürokratien zu kämpfen hatte oder auch nur eine Beschwerde in der Schleife eines Voicebot-Telefonats absenden wollte.

Und was wäre mit Bot-Systemen, die zwar keine Richter ersetzten, aber für Profis sowie Rechtsunterworfene auf Basis von Trainingsdaten, Unterlagen und Fallbeschreibungen Vorhersagen treffen über mögliche Klagerisiken oder -chancen (das Werbeschlagwort dafür ist z. B. „Predictive Analytics")? Angebote dieser Art finden sich bereits im Internet und könnten auch einmal auf den Websites der Justizbehörden Eingang finden, ich halte sie aber aus rechtsstaatlicher Perspektive nicht weniger problematisch als einen Bot-Richter. Denn zum einen ließen sich diese Systeme leicht missbrauchen (siehe oben IV. zu Manipulationsmöglichkeiten), um Klagewege unwahrscheinlicher zu machen, zum anderen entstünde (bzw. verschärfte sich) wohl eine Mehr-Klassen-Justiz, bei der der Geldbeutel (noch stärker) darüber vor-entschiede, ob man entgegen eines Bot-Rates dennoch mit anwaltlichem Beistand vor Gericht zöge.

VI Fazit

Damit ende ich pessimistischer als ich das – als technikbegeisterter Philologe – von Haus aus bin: Die Digitalisierung verändert die juristische Textarbeit schon jetzt in vielfältiger Weise, die rechtsmethod(olog)ische Reflexion und Strukturierung aber hält bislang nicht Schritt mit der Geschwindigkeit dieser Entwicklung. Das Problem ist wie so oft nicht die Technologie, sondern ihr Einsatz. Ihre Regulierung sollte man dabei nicht dem „Silicon Valley" oder gar nur den großen Tech-Firmen überlassen,

---

43 *Gless/Wohlers*, Festschrift für Kindhäuser (Fn. 41), S. 147, 165.

44 *Narr*, Niemands-Herrschaft, 2015.

denn dort hat man nicht das vielbeschworene „Allgemeinwohl", sondern die Wahrung eigener Profitmargen vor Augen. Anders lässt sich nicht erklären, dass namhafte IT-Manager bei den Regierungen vorstellig werden und vor den „Gefahren" ihrer eigenen Technologie warnen, nur um damit die bedrohlich wachsende Konkurrenz in den Griff zu bekommen.[45]

Und wenn der Deutsche Richterbund 2022 fordert, man müsse das Potential von KI mehr ausschöpfen (hier zunächst „zur besseren Bewältigung von Massenverfahren"[46]), ohne auch nur ein Wort über die damit verbundenen ungelösten Fragen zu verlieren, dann ist wohlwollende Skepsis und Innehalten meines Erachtens kein unvernünftiger Ansatz.

45 https://www.heise.de/news/Ein-Risiko-fuer-Menschheit-wie-Pandemien-und-Atomkrieg-KI-Branche-warnt-erneut-9068973.html (30.5.2023).

46 Deutscher Richterbund, Stellungnahme vom Mai 2022, https://www.drb.de/fileadmin/DRB/pdf/Stellungnahmen/2022/DRB_220513_Stn_Nr_1_Massenverfahren.pdf (10.5.2023).

Alexandra Windsberger

Rechtslinguistik und Texterkennung im Kontext der Digitalisierung des Rechts

Über digitale Bermuda-Dreiecke und künstlich intelligente Praktikanten

Abstract: The increasing computerization of legal texts has been ubiquitous for a long time. The associated gains in resources and efficiency are obvious and, according to some voices, are to be further increased by the use of AI. However, the transfer of certain human tasks to machines, especially in the area of judicial activities, also requires special ethical and legal consideration. On the occasion of Friedemann Vogel's main presentation, this co-contribution raises at least a cursory examination of some of the individual issues involved.

I Einführung

Der folgende Beitrag befasst sich mit dem Hauptbeitrag von *Friedemann Vogel*, Univ.-Professor für Sozio- und Diskurslinguistik,[1] kommentierend aus der juristischen Perspektive. Dazu möchte ich aus den denkbar möglichen Anknüpfungspunkten des Hauptreferats zwei Thesen zentral ins Licht stellen: Sie betreffen die erste und die letzte These von *Friedemann Vogel*, die für das Recht besondere Herausforderungen bergen.

II Verdatung juristischer Textarbeit

Zur ersten These: *„Die Verdatung juristischer Textarbeit bringt teilweise mehr Transparenz und Effizienz in den Rechtsstaat – zugleich überfordert sie die Praxis (bislang) mangels methodischer Strukturierung.“*[2]

---

1 *Vogel*, in diesem Band, S. 9-26. Die direkte kommentierende Auseinandersetzung mit Vogels Beitrag bedeutet freilich zunächst dessen mehrfache Zitierung in diesem Beitrag.

2 *Vogel*, in diesem Band, S.10.

 https://doi.org/10.1515/9783111343341-005

1 Rekonstruktion der These aus juristischer Sicht

Es ist kaum bestreitbar, dass, wie *Friedemann Vogel* zu Beginn konstatiert, Rechtstexte – gemeint sind Urteilstexte, Kommentarliteratur, rechtswissenschaftliche Fachliteratur und Gesetzgebungsmaterialien – zunehmend Gegenstand von Verdatungsprozessen sind. Wo dem so ist, gehen diese Texte vermehrt in Datenbanken ein. Der Effizienzgewinn hierbei liegt in der Tat auf der Hand, wie *Friedemann Vogel* schreibt: „Warum sollte man jeden Standardsatz der Dogmatik immer wieder von neuem abtippen, wenn man inzwischen auch auf *Copy & Paste*-Vorlagen zurückgreifen kann?“[3] Eine rhetorische Frage.

Friedemann Vogel schreibt weiter: „Die Datenbanksysteme werden oftmals mit inzwischen hocheffizienten Hypertext- und Filterfunktionen verbunden, um die mittlerweile gigantischen Datenmengen zu durchsuchen, zu vernetzen und algorithmisch zu ranken, zu sortieren oder neu zu kategorisieren. Grundlage hierfür bilden Fortschritte in Rechtsinformatik, Datenbankentwicklung, Indexierungsverfahren, Natural Language Processing, Sprachmodellen (dazu IV.) und vielem anderen. Dieser immer größer werdende Pool an Rechtstextdaten bildet eine Fundgrube für die Rechtspraxis, sie vereinfacht Recherchen und Archivierung, reduziert Laufwege bei der Besorgung, sie erleichtert auch die Rechtsempirie bzw. Rechtstatsachenforschung (...). Effizienter wird sie auch insofern, als aus den Textmengen musterhafte Textbausteine erschlossen und als Templates in Textbearbeitungsprogrammen zur Verfügung gestellt werden können.“[4]

Mit Blick auf Effizienz und Ressourcen sicher ein wünschenswerter Prozess. Spannend aber gerade aus Sicht der Strafrechtswissenschaft, ist der Blick auf die damit verbundenen Problemlagen und Gefahren, einerseits weil das Strafrecht mancherorts gerne als „Gefahrenbekämpfungsmittel“ eingesetzt wird und andererseits weil die algorithmische Entscheidungsfindung unter Umständen Gefahren birgt, die bereits jetzt im Strafrecht relevant werden. Eine Gefahr liege – so *Friedemann Vogel* – insbesondere darin, dass dem oben erwähnten Prozess der Datafizierung von Rechtsliteratur jede methodische Strukturierung fehle.[5] Bis heute bleibe „beim Großteil der Datenbanken für den Endnutzer völlig ungewiss, wer die ihm vorliegenden Daten warum ausgewählt und wie aufbereitet hat“.[6] Es stehe zu befürchten, dass eine Vielzahl kontroverser Urteile nie veröffentlicht wird. Selbiges muss wohl zukünftig auch für eine algorithmische Auswahl befürchtet werden, sofern eine methodische Strukturierung weiterhin unterbleibt. Die Veröffentli-

3 *Vogel*, in diesem Band, S. 10 f.

4 *Vogel*, in diesem Band, S. 11.

5 *Vogel*, in diesem Band, S. 12.

6 *Vogel*, in diesem Band, S. 11.

chung von Gerichtsurteilen folge, schon ohne Digitalisierung, mehr oder weniger dem „Zufallsprinzip, um nicht zu sagen der Willkür von Autor*innen bzw. Datenbankbetreiber*innen".[7] Der absolute Großteil werde bis heute gar nicht veröffentlicht oder gelange nie in eine öffentlich zugängliche Datenbank.[8] Es fehle an Konventionen und auch an Vorschriften für diese Praxis. Ein größeres Folgeproblem entstehe nach *Friedemann Vogel* im Anschluss an dieses Versäumnis: Was nämlich an „Argumentationsarbeit oder auch an theoretischen und methodischen Beiträgen nicht digital in Datenbanken vorliegt, droht mittel- und langfristig aus der Diskussion zu verschwinden oder gar nicht erst aufgegriffen zu werden."[9]

2 Ein Einzelfall („?") aus dem Strafrecht

Betrachten wir diese These anhand eines konkreten Beispiels näher. Allzu zufällig stieß ich auf ein verfahrens- und materiellrechtlich ebenso anspruchsvolles, wie hartes Strafurteil in erster Instanz aus dem Bereich des Medizinstrafrechts, das von der strafrechtlichen Literatur keinerlei Beachtung fand. Dem Strafurteil gegen einen Klinikarzt lag folgender Sachverhalt zu Grunde:

Ein 47-jähriger Vater von zwei kleinen Kindern erkrankt in einer Hochphase der Pandemie (Oktober 2020) an Corona.[10] Nach ambulanter Standardtherapie und kurzfristiger Verbesserung verschlechterte sich sein Zustand ab dem 18.10.2020, sodass wegen hohem Fieber und Atemnot eine Einlieferung in das Krankenhaus (K1) erfolgte. Zu diesem Zeitpunkt war der Patient 1,75 m groß, wog ca. 129 kg, wies demnach einen Übergewichtsgrad von 2 bis 3 auf und war ansonsten nicht vorerkrankt.[11] Er hatte weder eine Patientenverfügung noch eine Vorsorgevollmacht.[12] Wegen pandemiebedingten Ressourcenengpässen verlegte man ihn sodann in ein anderes Krankenhaus (K2). Dort kam es zu einer Lungenentzündung höchsten Schweregrades, einer Lungenarterienembolie (Blutgerinnsel in den Arterien der Lunge) sowie einer Sekundärinfektion der Lunge (Schimmelpilzinfektion), welche ausschließlich bei Patienten mit extrem geschwächtem Immunsystem auftritt.[13] Die

---

7 *Vogel*, in diesem Band, S. 11.

8 *Hamann*, Der blinde Fleck der deutschen Rechtswissenschaft – zur digitalen Verfügbarkeit instanzgerichtlicher Rechtsprechung, JZ 2021, 656 ff.; *Feuerhelm*, Die Veröffentlichungspraxis deutscher Gerichte und ihr Einfluss auf Large Language Models, RDi 2023, 368 ff.

9 *Vogel*, in diesem Band, S. 12.

10 LG Essen, Urt. v. 3.11.2021–22 Ks 8/21, Rn. 10.

11 LG Essen, Urt. v. 3.11.2021–22 Ks 8/21, Rn. 11.

12 LG Essen, Urt. v. 3.11.2021–22 Ks 8/21, Rn. 132.

13 LG Essen, Urt. v. 3.11.2021–22 Ks 8/21, Rn. 13.

Angehörigen, darunter seine Ehefrau, wurden daraufhin informiert, dass mit einem Versterben zu rechnen sei. Letzter Ausweg wäre der Anschluss an eine sog. ECMO (Herz-Lungen-Maschine), die K2 jedoch nicht verfügbar hatte. Man kontaktierte andere Krankenhäuser, welche alle eine Übernahme des Patienten ablehnten, weil sie den Einsatz eines ECMO-Gerätes bei ihm nicht mehr als erfolgversprechend einschätzten.[14] Trotz mehrerer erheblicher Kontraindikationen – namentlich dem starken Übergewicht des Patienten und einer längeren Phase der vorherigen invasiven Beatmung (Zeitraum von über 10 Tagen) – nahm K3 den Patienten sodann auf, um ihn an eine ECMO anzuschließen.[15] Der sodann erfolgte Kehlkopfschnitt führte wiederkehrend zu Blutungen aus dem Mund, der Nase und der eigentlichen Einschnittstelle, der Zustand wurde stets dramatischer.[16] Am 12.11.2020 besprach man den Fall erneut und einigte sich auf folgendes Vorgehen: Da der Patient trotz einer ECMO-Behandlung von über einer Woche keinerlei Verbesserung seiner Lungenfunktion zeige und damit nur noch sehr geringe Chancen auf einen kurativen Therapieerfolg bestünden, sollten bei einer weiteren Verschlechterung die Angehörige einbestellt werden, um den mutmaßlichen Patientenwillen zu eruieren.[17] Am 13.11.2020 trat diese Verschlechterung wie befürchtet ein. Das Angehörigengespräch führte der Angeklagte. Bereits zu Beginn des Gesprächs erklärte der Angeklagte wahrheitsgemäß, dass Grund des Treffens sei, dass alsbald mit einem Versterben zu rechnen sei. Darüber hinaus erklärte der Angeklagte den Angehörigen „bewusst wahrheitswidrig“ – so jedenfalls die Überzeugung der Kammer –, dass es keinerlei Behandlungsmöglichkeiten mehr für den Patienten gebe, dass das ECMO-Gerät irgendwann in den nächsten Stunden „zugehen“ (also seine Funktion einstellen) würde und dass ein Wechsel des ECMO-Gerätes nicht möglich sei, weil der Patient – was isoliert betrachtet zutreffend war – keine funktionierende Lunge habe. Dass irgendwann ein Wechsel der ECMO-Schläuche angestanden hätte, war zutreffend.[18] Am 13.11.2020 um ca. 18:00 Uhr wurden sodann auf Wunsch der Angehörigen die Geräte abgestellt.[19]

Der Sterbeprozess dauerte jedoch weiter an.[20] Im Beisein der Angehörigen kam es dazu, dass der Beatmungsschlauch aus dem Luftröhrenzugang fiel und Pfeifgeräusche verursachte, die wie ein röchelndes Schnappen nach Luft klangen. Hierdurch stellte sich die für die Angehörigen ohnehin sehr belastende Begleitung des

14 LG Essen, Urt. v. 3.11.2021–22 Ks 8/21, Rn. 15.
15 LG Essen, Urt. v. 3.11.2021–22 Ks 8/21, Rn. 16.
16 LG Essen, Urt. v. 3.11.2021–22 Ks 8/21, Rn. 21.
17 LG Essen, Urt. v. 3.11.2021–22 Ks 8/21, Rn. 22.
18 LG Essen, Urt. v. 3.11.2021–22 Ks 8/21, Rn. 24.
19 LG Essen, Urt. v. 3.11.2021–22 Ks 8/21, Rn. 25.
20 LG Essen, Urt. v. 3.11.2021–22 Ks 8/21, Rn. 29.

Sterbeprozesses ihres Ehemannes bzw. Schwagers als noch dramatischer dar, da sie den Eindruck hatten, dass er versuchte, noch zu atmen. Der Angeklagte schloss in dieser Situation den Beatmungsschlauch wieder an dem Tracheostoma an, wobei ihm auffiel, dass der Patient eine Stressreaktion (erhöhter Blutdruck und Herzschlag) zeigte, was in der Tat für ein bewusstes Erleben des Prozesses sprach. In den folgenden Minuten senkten sich der Blutdruck und der Herzschlag des Patienten wieder. Jedoch dauerte der Sterbeprozess des Patienten weiter an. Um ca. 18:38 Uhr entschied der Angeklagte, den Sterbeprozess und das Leben des Patienten durch eine hohe Dosis von Kaliumchlorid zu beenden, obwohl keine medizinische Indikation für eine solche Gabe bestand. Sein Ziel war es, einen Herzstillstand und somit den Tod des Patienten herbeizuführen, um ihm einen weiter andauernden Sterbeprozess zu ersparen. Sodann verstarb der Patient nach der Zuführung des Kaliumchlorids.[21]

Der Angeklagte ließ sich nach der Tat geständig ein und gab an, aus tiefem Mitgefühl gehandelt zu haben, um dem Patienten weiteres Leid zu ersparen. Angesichts der ausweglosen Situation habe er keine andere Möglichkeit gesehen, sein vorrangiges Ziel sei gewesen, sicherzustellen, dass der Patient nicht alleine und qualvoll in der Nacht sterben müsse, sondern im Beisein seiner Familie.[22] Er habe Verantwortung übernommen, während sich seine Kollegen in ihren Zimmern eingeschlossen hätten.[23] Der Angeklagte hatte keine Vorstrafen. Das Landgericht Essen verurteilte den Angeklagten wegen Totschlags in Form der aktiven Sterbehilfe zu einer Freiheitsstrafe von drei Jahren und sechs Monaten.

Dieser äußerst komplexe und hier stark verkürzt dargestellte Fall enthält sowohl in Bezug auf die Beweisführung als auch inhaltlich eine Vielzahl rechtlicher Fragen, die aktuell von der Strafrechtswissenschaft kontrovers diskutieret werden. Die verfahrensrechtlichen Fragen einmal außen vor, bildet die Frage nach der Strafbarkeit wegen aktiven Verabreichens des tödlich wirkenden Kaliumchlorids, den wesentlichen inhaltlichen Kern. Die Handlung des Angeklagten erfüllt zweifellos den objektiven und subjektiven Tatbestand eines Totschlags; nach Ansicht der Kammer in Form der aktiven Sterbehilfe. Zweifelhafter erscheint die Verneinung einer möglichen Rechtfertigung des Angeklagten: Waren die Grundsätze der mutmaßlichen Einwilligung, basierend auf der Unabwendbarkeit des Sterbeprozesses und Nichtverbesserung der Lungenfunktion hier einschlägig? Welche alternativen „mutmaßlichen" Vorgehensweisen hätte es überhaupt gegeben? Handelt es sich um einen einheitlichen, gerechtfertigten Behandlungsabbruch? Wenn nein, warum

21 LG Essen, Urt. v. 3.11.2021–22 Ks 8/21, Rn. 31.

22 LG Essen, Urt. v. 3.11.2021–22 Ks 8/21, Rn. 36.

23 LG Essen, Urt. v. 3.11.2021–22 Ks 8/21, Rn. 37.

nicht? Sind die Feststellung zum Angehörigengespräch zutreffend? Begründet der subjektive Anblick eines Todeskampfes (objektiv untermauert durch die Verschlechterung der Vitalparameter) eine Notstandslage? Begründet die Fehlvorstellung über einen Todeskampf bei seinem Patienten einen Erlaubnistatbestandsirrtum? Wie wirkt es sich aus, dass das behandelnde Krankenhaus den Patienten aufgenommen und an eine ECMO angeschlossen hatte, obwohl mehrere andere Krankenhäuser auf Grund der Aussichtlosigkeit des Verlaufs explizit ablehnten? Könnte bereits der nicht indizierte Anschluss an die ECMO strafrechtliche Relevanz besitzen und den Angeklagten erst zur Beendigung dieses Zustandes herausgefordert haben? Zudem erscheint die Abgrenzung zur indirekten Sterbehilfe erörterungsbedürftig. Der Begriff „aktive Sterbehilfe“ bezieht sich im rechtlichen und ethischen Kontext auf absichtliche, aktive Handlungen, die den Tod unmittelbar herbeiführen; der aktive Sterbehelfer „beherrsche“ regelmäßig den unmittelbar lebensbeendenden Akt, indem er die todbringende Handlung selbst ausführt. Die indirekte Sterbehilfe hingegen bezieht sich auf die Verabreichung von Medikamenten oder Behandlungen, die zur Linderung von Schmerzen oder Leiden dienen, aber als Nebenwirkung den Tod beschleunigen können. Wie ist diese Abgrenzungsfrage vorliegend gelöst worden? Auch inwieweit die Umstände der Tat Privilegierungs- oder Strafschärfungsgründe begründen, bedurfte näherer Betrachtung. So könnte die Todesspritze verabreicht im Zustand der Sedierung, das Merkmal der Heimtücke und damit einen Mord begründen; das Motiv aus tiefstem Mitleid gehandelt zu haben, spricht eher dagegen. Ein Abstellen auf einen minder schweren Fall gemäß § 213 StGB erscheint im Ergebnis zweckmäßig, wurde aber von der Kammer nicht begründet. Es drängt sich die Frage auf, ob § 213 StGB nur deshalb als letztes Korrektiv herangezogen werden „musste“, weil zuvor dogmatischen Präferenzen gefolgt wurde, die wohl in der Rechtsprechung gängig, aber höchstfragwürdig sind? Hervorhebungswürdig ist zudem, dass das Urteil in eine Zeit fällt, in der die Themen Sterbehilfe und ärztliche Sterbebegleitung prominent aber kontrovers diskutiert wurden und das von Legislative, Judikative und Exekutive. Insgesamt ein Strafurteil, das unbedingt Beachtung und Auseinandersetzung verdient, zumal der Angeklagte zu einer mehrjährigen Haftstrafe verurteilt wurde.

3 Verschollen im digitalen Bermuda-Dreieck?

Verwunderlich ist zunächst, dass dieses Urteil bislang soweit ersichtlich keinen Eingang in die wissenschaftliche Diskussion fand. Das Urteil wurde nirgends aufgegriffen, besprochen oder zitiert. Betrachtet man den Umgang der großen Datenbanken mit diesem Fall, fällt auf, dass das Urteil nach Eingabe folgender Schlagwörter online verfügbar wird: „Totschlag“, „Kaliumchlorid“, „Klinik“ „Depression“ und „Hauptverhandlung“. Erwartet hätte man womöglich eher: „Aktive Sterbehilfe“, „ärztlicher Behandlungsabbruch“, „Mutmaßliche Einwilligung“, „minder schwerer Fall des Totschlags“, „Tötung aus Mitleid“ usw. Die Verwendung der gewählten Schlagworte ist zweifellos bemerkenswert. Es ist ebenso seltsam wie belanglos, Begriffe wie „Klinik“ und „Hauptverhandlung“ aufzuführen. Vergleichbar wäre dies mit der Nennung „Hellwigstraße Ecke Mozartstraße“ im Kontext eines bewaffneten Raubüberfalls. Welche Relevanz besitzt diese Information? Eine „Hauptverhandlung“ geht unweigerlich jedem Strafurteil ipso jure voraus. Ein Suchwort oder Suchbegriff ist aber ein Begriff, der definiert, worum es in den Inhalten schwerpunktmäßig geht. Seine zentrale Eigenschaft ist die der Relevanz für den Inhalt des Textes. Die aufgeführten Begriffe sind jedoch weder relevant noch mit Blick auf die Urteilsgründe informativ. Auf Nachfrage teilte man mit, es liege im Ermessen des jeweiligen Bearbeiters, welche Schlagworte genutzt werden. Dabei existieren weder Richtlinien noch Vorgaben, Kontrollinstanzen oder methodische Hinweise.

Die oben rekonstruierte, wenn auch etwas beunruhigende These von *Friedemann Vogel* scheint sich mit Blick auf diesen spezifischen Einzelfall zu bestätigen. Wer nach „mutmaßlicher Einwilligung“ oder „aktiver ärztlicher Sterbehilfe“ sucht, wird dieses Urteil nicht finden. Der oben angeklungene „Schwarze-Löcher-Effekt“, der dazu führt, dass bestimmte Texte und damit Rechtsquellen spurlos verschwinden, scheint hier sichtbar zu werden. Ein digitales Bermuda-Dreieck, dessen Funktionsweise unklar ist und in welchem auf unerklärliche Weise Rechtstexte verschwinden, birgt offenkundig die Gefahr, dass bestimmte (Minderheits-)Meinungen über kurz oder lang zuerst unsichtbar und dann eliminiert werden. Eine damit verbundene weitere Gefahr drängt sich förmlich auf: Die Filterung dogmatischer Präferenzen auf Grund oder zeitgleich mit dem Verschwinden einzelner Beiträge, ist eine ernstzunehmende Sache für die Rechtspraxis und geeignet Einfluss auf Rechtsprechung und Gesetzgebung zu nehmen und zwar, ohne dass es jemand merkt. Die Datenbank, die das Recht setzt; eine gruselige Vorstellung.

Ob hier die Ausnahme die sonst zuverlässige Regel bestätigt, kann nicht abschließend beurteilt werden. Eine umfassende, repräsentative Untersuchung der Methodik könnte hier sicherlich von Vorteil sein und wird hoffentlich in Zukunft als notwendig erachtet. Derzeit ist der methodische Status quo soweit ersichtlich nicht besonders scharf in der Kritik. Die Nutzung von Groß-Datenbanken soll aber eine zuverlässige Recherchemöglichkeit als Grundlage für eine fundierte Rechtsanwendung ermöglichen und nicht zum Entstehen eines digitalen Bermuda-Dreiecks beitragen. Dies verdient zukünftig Fokus.

III Die Vision „Robo-Judge"

Zur letzten These *Friedemann Vogels: „Einen „Richterbot"* [24]*, der nicht nur Textentwürfe generiert, sondern automatisiert Entscheidungen trifft, kann und darf es nicht geben."*

1 Einen „Richterbot" … „kann" es nicht geben?

Diese Frage[25] muss ich als Strafrechtswissenschaftlerin freilich zunächst präzisieren und beschränke mich im Folgenden auf mögliche Aussagen zu einem „Strafrichterbot". Strafrecht und Strafjustiz sehen sich dabei durchaus gesonderten Fragestellungen gegenüber. Zunächst gilt aber auch und gerade im Kontext von Strafjustiz und KI und im Kontext von algorithmischen Entscheidungen in Strafverfahren nichts anderes als für „Algorithm-Decision-Making" im Allgemeinen, wenn es um Entscheidungen an, über oder für Menschen geht: Eine der gewichtigsten und offensten Basisfragen betrifft das Haben von „mentalen Zuständen", genauer gesagt die Frage nach dem „Bewusstsein"/„consciousness"[26].

Ein Strafrichter entscheidet über das Ergebnis der Beweisaufnahme und damit über die Schuld oder Unschuld eines Menschen nach seiner freien, aus dem Inbegriff der Verhandlung geschöpften *Überzeugung* (§ 261 StPO). Können KI-Systeme so

---

24 Anders *Greco*, Richterliche Macht ohne richterliche Verantwortung: Warum es den Roboter Richter nicht geben darf?, RW 2020, 29 ff. zur Verantwortungsübernahme des Richters für Entscheidungen; sowie *Greco*, Roboter-Richter – eine Kritik, in: Dederer/Shin (Hrsg.), Künstliche Intelligenz und juristische Herausforderungen, 2021, S. 104 ff., wo er uneingeschränkt nur das „Darf" verneint; *Wolff*, Algorithmen als Richter, 2022 en passim zu „kann" und „darf"; *Nink*, Justiz und Algorithmen – Über die Schwächen menschlicher Entscheidungsfindung und die Möglichkeiten neuer Technologien in der Rechtsprechung, 2021.

25 Dazu auch *Tober*, Ist Normanwendung automatisierbar?, MMR 2021, 779 ff.; *Timmermann/Gelbrich*, Können Algorithmen subsumieren?, NJW 2022, 25 ff.; *Eifer-Uhe*, Überlegungen zur Automatisierbarkeit der Rechtsanwendung, JZ 2023, 833 ff.

26 Vgl. zu dem Begriff insbesondere die Bewusstseinslehre *Brentanos* (Psychologie vom empirischen Standpunkt, 1874) kurz und schlüssig zusammengefasst von *Stegmüller*, Hauptströmungen der Gegenwartsphilosophie, Bd, 1, 1989, S. 15 ff. und die Phänomenologie des Bewusstseins bei *Husserl*, Die Idee der Phänomenologie, 1986. Zusammenfassung durch *Stegmüller*, ebd, S. 63 ff. Zum Qualiaproblem von KI, vgl. *Christoph*, Vielversprechender Effektivitätsbooster oder problematischer Subsumtionsautomat, in: Giannini u. a. (Hrsg.), 8. Symposium junger Strafrechtlerinnen und Strafrechtler, 2022, S. 59, 66 ff.; *Gless/Wohlers*, Subsumtionsautomat 2.0. Künstliche Intelligenz statt menschlicher Richter, in: Böse/Schumann/Toepel (Hrsg.), Festschrift für Kindhäuser 2019, S. 147 ff. (insb. zum Vergleich menschlicher Entscheidung und algorithmischer Entscheidung).

etwas haben? Womöglich ist das eine der Pilatus-Fragen. So hält *Friedemann Vogel* zutreffend fest: „In der Rechtsarbeit eine Rolle spielen allerdings auch andere Aspekte, die oft nicht oder nur partiell versprachlicht werden, zum Beispiel die Einordnung einer Person (Beschuldigter oder Zeuge) anhand von habituellen Markern jenseits der Sprache."[27] Dass die Überzeugung von der Schuld eines Menschen mehr ist, als Textverarbeitung, dürfte kaum bestritten werden können. Eine Überzeugung aber ist ein mentales Phänomen und stets intentional.[28] Gibt es also „intentionale technische Systeme"? Nach *Dennet* ist ein System genau dann ein intentionales System (= ein System mit wirklichen Wünschen und Überzeugungen), wenn sich sein Verhalten *verlässlich und umfassend in intentionaler Einstellung erklären und voraussagen lässt.*[29] Dies sei – so konstatierte *Dennet* bereits 1971 – im Kontext von Schachcomputern nicht der Fall, da ihre Funktionsweise selbst für ihre eigenen Konstrukteure zu komplex sei. Übertragen auf Richter-Bots müsste die Überzeugungsbildung des Bots damit verlässlich und umfassend erklärbar sein, was die nächste Großdebatte (Erklärbarkeit/Transparenz)[30] auslöst. Noch erfüllen KI-Systeme nach nahezu übereinstimmender Data-Science-Lehrmeinung die erforderlichen Bewusstseinskriterien nicht.[31] Also fehlt ihnen die entscheidende (menschliche) Eigenschaft, sich von der Schuldhaftigkeit einer Person zu überzeugen. Darin liegt ein wesentlicher kategorialer Unterschied zu rein statistischen Prognoseentscheidungen wie beispielsweise beim Predictive Policing.[32] Gleich wie sich KI weiterentwickeln wird und wie komplex die Modelle auch gedacht werden können, sie kann nur aus Daten weiterdenken, das wird sich nicht ändern. Faktisch möglich und sinnvoll erscheint stattdessen der Einsatz von KI als Instrument, als Werkzeug. Nicht der Richter-Bot, sondern der Praktikant-Bot, der bei einzelnen Arbeitsaufträgen hilft und recherchiert, hierbei aber keine eigenständigen Entscheidungen trifft und auf Kontrolle und Überwachung durch einen Menschen angewiesen ist,

---

27 *Vogel*, in diesem Band, S. 24.

28 *Beckermann*, Analytische Einführung in die Philosophie des Geistes, 3. Aufl. 2008, S. 10; *Kotsoglu*, Subsumtionsautomat 2.0, JZ 2014, 451, 456 (zur Algorithmisierung des Rechts aus Sicht der Normentheorie).

29 Vorausgesetzt man akzeptiert seine grundsätzliche Differenzierung zwischen physikalischer, funktionaler und intentionaler Einstellung, was die Grundannahmen der Dennetschen Theorie sind, vgl. *Dennet*, Intentional Systems, 1971, S. 163 f.

30 Vgl. *Philipp*, Grundrechte: Einsatz künstlicher Intelligenz im Strafrecht, EuZW 2021, 867 ff.; *Rostalski*, Iudex ex machina?, in: Hoven/Kudlich (Hrsg.), Digitalisierung und Strafverfahren 2020, S. 263, 272 ff.

31 Zur Debatte um Bewusstsein von KI vgl. insbesondere die Studie von *Butlin* u. a., Consciousness in Artificial Intelligence: Insights from the Science of Consciousness, 22.8,2023, https://doi.org/10.48550/arXiv.2308.08708 (4.2.2024).

32 So auch *Schmees/Dreyer*, Künstliche Intelligenz als Richter, CR 2019, 758, 762.

könnte den gewünschten Effizienzgewinn bringen, ohne fundamentalste Grundrechte auszuhebeln. Übernimmt ein Richter dann die Meinung oder Empfehlung seines Praktikanten stellt sich die Anschlussfrage, ob dies zur Überzeugungsbildung ausreicht, ob er in seiner Überzeugung bereits dadurch gerechtfertigt ist; KI Quelle einer gerechtfertigten Meinung sein kann. Diese Fragen sind alles andere als geklärt und scheinen gegenwärtig in der Tat ein faktisches K.-O.-Kriterium für einen Strafrichter-Bot zu fixieren.

2 Einen Richterbot… „darf" es nicht geben?

Rein intuitiv wird man auch dieser These zustimmen wollen. Betrachten wir den aktuellen Entwurf des KI-Gesetzes[33] scheint diese Intuition eine normative Bestätigung zu finden. Das KI-Gesetz ist ein Vorschlag der Europäischen Kommission für die rechtliche Regulierung von künstlicher Intelligenz.[34] Im Juni 2023 haben die Mitglieder des Europäischen Parlaments (MdEP) ihre Differenzen überwunden und eine vorläufige politische Einigung über das weltweit erste Regelwerk für Künstliche Intelligenz (KI) erzielt.[35] Das KI-Gesetz ist ein richtungsweisender Legislativvorschlag zur Regulierung von KI auf der Grundlage ihres Schadenspotenzials. Hierbei spricht der Entwurf des KI-Gesetzes explizit von „KI-Systemen, die Justizbehörden dabei helfen Sachverhalte und Rechtsvorschriften zu ermitteln und auszulegen und *das Recht auf konkrete Sachverhalte anzuwenden.*"[36] Damit wird künstliche Intelligenz im Strafrecht und ihre Verwendung durch Polizei und Justizbehörden in Strafsachen eindeutig in Erwägung gezogen und zugleich als „hochriskant" eingestuft,[37] weil nämlich erhebliche schädliche Auswirkungen auf die Gesundheit, die Sicherheit und die Grundrechte von Personen in der Union erkannt werden. Für sog. Hoch-Risiko-KI wird ein Bündel harmonisierter zentraler Anforderungen normiert, die diese Systeme aufweisen müssen, um auf dem Uni-

33 Europäische Kommission, Vorschlag für eine Verordnung des Europäischen Parlaments und des Rates zur Festlegung harmonisierter Vorschriften für Künstliche Intelligenz (Gesetz über Künstliche Intelligenz) und zur Änderung bestimmter Rechtsakte der Union, COM(2021) 206 final, abrufbar unter https://artificialintelligenceact.eu/the-act/ (25.10.2023).

34 https://digital-strategy.ec.europa.eu/de/policies/european-approach-artificial-intelligence (25.2.2023).

35 https://www.euractiv.com/section/artificial-intelligence/news/meps-seal-the-deal-on-artificial-intelligence-act/ (25.2.2023).

36 Europäische Kommission (Fn. 33), COM(2021) 206 final Erwgr. 40.

37 Europäische Kommission (Fn. 33), COM(2021) 206 final Erwgr. 33, 38 ff.

onsmarkt eingeführt werden zu können.[38] Zentral ist, dass sie so konzipiert und entwickelt sein müssen, dass sie während der Dauer der Verwendung des KI-Systems von natürlichen Personen wirksam *beaufsichtigt* werden können. Zwingende Bedingung ist, die Fähigkeiten und Grenzen des Hochrisiko-KI-Systems vollständig zu verstehen und seinen Betrieb ordnungsgemäß zu überwachen. Hierbei drängt sich unmittelbar die Frage auf, wie man sich diese Beaufsichtigung vorstellen darf, gerade vor dem Hintergrund, dass selbst Entwickler häufig die genaue Funktionsweise der Algorithmen nicht verstehen (wie bereits oben erwähnt). Unterstützung des Entscheidungsprozesses ja, Ersetzung durch das System nein. Aber: Jede kausale Unterstützung ist mehr oder weniger identisch mit der Ersetzung eines bestimmten Arbeitsschrittes. Wann unterstützt also ein System, wann ersetzt es Teilschritte? Jede „Unterstützung" nimmt dem Richter einen bestimmten Arbeitsschritt ab. Der Teil, den der Richter spart, wird dann ersetzt, oder?

Die Idee eines Richter-Bots flankiert überdies eine Vielzahl offener ethischer und rechtlicher[39] Fragen, die hier jedenfalls kursorisch und notwendigerweise unvollständig gestellt, aber keinesfalls beantwortet werden können. Ein Richter-Bot betrifft zunächst diverse Verfassungsgarantien[40], so zum Beispiel die richterliche Unabhängigkeit in Art. 97 Abs. 1 GG i.V.m. § 1 GVG/Art. 6 EMRK/Art. 47 Abs. 2 GRCh als konstituierende Säule eines demokratischen Rechtstaates. Der Richter ist dem Gesetz nicht Daten unterworfen. Außerdem ist die funktionelle Integrität der Rechtsprechung massiv gefährdet: Hierbei geht es um den Anspruch auf fairen, effektiven Rechtsschutz (Art. 19 Abs. 4 GG), das Gebot des gesetzlichen Richters in Art. 101 Abs. 1 S. 2 GG, das Grundrecht auf rechtliches Gehör in Art. 103 Abs. 1 GG und natürlich Art. 1 Abs. 1 GG (Menschenwürdeprinzip) als Zentralnorm an der Spitze der Verfassung. Die Menschenwürdegarantie verlangt, dass ein Richter den Betroffenen als Menschen, nicht als Objekt bei seiner Entscheidungsfindung behandelt. Hierzu ist ein automatisiertes System gerade nicht in der Lage, da es die Verfahrensbeteiligten bestimmungsgemäß auf ihre relevanten Daten reduziert.[41] KI als Instrument zur Vereinfachung und Optimierung judizieller Verfahrensprozesse erscheint damit insgesamt hochproblematisch. Vermutlich käme man an einer Verfassungsände-

38 Europäische Kommission (Fn. 33), COM(2021) 206 final Erwgr. 27 ff, 33; zur rechtlichen Einordnung sog. Hochrisiko-KI und deren Anforderungen im Einzelnen vgl. *Roos/Weitz*, Hochrisiko-KI-Systeme im Kommissionsentwurf für eine KI-Verordnung, MMR 2021, 844 ff.

39 Dazu sehr ausführlich das Grundlagenpapier zur 74. Jahrestagung der Präsidentinnen und Präsidenten der OLGs, des KG, des BayObLG und des BGH, Einsatz von KI und algorithmischen Systemen in der Justiz, 2022.

40 *Greco*, in: Dederer/Shin (Fn. 24), S. 104, 112 ff.

41 So ausdrücklich *Bernzen*, Roboter als Richter?, RDi 2023, 132, 136, zustimmend *Lorse*, Entscheidungsfindung durch künstliche Intelligenz, NVwZ 2021, 1657, 1659.

rung nicht vorbei. *Bernzen* hält fest: „Die Automatisierung der Entscheidungsfindung selbst wäre de lege lata zwar ein Verfassungsverstoß, das Grundgesetz könnte in diesem Punkt aber in gewissen Grenzen geändert werden."[42]

Und selbst wenn der gesetzgeberische Wille de lege ferenda dahin ginge, die rechtlichen Möglichkeiten für eine solche Implementierung zu schaffen, muss man den ethischen Diskurs, der parallel geführt wird dringend zur Kenntnis nehmen und fragen: Welche KI wollen wir eigentlich haben? Und: Was genau ist unser Desiderat mit Blick auf KI und judizielle Tätigkeiten?

In einem Projekt der Harvard University vom *Berkman/Klein Center* wurden Inhalte von sechsunddreißig prominenten Dokumenten aus unterschiedlichen Ländern zu KI-Grundsätzen verglichen. Hieraus wurde die Grundlage für eine „Prinzipielle Künstliche Intelligenz" geschaffen. Ziel ist es, einen Minimalkonsens für ethische und auf Rechten basierende KI-Systeme zu formulieren. Im Zentrum dieses „normativen Kerns" wurden acht thematische Haupttrends festgestellt. Dazu gehören: Datenschutz, Rechenschaftspflicht, Sicherheit, Transparenz und Erklärbarkeit, Fairness und Nichtdiskriminierung, menschliche Kontrolle der Technologie, berufliche Verantwortung und Förderung menschlicher Werte.[43] Neben dem von *Friedemann Vogel* ins Feld geführte Problem des „mangelnden Zurechnungsobjekts" („Wer ist eigentlich Adressat der Verantwortung für KI-Entscheidungen?) möchte ich schlaglichtartig und zusätzlich „Fairness"[44] ins Rennen schicken, da die Justiz und insbesondere die Strafjustiz einen in höchstem Maße fairnesskritischen Bereich markiert. Dieses „Principle" ist denkbar eng mit „Transparenz" verwoben, da es die Grundvoraussetzung für die Überprüfbarkeit von Gerichtsurteilen ist und eine Geheimjustiz vermieden werden muss. Im Kontext von Fairness wissen wir, dass Daten eine Schlüsselrolle spielen. Ein Algorithmus besteht stark vereinfacht ausgedrückt aus Daten der Vergangenheit und der Definition eines Ziels. Das Problem ist, dass die Welt strukturell verzerrt ist und strukturell verzerrte Daten erzeugt.[45] Dies führt dann zu verzerrten Ergebnissen. Es kommt zu Biases (Verzerrungen) und Loops (Feedbackschleifen). Aus verzerrten Daten resultieren unter Umständen unfaire Ergebnisse. Wird KI im Bereich der Rechtsanwendung implementiert, brauchen wir einen Diskurs über die Ungleichheit in unserer Welt und ihre soziologischen Ursachen. Andererseits: Wenn KI „nur" genauso (un-)fair ist,

42 *Bernzen* (Fn. 41), RDi 2023, 132 ff.

43 Paper und Visualisierung abrufbar unter https://cyber.harvard.edu/publication/2020/principled-ai (25.10.2023).

44 *Asenger*, Künstliche Intelligenz im Strafverfahren und Fairness, InTer 2023, 134 ff.

45 Ein Überblick bei *Friedler/Scheidegger/Venkatasubramanian*, The (Im)possibility of Fairness, 64 Communications of the ACM 137 ff. (2021); Zum Einfluss der Trainingsdaten insb. *Schmees/Dreyer* (Fn. 32), CR 2019, 758 ff.

wie unsere Gesellschaft, drängt sich die Frage auf, ob und warum das eigentlich problematisch ist? Erwarten wir dann nicht insgeheim, dass Algorithmen unsere Welt besser, „fairer" machen und damit vielleicht zuviel? Algorithmen, die auf voreingenommenen Daten trainiert werden, werden ohne Intervention voreingenommene Ergebnisse produzieren und die Ungleichheit, die historisch benachteiligte Gruppen erfahren, aufrechterhalten. Die Erwartungshaltung muss demnach zunächst konkret formuliert werden: Besteht das grundlegende Ziel darin, anhaltende bekannte Diskriminierungen nicht weiter zu vertiefen oder auch die Gesellschaft, die Politik und die Praktiken positiv zu verändern?[46] In einer Studie von *Wachter* u. a., wird der Unterscheidung zwischen zwei Arten von Fairness-Metriken besondere Relevanz zugewiesen: Die Metriken, die die Voreingenommenheit der Daten bewahren und sog. „Bias-Transforming"-Metriken, die soziale Voreingenommenheit eben nicht als neutralen Ausgangspunkt sehen und blind übernehmen, müssen zunächst identifiziert und unterschieden werden.[47] Vorurteilsbewahrende Metriken seien für Fairness hochproblematisch, weil sie mehr oder weniger implizieren, dass in der Vergangenheit nur gute und gerechte Entscheidungen getroffen worden sind. Um aktiv zu einer substanziellen Gleichstellung beizutragen (was die Autoren als wünschenswert betrachten), wird stattdessen die Verwendung von voreingenommenheitsverändernden Metriken für die Entscheidungsfindung empfohlen. Die Auswahl der Metrik verlange aber eine sog. „positive normative choice", eine explizite (positive) Entscheidung darüber, welche Voreingenommenheit das System aufweisen/beibehalten soll und warum. Eben diese „positive normative choice" kann nur ein Mensch treffen. Außerdem plädieren *Wachter* u. a. dafür, Entwicklern, Anwendern und Nutzern, die sich für die Verwendung von voreingenommenheitsbewahrenden Fairness-Metriken entscheiden, sofern sie dabei Entscheidungen über Einzelpersonen treffen, zusätzliche Verpflichtungen aufzuerlegen. Die Relevanz dieser These für die Rechtswelt bedürfte vertiefter Betrachtung. Insgesamt spricht, so meine ich, einiges dafür, dass der aktuelle Stand der Technik zwar bereits vieles möglich macht, aber im Bereich der härtesten Grundrechtseingriffe durch das schärfste Mittel des Staates so lange Zurückhaltung geboten ist, wie selbst Entwickler auf wichtige Fragen keine Antwort haben.

---

46 Vgl. dazu nur die grundlegende Forschungsarbeit von *Wachter/Mittelstadt/Russel*, Bias Preservation in Machine Learning: The Legality of Fairness Metrics under EU Non Discrimination Law, 123 W. Va. L. Rev. (2021), https://ssrn.com/abstract=3792772 (4. 2. 2024).

47 *Wachter/Mittelstadt/Russel* (Fn. 47), 123 W. Va. L. Rev. 2021, https://ssrn.com/abstract=3792772 (4. 2. 2024).

IV Fazit

Ich schließe weder kontrovers zum Hauptreferat noch spektakulär, jedoch nicht ganz ohne zu widersprechen. *Friedemann Vogels* Thesen verbreiten weder Endzeitstimmung noch düsteren Pessimismus. Er weist völlig zu Recht auf faktische Grenzen und große Herausforderungen hin, denen sich die Rechtspraxis zu stellen hat. Jene Herausforderungen treffen die Strafjustiz in besonderem Maße, weil es auch um die Bestimmung und Bestimmbarkeit von Verantwortung und Schuldhaftigkeit zur Festsetzung höchstpersönlicher Freiheitseinschränkungen geht. Hier algorithmisch zu strafen, obwohl auf Grund wahlloser Datafizierung ohne Methodik und System bereits das Sammeln von juristischen Daten zu überfordern scheint, wäre nicht innovativ, sondern inakzeptabel. Welche strafjustiziellen Entscheidungen zukünftig ganz konkret von Menschen auf Maschinen übertragen werden sollten, dürfen und können, das ist eine Frage, die wir wissenschaftlich derzeit zunächst genau identifizieren und der wir zukünftig größte Aufmerksamkeit und Besonnenheit im Umgang schenken sollten.[48]

48 So wörtlich *Brodowski/Hartmann/Sorge*, Automatisierung in der Strafrechtspflege. Legal Tech, KI und eine „hybride Cloud“ im Einsatz gegen Kindesmissbrauch, NJW 2023, 583.

Hanjo Hamann

Evidenz, Empirie und Data Science in der Rechtswissenschaft

Ein „Scoping Review" zur Taxonomie quantitativer Rechtsforschung

Abstract: Ten years ago, this author pleaded for an "evidence-based jurisprudence" in Germany. So where do quantitative methods stand in German legal research today? Digitalization has enabled an unprecedented democratization of statistical research tools. Consequently, marketing buzzwords and proprietary coinages for quantitative approaches to law have multiplied. To what extent these new terms correspond with specific research agendas or methodological schools is hard to ascertain or even distinguish. The present contribution undertakes a survey and taxonomic systematization that may help to re-establish an overview of the field, and to identify challenges still awaiting a resolution.

I Von der „Staatistik" zu digital demokratisierter Do-it-Yourself-Empirie

Quantitative Forschung in der Rechtswissenschaft gilt vielen als mehr oder weniger willkommener Eindringling; hereingeholt aus Sozialwissenschaften, die statt auf immerwährende hermeneutische Rotation lieber auf stochastische Geradlinigkeit vertrauen – also den linearen Formeln der Probabilistik (Wahrscheinlichkeitstheorie) oder den trennscharfen Tabellenrastern der Statistik. In dieser metaphorischen Entgegensetzung geht jedoch verloren, dass die Jurisprudenz ursprünglich mitnichten nur Nachbarin und unfreiwilliger Zaungast stochastischer Großprojekte war, sondern oft genug deren eilfertige Ankermieterin, wenn nicht sogar selbst Bauherrin.

Anmerkung: Der Autor dankt *Andreas Engert*, *Johannes Kruse* und *Friedemann Vogel* sowie den Herausgeber:innen (namentlich *Jochen Glöckner*) für hilfreiche Anregungen, *Kassandra Steffin* für die aufmerksame Lektüre des Manuskripts und *Lill Emmelheinz* für Unterstützung bei der Schlussredaktion. Der Beitrag ist auf dem Stand von November 2023.

 https://doi.org/10.1515/9783111343341-006

Das gilt nicht nur in Liebhabernischen, wo etwa die Bibliometrie (quantitative Zitationsanalyse) als „Jurisprudentias verlorene Tochter“ erkannt wurde,[1] sondern auch für das größere Ganze. Verrät doch die Statistik schon durch ihre Etymologie eine besondere Nähe zum staatlichen Machtapparat:

> Nach ihrer Wortherkunft (von lat. *statisticum*, den Staat betreffend) sollte die Statistik wohl eher Staatistik heißen, denn ihre Anfänge liegen in der Staatslehre des 18. Jahrhunderts, die durch den absolutistischen Verwaltungsapparat aufgrund zunehmender Datenmengen immer stärker quantifiziert wurde. Nach Gründung der Königlichen Statistischen Gesellschaft in England 1835 wurde ‚Statistik‘ dann auf jegliche Datenmengen bezogen.[2]

Auch die Probabilistik, so zeigt jüngste rechtshistorische Forschung,[3] wurde aus der Rechtsanwendung geboren: Nicht nur waren die frühesten Wahrscheinlichkeitsmathematiker durchweg ausgewiesene Juristen (de Fermat, Huygens, Leibniz, de Witt); den Durchbruch feierte die Probabilistik auch noch ausgerechnet in einer pandektistischen Doktorarbeit: *Nicolaus Bernoulli* entwickelte 1709 in seiner Promotionsschrift „De Usu Artis Conjectandi in Jure“ als erste praktische Anwendungen der neuen Theorie die gerechte Bepreisung von Glücksspielen, Hoffnungskäufen, Rentengeschäften und verwandten Verträgen des römischen Rechts (D.18.1.8).[4]

So dürfte es auch kaum überraschen, dass neben Statistik und Probabilistik auch deren sozialwissenschaftliche Bezugsdisziplinen maßgeblich von Rechtswissenschaftler:innen begründet wurden. Das gilt für die im deutschen Sprachraum Ende des 19. Jahrhunderts entdeckte Rechtsökonomik[5] ebenso wie für die „juristi-

---

1 Unter dieser Abschnittsüberschrift erklärt *Hamann*, Die Fußnote, das unbekannte Wesen – Potential und Grenzen juristischer Zitationsanalyse, RW 2014, 501, 502, „dass es auch Juristen waren, die sich erstmals dafür interessierten, wer von wem wie oft zitiert wird. Das lässt sich spätestens um 1743 in England nachweisen und führte in den USA 1873 zur Gründung des berühmtesten Zitatiönsindex' durch Frank Shepard“, m. Verw. auf *Shapiro*, Origins of Bibliometrics, Citation Indexing, and Citation Analysis: The Neglected Legal Literature, 43 J. Am. Soc. Inf. Sci. Tec. 337, 338 (1992).

2 *Hamann*, Evidenzbasierte Jurisprudenz. Methoden empirischer Forschung und ihr Erkenntniswert für das Recht am Beispiel des Gesellschaftsrechts, 2014, S. 73 m.w.N.

3 Zum Folgenden *Kennefick*, Roman Law on the Just Price in Nicolaus Bernoulli's Mathematics (Manuskript vorgestellt beim Workshop “Just Computation: Social and Historical Perspectives on Calculation in the Law” der Harvard Kennedy School am 9.9.2023; zur Veröffentlichung vorgesehen).

4 Deshalb bescheinigt *Kennefick*, Roman Law (Fn. 3), S. 11 f. der Arbeit einen “clear legal purpose”; sie sei “very much a piece of legal literature”.

5 Dazu *Hamann/Vogel*, Evidence-Based Jurisprudence Meets Legal Linguistics—Unlikely Blends Made in Germany, 43 BYU L. Rev. 1473, 1476 Fn. 6 (2017), m. Verw. auf *Kleinwächter*, Die Kartelle: Ein Betrag zur Frage der Organisation der Volkswirthschaft, 1883; *Mataja*, Das Recht des Schadensersatzes vom Standpunkte der Nationalökonomie, 1888; *Menger*, Das bürgerliche Recht und die besitzlosen Klassen, 1890; *Steinitzer*, Ökonomische Theorie der Aktiengesellschaft, 1908; vgl. ferner die Beiträge von *Oertmann*, Volkswirtschaftslehre des Corpus Iuris Civilis, 1891; *ders.*, Volkswirtschaft-

sche Ahnenreihe“ der Rechtssoziologie, deren „Gründungsväter [...] Eugen Ehrlich, Max Weber und Arthur Nußbaum“ (ebenso wie Hermann Kantorowicz und Ernst Fuchs) sämtlich „der Herkunft nach Juristen“ waren.[6]

Trotz dieser historischen Rolle der Rechtswissenschaft als Taktgeberin quantitativer Forschungsmethoden haderte die Disziplin zu allen Zeiten mit dem logistischen Aufwand und den prohibitiven Kosten entsprechender Forschung:

> [1970er] „Studien dieser Zeit [... sind] noch nicht an vernetzten Schreibtischen im Hause entstanden [...], sondern unter karton-weisem Verbrauch von 80-spaltigen Lochkarten und gewaltigen DIN A3-Papierbögen in nächtlichen Sitzungen in abgelegenen Rechenzentren“.[7]
> [1990er] „Zu den Grundbedingungen erfolgreicher empirischer Arbeit gehören deshalb Geld und nochmals Geld, des weiteren geeignetes Forschungspersonal in ausreichender Kapazität und nach Möglichkeit mit fachlichen Mehrfachkompetenzen bzw. Forschungsteams mit multidisziplinärer Ausrichtung, ferner die erforderlichen Sachmittel“[8]
> [2010er] „die nicht selten prekären Finanzierungsverhältnisse rechtstatsächlicher Forschung, deren Mittelbedarf sowohl was das Erfordernis ständigen Personals zur qualifizierten Datenanalyse als auch die Kostenstruktur konkreter Projekte angeht oft eher naturwissenschaftlichen als rechtswissenschaftlichen Budgetanforderungen ähnelt.“[9]

Dieses seit Jahrzehnten unveränderte Klagelied droht jedoch zu übertönen, dass Digitalisierung eine nie dagewesene Demokratisierung empirischer Rechtsforschung ermöglichen dürfte. Fast alle Produktionsfaktoren quantitativer Erkenntnis sind heute leicht verfügbar und kostengünstig: Speicher-[10] und Rechenkapazität,[11] Software,[12] Daten[13] (auch ganz kostenfrei als *Open Data*),[14] Weiterbildung,[15] usw.

---

liche Bedeutung des BGB, 1900 (jeweils digitalisiert in der Werkausgabe von *Hamann* 2021 unter www.doi.org/10.5281/zenodo.5876909, 15. 2. 2024).

6 *Heldrich*, Die Bedeutung der Rechtssoziologie für das Zivilrecht, AcP 186 (1986), 74, 76 (und weiter 77: „Bei Licht betrachtet ist also jedenfalls die deutsche Rechtssoziologie nach ihrer Entwicklung in erster Linie eine Soziologie des Privatrechts und des Privatverfahrensrechts.“); neuerdings weiterführend *Renner*, Vom „Naturstudium“ zur Systemtheorie: Soziologische Ansätze im Wirtschaftsrecht, Ancilla Iuris 2020, 41–56.

7 *Höland*, Die Rechtssoziologie auf dem Weg vom Hamburger MPI zum Bremischen ZERP, in: Joerges u. a. (Hrsg.), Josef Falke zum 65. Geburtstag, 2014, S. 25, 27, www.ssoar.info/ssoar/bitstream/handle/document/62581/ssoar-2014-joerges_et_al-Josef_Falke_zum_65_Geburtstag.pdf (15. 2. 2024).

8 *Gilles*, Rechtstatsachenforschung und Rechtsstaat, in: Prütting/Rüssmann (Hrsg.), Festschrift für Gerhard Lüke zum 70. Geburtstag, 1997, S. 139, 144.

9 *Spindler/Gerdemann*, Rechtstatsachenforschung: Grundlagen, Entwicklung und Potentiale, AG 2016, 698, 703; zuvor schon *Hamann*, Evidenzbasierte Jurisprudenz (Fn. 2), S. 28: „erfordert empirische Forschung größere finanzielle und personelle Ressourcen als sie den meisten Juristen zur Verfügung stehen“.

10 Beispielrechnung bei *Hamann*, Court Decisions: 99 % Uncharted Deep Sea? Mapping the Blind Spot of Digital Legal Studies over Half a Century (1971–2019), Blog Rechts | Empirie (R | E) v. 5. 1. 2022:

Daher ist zu fragen, inwieweit sich die quantitative Rechtsforschung tatsächlich in jüngerer Zeit ausdifferenziert (II.) und welche Herausforderungen das mit sich bringt (III.). Die weitere Untersuchung konzentriert sich exemplarisch auf das Zivilrecht, scheut aber keine Seitenblicke in benachbarte Fachsäulen, weil gerade quantitative Methoden dazu neigen, hergebrachte dogmatische Trennlinien zu negieren.[16]

II Bestandsaufnahme quantitativer Zivilrechtforschung seit 2013

Kehrseite jeder Demokratisierung ist die Fraktionierung. Mehraugenprinzip und Mehrköcheprinzip sind zwei Seiten derselben Medaille,[17] daher dürften verringerte Einstiegshürden in die quantitative Forschung auch ihren Wildwuchs anregen. Das

---

"digital data storage density increased by over 33 million percent – from 199 Bytes/cm² in 1971 (8-inch floppy disk with 80 kB) to 666,370,683,501 Bytes/cm² in 2019 (0.5-inch microSDX card with 1 TB)".

11 *Drechsler,* Neue Abläufe entwerfen, forschung 1/2023, 30, 32 mit anschaulicher Grafik „40 Jahre Performanzsteigerung bei Prozessoren", www.dfg.de/dfg_profil/publikationen/forschung (15.2. 2024).

12 Leistungsstarke Statistiksoftware (R, Python, Stata, SPSS, etc.) läuft auf jedem Anwender-PC und für Spezialanforderungen liegen modularisierte, gut erprobte und leicht implementierbare Programmpakete vor (Beautiful Soup, Selenium, word2vec, etc.). Plakativ bspw. *Hamann,* Evidenzbasierte Examensvorbereitung. Zivilrechtliche Lösungsskizzen „auf Distanz" gelesen, ZJS 2020, 507, 516: „Lassen wir den Computer also das eben für einen einzelnen Satz Vorgeführte für jede Klausurlösung in unserem Korpus wiederholen. Das dauert selbst auf einem fünf Jahre alten Einsteigerlaptop nur etwa fünf Minuten."

13 Neben den bekannten Datenbankenriesen wie juris und Beck Online auch forschungsfreundliche Kleinanbieter wie Kuselit Online als „beste Quelle bibliometrischer Forschungsdaten in der deutschen Rechtswissenschaft", *Hamann,* Nochmals: Juristische Diskurslinguistik am Beispiel der Neuen Juristischen Wochenschrift, NJW 2022, 3124, 3125.

14 Neben staatlichen Angeboten wie www.rechtsprechung-im-internet.de (15.2.2024) auch zahlreiche ehrenamtliche Initiativen, etwa von *Fuchs,* www.lexetius.com (15.2.2024); *Bremert,* www.openjur.de; *Fobbe,* www.zenodo.org/communities/sean-fobbe-code (15.2.2024); *Hamann,* www.richter-im-internet.de; www.zenodo.org/communities/legal-data (15.2.2024); vgl. auch *Hartung,* in: Vogl (Fn. 69).

15 Schon vor Jahren beobachtete *Hamann,* Empirische Erkenntnisse in juristischen Ausbildungsarbeiten, JURA 2017, 759, 762 m.w.N. in Fn. 26–28, „dass jetzt auch die empirische Methodik als eigenes Grundlagenfach in die Hörsäle einzieht, und dass Statistik sogar zur juristischen Methodenlehre und zu den Schlüsselqualifikationen des Jurastudiums zählt."

16 Hierzu noch unten im Haupttext nach Fn. 135.

17 *Hamann,* Redaktionsversehen, AöR 139 (2014), 446, 450: „Jedes System der Gewaltenteilung muss die mögliche Fehlervermeidung durch das Mehraugenprinzip gegen die mögliche Fehlererzeugung durch das Mehrköcheprinzip abwägen."

lässt sich in Nachbardisziplinen immer wieder beobachten – etwa in der sozialwissenschaftlichen Dekompositionsforschung: Sie litt jahrzehntelang unter terminologischer Überdifferenzierung in Begriffe wie „Vignettenstudien", „Szenariostudien", „faktorielle Surveys", „experimentelle Strategieerfassung" und eine „Unmenge anderer Begriffe",[18] verlor dadurch die wechselseitige Anschlussfähigkeit und zugleich die Aussicht auf konsensfähige Methodenstandards. Droht der quantitativen Forschung im (Zivil-)Recht nun eine vergleichbare Zerfaserung?

Diese Frage wird gerade jetzt brisant, da solche Forschung (wieder einmal) in Bewegung gerät. Und zwar auf europäischer Ebene – im September 2023 rief die im Vorjahr gegründete europäische Gesellschaft für empirische Rechtsforschung das erste *European Journal for Empirical Legal Studies* ins Leben[19] – ebenso wie in Deutschland: Im selben September stand die 33. Jahrestagung der *Gesellschaft Junge Zivilrechtswissenschaft* unter dem Generalthema „Rechtstatsachen im Privatrecht", und im Folgemonat feierte das *Empirical Legal Studies Center* der Freien Universität Berlin (FUELS)[20] seine durch die Pandemie verzögerte Eröffnung – mit einem Gastredner, dessen eigenes „Institut für Rechtssoziologie und Rechtstatsachenforschung" an derselben Universität gerade zehn Jahre zuvor aufgelöst worden war. Er beschwor deshalb in seinem Festvortrag die Gefahr, unter anderer Bezeichnung das Rad neu zu erfinden,[21] wie schon seine eigene Generation den Anschluss an vergleichbare Forschung des 19. Jahrhunderts[22] versäumt habe.

Neben diesen Anschlussverlust im Zeitverlauf, den man als *diachrone* Zerfaserung beschreiben und durch rechtshistorische Forschung beheben könnte,[23] tritt nun noch eine *synchrone* Zerfaserung: Auch wer sich nur für aktuelle Methoden interessiert, etwa einen ersten Einstieg in die quantitative Forschung zum Recht sucht, muss die parallele Neuerfindung des Rads unter verschiedenen Begriffen fürchten. Dem soll der vorliegende Beitrag abhelfen.

---

18 Vgl. bspw. *Hamann*, Evidenzbasierte Jurisprudenz (Fn. 2), S. 180 m. Verw. auf *Aiman-Smith/Scullen/Barr*, Conducting Studies of Decision Making in Organizational Contexts, 5 Org. Res. Meth. 388 f. (2002).

19 Dazu publicera.kb.se/ejels/about (15.2.2024) und noch unten Fn. 102.

20 Hierzu schon *Hamann*, Brennstoff für die Rechtsempirie: Veranstaltungen am „FUELS" Berlin, Blog Rechts | Empirie (R | E) v. 29.3.2022, www.rechtsempirie.de/post/brennstoff (15.2.2024) und noch unten II.6.

21 Gleichermaßen mahnend von ihm schon *Rottleuthner*, [Buchbesprechung], JZ 2016, 86 zur „umfangreichen Diskussion über die Rolle sozialwissenschaftlicher Erkenntnisse in rechtlichen Kontexten, die in der BRD intensiv vor allem in den 70er Jahren geführt wurde".

22 Zu dieser noch unten Fn. 29.

23 So die Forderung von *Rottleuthner* (Fn. 21), JZ 2016, 86, „den damals erreichten Stand der Diskussion zu rekonstruieren".

Für die erforderliche erste Orientierung soll der Beitrag kein eigenes theoriegeleitetes System entwickeln, sondern „nur" (aber immerhin) die Landschaft quantitativer Zivilrechtsforschung der letzten zehn Jahre kartieren. Ebenso wie der ein Jahrzehnt zuvor diagnostizierte Bedarf für „Evidenzbasierung" im Recht[24] wird auch die nachlaufende Beobachtung des Patienten einer epidemiologischen Methodik nachempfunden, die gerade erst ihren Weg in die Rechtswissenschaft fand – dem sog. *Scoping Review:*

> Diese Form der ‚Erkenntnissynthese' verfolgt das Ziel, vorhandene Evidenz zu identifizieren und zu kartieren, [...] wenn beispielsweise in einem ersten Schritt Umfang und Profil eines Forschungsfeldes abgesteckt werden soll, damit künftige, detailliertere Review- und Auswertungsarbeiten hieran anknüpfen können.[25]

Ohne die umfangreiche Debatte über die zweck- und sachgerechte Durchführung solcher Erstkartierungen hier angemessen würdigen zu können,[26] sei zumindest der Versuch einer Anlehnung gewagt. Dazu stellt der Beitrag nun steckbriefartig verschiedene (sicher nicht alle[27]) Ausprägungen quantitativer Zivilrechtsforschung der letzten zehn Jahre vor. Der Begriff „Ausprägung" ist bewusst gewählt – anstelle etwa von „Methodiken", „Denkschulen" oder „Forschungsprogrammen" – weil sich erst noch zeigen muss, inwiefern diesen Ausprägungen wirklich unterschiedliche Konzeptionen oder Methoden zugrunde liegen. Immerhin könnten die darzustellenden Begriffsprägungen eine abgrenzbare Methodenschule[28] auch nur suggerieren und stattdessen lediglich Partikularinteressen als Prägezeichen für Geistesprodukte einer bestimmten Person(engruppe) dienen.

Deshalb werden für die folgenden Steckbriefe vier analytische Kategorien gebildet: Zunächst werden – basierend auf den Erfahrungen und weitergehenden Literaturrecherchen des Verf. – Wissenschaftler:innen identifiziert, die als VORREITER ein eigenes Prägezeichen zumindest begrifflich reklamiert haben; sodann wird versucht, deren PROGRAMMATIK aus einer unter dem Prägezeichen publizier-

24 Hierzu unten II.2.

25 *Aly/Purwita/Varoga*, Evidenz statt Meinung – Ein Scoping Review zur empirischen Rechtsdidaktik, Blog Rechts|Empirie (R|E) v. 23.8.2023.

26 Dazu neben den bei *Aly/Purwita/Varoga* (Fn. 25) genannten Literaturnachweisen beispielhaft noch *Arksey/O'Malley*, Scoping Studies: Towards a Methodological Framework, 8 Int. J. Soc. Res. Meth. 19 (2005); *Pham* u. a., A Scoping Review of Scoping Reviews, 5 Res. Synth. Meth. 371 (2014); *Munn* u. a., Systematic review or scoping review?, 18 BMC Med. Res. Meth. 143 (2018); *Mak/Thomas*, Steps for Conducting a Scoping Review, 14 J. Grad. Med. Edu. 565 (2022).

27 Dazu noch unten II.7.

28 Hoffnungsvoll etwa *Bartlitz* (Fn. 92), NZG 2022, 1669, 1670: „dass die Methode nach Möglichkeit ‚Schule machen' [...] soll".

ten Programmschrift zu rekonstruieren. Dabei wird sich zeigen, dass viele Ausprägungen maßgeblich in der ANLEHNUNGSDISZIPLIN differieren, aus deren methodischen Impulsen sie sich (nach eigenem Bekenntnis) nähren. Zuletzt schließlich werden BEISPIELFRAGEN genannt, die unter dem so geführten Banner untersucht wurden. Dieses Vorgehen hat den Vorteil, die jeweilige Selbstbeschreibung der Handelnden ernst zu nehmen und ihnen die Deutungshoheit über ihre Zugehörigkeit zu belassen – nimmt aber zugleich in Kauf, dass dabei allzu selbstbewusste oder vorschnelle Prägungen nicht hinterfragt, ihre konsequente Durchhaltung nicht überprüft und kritische Sekundärliteratur nur ganz beschränkt berücksichtigt werden können. Diese analytischen Defizite werden für die Erstkartierung in Kauf genommen, weil nur so die terminologische Verwirrung überhaupt aufgezeigt werden kann, um deren Klärung stärkeres Bemühen lohnen könnte.

1 Rechtstatsachenforschung

VORREITER: Als frühe Vorläuferprojekte gelten die Umfragestudien der Rechtsprofessoren *Adolf Wach* und *Jakob Weismann* (1887) und des außerordentlichen Professors *Martin Wolff* gemeinsam mit dem Landrichter *Martin Segall* (1906–1908).[29] Erst 1914 jedoch prägte ein Berliner Privatdozent den bis heute gebräuchlichen Begriff für den neuen Forschungsansatz, als dessen Begründer er forthin gelten sollte: Rechtsanwalt *Arthur Nussbaum* mit einer Schrift über die Bedeutung der „Rechtstatsachenforschung“,[30] sowie einer 1940 im Exil verfassten englischsprachigen Programmschrift, die weitere 15 Jahre später ins Deutsche rückübersetzt wurde.[31] Innerhalb der vergangenen zwanzig Jahre wurde die Rechtstatsachenforschung besonders sichtbar „durch die Arbeit von Pionieren wie *Walter Bayer*“ wiederbelebt:[32] Sein 2005 an der Friedrich-Schiller-Universität Jena gegründetes „Institut für Rechtstatsachenforschung zum Deutschen und Europäischen Unter-

29 Die jeweiligen Primärtexte sind als Dokumentensammlung „Pioniere der Rechtstatsachenforschung (Wach/Weismann und Wolff/Segal)“ im Forschungsrepositorium Zenodo zur Nachnutzung archiviert: www.doi.org/10.5281/zenodo.10071773 (15.2.2024); näher etwa *Rehbinder*, Zur Soziologie des Gerichtsverfahrens, in: Friedman/Rehbinder (Hrsg.), Zur Soziologie des Gerichtsverfahrens, 1976, S. 7 (zu Wach und Weismann) sowie *Heldrich* (Fn. 6), AcP 186 (1986), 74, 75 (zu Wolff und Segall).

30 *Nussbaum*, Die Rechtstatsachenforschung: Ihre Bedeutung für Wissenschaft und Unterricht, 1914.

31 *Nussbaum*, Fact Research in Law, 40 Colum. L. Rev. 189 (1940); rückübersetzt durch *Drobnig* als: Die Rechtstatsachenforschung, AcP 154 (1955), 453.

32 *Spindler/Gerdemann* (Fn. 9), AG 2016, 698 (Beitrag zum Geburtstagssymposion Bayers lt. Fn. *).

nehmensrecht" produzierte über 130 Einzelstudien[33] und die zuletzt 14-bändige Schriftenreihe „Empirische Studien zum deutschen und europäischen Unternehmensrecht" (2006–2017). Damit etablierte *Bayer* eine Methoden*schule* im engeren Sinne, die von seinen akademischen Schülern fortgeführt wird.[34]

PROGRAMMATIK: Nach verbreitetem Verständnis erfüllt die Rechtstatsachenforschung „für das Zivilrecht die gleiche Funktion wie die Verwaltungslehre für das öffentliche bzw. die Kriminologie für das Strafrecht".[35] Sie gilt als „genuin ‚juristische' empirische Forschung",[36] denn sie zähle „genauso wie etwa die Rechtsphilosophie, die Rechtsgeschichte, die Rechtsvergleichung oder neuerdings auch die Rechtsökonomik zur Rechtswissenschaft selbst [...] In zahlreichen Konstellationen ist eine überzeugende Rechtsdogmatik ohne Kenntnis der Rechtstatsachen nicht möglich."[37] Welche Tatsachen das genau seien, bleibt meist im Vagen: Es gehe schlicht um einen „bestimmten Komplex von induktiv zu erforschenden Tatsachen [...], deren Kenntnis für ein volles Verständnis und eine sachgemäße Anwendung der Normen erforderlich ist."[38]

ANLEHNUNGSDISZIPLIN: Frühe Pionierarbeiten vermieden ihre disziplinäre Verortung ganz pragmatisch: „Ob es sich [...] um eine Aufgabe der Rechtswissenschaft oder der Nationalökonomie handelt, erscheint ohne Bedeutung. Es genügt festzustellen, dass die nationalökonomischen Forscher sich den hier aufgeworfenen Fragen kaum zugewandt haben."[39] Später nahm man die Rechtstatsachenforschung zwar oft als Instrument der Rechtssoziologie wahr (etwa im Reihentitel der seit 1966 auf über 100 Bände angewachsenen „Schriftenreihe zur Rechtssoziologie und Rechtstatsachenforschung"), was aber eher historisch begründet als logisch zwingend erscheint.[40] Nicht einmal die verbreitete Verknüpfung mit dem Zivilrecht ist

---

33 Vgl. *Bayer*, Schriftenliste, IX. unter www.rewi.uni-jena.de/rewimedia/ls-bayer/pdfs/litveroef-2022.pdf (15.2.2024).

34 Bspw. *Scholz/Hoffmann*, Die Rechtstatsachenforschung im toten Winkel des DiRUG-Regierungsentwurfs, AG 2021, 227, oder *Lieder/Becker/Hoffmann*, Ein rechtstatsächlicher Streifzug durch die GmbH-Landschaft, in vier Teilen erschienen in GmbHR 2021, 621, 957; GmbHR 2022, 233, 958.

35 *Hamann*, Evidenzbasierte Jurisprudenz (Fn. 2), S. 40 m.w.N. in Fn. 256; dagegen aber noch unten Fn. 42.

36 *Hamann/Vogel* (Fn. 5), 43 BYU L. Rev. 1473, 1476 (2017): "Genuinely 'Legal' Empirical Studies".

37 *Bayer*, Privatrechtsdogmatik im 21. Jahrhundert, in: Auer u. a. (Hrsg.), Festschrift für Canaris 2017, S. 319, 321 f.; ähnl. *Spindler/Gerdemann* (Fn. 9), AG 2016, 698, 703: „wesentliche Ergänzung zur dogmatischen Rechtsexegese".

38 *Nussbaum*, Rechtstatsachenforschung (Fn. 30), S. 5 f.

39 *Wolff*, Das Bürgerliche Gesetzbuch und die deutschen Lebensgewohnheiten, JW 1906, 697, online verfügbar (vgl. Fn. 29).

40 So schon *Hamann*, Evidenzbasierte Jurisprudenz (Fn. 2), S. 40 f.: „die Prägung dieser Methoden durch ein soziologisches Vorverständnis ist mithin kein zwingendes Begriffsmerkmal."

zwingend,[41] wie schon die „Konstanzer Schriften zum Verwaltungsrecht und zur Rechtstatsachenforschung“ belegen.[42] Neuere Programmschriften verorten die Rechtstatsachenforschung gar „auf der interdisziplinären Schnittstelle zwischen Rechts-, Sozial-, und Wirtschaftswissenschaften“, weil sie „methodisch auf Instrumentarien der Wirtschafts- und Sozialwissenschaften“ zurückgreife.[43]

BEISPIELFRAGEN: In ihrem weitesten Verständnis soll Rechtstatsachenforschung die „drei Kategorien der *Zielabweichungs-, Regelungsbedarfs- und Rechtsgegenstandsanalyse*“ umfassen, wobei ersteres etwa „Erhebungen zu den Auswirkungen des ProstG auf die Lebens- und Arbeitssituation von Prostituierten in Deutschland“ leite, zweiteres Studien zur „Vorgehensweise und Auswirkungen ‚räuberischer Aktionäre‘ bei der Ausnutzung des Beschlussmängelrechts“ und die drittgenannte Kategorie die „Effekte von Delisting-Ankündigungen auf Aktienkurse und deren Implikationen für die Beschlusskompetenz der Hauptversammlung“ umfasse.[44] Enger verstanden erscheint Rechtstatsachenforschung als nur eine „empirische Strömung im weit größeren Kosmos empirischer Methoden“, da sie für „Beobachtungsstudien mit beschreibendem Erkenntnisinteresse [...] auch fast nur beschreibende Statistik verwende“.[45] Dazu gehörten zuletzt Fragen wie: Wie viele Gesellschaften jeder Rechtsform gibt es in Deutschland?[46] Wie spezialisiert sind deutsche Jurafakultäten im Zivilrecht, und wie verteilen sich zivilrechtliche Spe-

---

41 Ebenso *Dörenbach*, Mehr Interdisziplinarität wagen – über den Nutzen der Rechtstatsachenforschung, in: Verantwortung und Recht (JTÖR Bd. 62), 2022, S. 235, 240: „Die gängigen Methoden der RTF sind auf jedes Rechtsgebiet anwendbar, auch wenn die RTF traditionell häufig auf das Zivilrecht beschränkt wurde.“

42 11 Bände (1986–1997); vgl. auch *Voßkuhle*, Verwaltungsdogmatik und Rechtstatsachenforschung, VerwArch 85 (1994), 567; kein Hinweis auf Rechtstatsachen dagegen bei *Harbarth*, Empirieprägung von Verfassungsrecht, JZ 2022, 157, und *Langenbach*, Zur Rezeption empirischer Forschung und psychologischer Verfahrenstheorie in der verwaltungsrechtlichen Debatte zur Akzeptanz des Stromnetzausbaus, VERW 55 (2022), 191.

43 *Spindler/Gerdemann* (Fn. 9), AG 2016, 698 (erstes Zitat), 699 (zweites Zitat); ähnl. *Anzinger*, Möglichkeiten der Digitalisierung des Rechts, in: Hey (Hrsg.), Digitalisierung im Steuerrecht (DStJG Bd. 42), 2019, S. 15, 54: „an den empirischen Methoden der Natur- und Wirtschaftswissenschaften orientiert.“

44 *Spindler/Gerdemann* (Fn. 9), AG 2016, 698 je m.w.N. in Fn. 7–9.

45 *Hamann*, Evidenzbasierte Jurisprudenz (Fn. 2), S. 41 mit Fn. 258.

46 Zu registerpflichtigen Rechtsformen alljährlich *Kornblum*, Rechtstatsachen zum Unternehmens- und Gesellschaftsrecht, GmbHR 1981, 227 bis GmbHR 2021, 681, und zuletzt *Bayer/Lieder/Hoffmann*, Bundesweite Rechtstatsachen zum Unternehmens- und Gesellschaftsrecht, GmbHR 2022, 777, und GmbHR 2023, 709; zu konzessionierten Rechtsformen jüngst *Hamann*, Wirtschaftliche Vereine (§ 22 BGB): Eine rechtstatsächliche Bestandsaufnahme auf dem Weg zur rechtspolitischen Neubewertung, ZGR 2023, 471.

zialisierungen über die Fakultäten?[47] Oder außerhalb des Zivilrechts: Wie häufig wird die vorläufige Anordnung in der Verkehrswegeplanung genutzt und wie beurteilen Vorhabenträger ihre Praxistauglichkeit?[48]

2 Evidenzbasierte Jurisprudenz

VORREITER: Begriff und Programm der „Evidenzbasierung" existieren seit 1990, wurden zunächst für das kanadische Medizinstudium entwickelt und sickerten bis 2006 „in viele sozialplanerische Anwendungsdisziplinen" wie Kriminalprävention, Bildungsforschung, Politikfeldforschung, Betriebswirtschaftslehre und sogar das Bibliothekswesen ein.[49] Die deutsche Rechtswissenschaft kam 2013 hinzu, als der Verf. Seine entsprechend betitelte Dissertation über „Methoden empirischer Forschung und ihren Erkenntniswert für das Recht" vorlegte.[50] In weiteren Publikationen schloss er daran methodisch[51] und begrifflich[52] an.

PROGRAMMATIK: Evidenzbasierte Jurisprudenz differenziert zwischen *Lebenserfahrung* (als „Gesamtheit der sog. anekdotischen Evidenz") und *empirischer Erkenntnis* (als „Gesamtheit der sog. kumulativen Evidenz").[53] Die anzustrebende „Integration von Lebenserfahrung und empirischer Erkenntnis" sei in einer von drei Rollen denkbar: „Produzent", „Rezipient" oder „Spekulant" empirischer Forschung (in der Reihenfolge zunehmender Häufigkeit unter Juristen).[54] Für die *Rezeptions*fähigkeit als „hauptsächliches" Anliegen der Evidenzbasierung wurde eine

---

47 *Hamann*, Deutsche Zivilrechtslehre: Eine rechtstatsächliche Untersuchung ihrer Demographie, Institutionalisierung und Lehrstuhldenominationen, AcP 221 (2021), 287.

48 *Roth*, Die vorläufige Anordnung in der Verkehrswegeplanung – eine rechtstatsächliche Vergewisserung, VerwArch 133 (2022), 410.

49 Nachw. in *Hamann*, Evidenzbasierte Jurisprudenz (Fn. 2), S. 4.

50 *Hamann*, Evidenzbasierte Jurisprudenz (Fn. 2), auf S. 2 in Fn. 7 m. Verw. auf US-amerikanische Vorarbeiten seit dem „evidence-based law approach" von *Trujillo*, Patterns in a Complex System, 53 UCLA L. Rev. 357, 382 Fn. 80 (2005).

51 Insb. *Hamann/Hoeft*, Die empirische Herangehensweise im Zivilrecht. Lebensnähe und Methodenehrlichkeit für die juristische Analytik?, AcP 217 (2017), 311.

52 Insb. *Hamann/Vogel* (Fn. 5), 43 BYU L. Rev. 1473 (2017); *Hamann* (Fn. 12), ZJS 2020, 507.

53 *Hamann*, Evidenzbasierte Jurisprudenz (Fn. 2), S. 55 f.

54 *Hamann*, Evidenzbasierte Jurisprudenz (Fn. 2), S. 10 f. (erstes Zitat), 25–33 (zu den Rollen), 30 (zur Priorisierung): „dass die empirische Primärforschung für Juristen das Mittel dritter Wahl bildet, wenn erstens keine Aussicht darauf besteht, empirisch ausgebildete Sozialwissenschaftler für die Untersuchung rechtlich relevanter Fragen zu gewinnen und zweitens keine anderweitige Forschung existiert, die sich rezipieren ließe".

„pragmatische Rezeptionslehre“ entwickelt,[55] die helfen soll, festzustellen, „welche außerrechtlichen Fakten für eine bestimmte normative Fragestellung herangezogen werden sollen und ob die Ergebnisse der Nachbarwissenschaften dafür sich als fruchtbar erweisen.“[56] Dazu dienen niederschwellige „Grundsätze der empirischen Rezeption“ wie insbesondere die Empfehlung, sog. Metastudien (also „Studien, die nicht selbst Daten erheben und auswerten, sondern verschiedene andere Studien, die zu einem Thema vorliegen, gemeinsam quantitativ auswerten“[57]) zur Synthese empirischer Forschung ganz „wie wissenschaftliche Buchprüfungen“ heranzuziehen.[58]

ANLEHNUNGSDISZIPLIN: Juristische Evidenzbasierung beruht auf der „Erkenntnis, dass Jurisprudenz und Medizin durch ein gemeinsames Erkenntnisinteresse verbunden sind“,[59] und dass zahlreiche Einsichten evidenzbasierter Medizin für Rechtsfragen hilfreich sein können.[60] Obwohl also die Methoden der Evidenzbasierung zugleich „so unterschiedlichen Disziplinen wie Soziologie, Politikwissenschaft, Ökonomik, Betriebswirtschaftslehre, Psychologie, Pädagogik, Humanmedizin, Geographie, Geschichtswissenschaft, Ethnologie“ dienen,[61] stammt das Bemühen um die Integration solcher Erkenntnisse dezidiert aus dem klinischen Kontext.

BEISPIELFRAGEN: Ergeben rechtsökonomische, organisationspsychologische, politikwissenschaftliche, rechts- und sozialpsychologische und mikroökonomische Forschung überzeugende Anhaltspunkte dafür, dass unternehmerische Kollegialentscheidungen ihre vom Aktienrecht erwarteten Vorteile entfalten, nämlich (1) Motivation durch Partizipation, (2) Synergien in der Entscheidungsfindung, (3)

55 *Hamann*, Evidenzbasierte Jurisprudenz (Fn. 2), S. 32 bei Fn. 207 (erstes Zitat), Kap. 2 auf S. 53–129 (zweites Zitat).
56 *Hamann*, Evidenzbasierte Jurisprudenz (Fn. 2), S. 10 f. unter Berufung auf *Schön*, Quellenforscher und Pragmatiker, in: Engel/Schön (Hrsg.), Das Proprium der Rechtswissenschaft, 2007, S. 313, 318.
57 *Morell*, Die Rolle von Tatsachen bei der Bestimmung von „Obliegenheiten“ im Sinne von § 254 BGB am Beispiel des Fahrradhelms, AcP 214 (2014), 387, 406.
58 *Hamann*, Evidenzbasierte Jurisprudenz (Fn. 2), S. 99–104 zu Metastudien (dort Zitat S. 104 m. Verw. auf *Ellis*, The Essential Guide to Effect Sizes: Statistical Power, Meta-Analysis, and the Interpretation of Research Results, 2010, S. 96) sowie S. 106–126 zu Rezeptionsgrundsätzen (darin S. 122–126 zum Vorrang von Metastudien).
59 *Hamann*, Evidenzbasierte Jurisprudenz (Fn. 2), S. 7 f.
60 Bspw. *Hamann*, Evidenzbasierte Jurisprudenz (Fn. 2), S. 24 zur Evaluationsforschung als gemeinsamem Desiderat von medizinischer und juristischer Forschung; S. 31 f. zu medizinischen Rezeptionsschritten, „die sich ebenso gut für die evidenzbasierte Jurisprudenz eignen“; S. 125 f. zur Bedeutung von Metastudien in der „fünfstufigen Erkenntnishierarchie (*levels of evidence*)“ der evidenzbasierten Medizin; S. 137 zur „Empfehlung der evidenzbasierten Medizin“ hinsichtlich der Übertragbarkeit von Studienergebnissen.
61 *Hamann*, Evidenzbasierte Jurisprudenz (Fn. 2), S. 17.

Entschleunigung der Informationssuche, (4) gegenseitige Überwachung und Mäßigung, und (5) Verringerung der Selbstüberschätzung?[62] Lässt sich eine rechtliche Obliegenheit i. S. v. § 254 BGB zum Tragen von Fahrradhelmen aufgrund der klinischen Befunde zu deren gesundheitsschützender Wirkung begründen?[63] Lässt sich eine obligatorische Hauptversammlungszustimmung für Unternehmensübernahmen auf Befunde der empirischen M&A-Forschung dazu stützen, ob solche Zustimmungspflichten (1) den Unternehmenswert der Aktiengesellschaft steigern, (2) durch Dämpfung der Erwerbsfreude die Entscheidungsqualität erhöhen, (3) ausreichenden Sachverstand der Aktionäre zugrundelegen und (4) den Übernahmeprozesses nicht unverhältnismäßig verzögern?[64]

3 Quantitative Rechtswissenschaft

VORREITER: Den Begriff prägten der damalige Forschungsgruppenleiter der Max-Planck-Gesellschaft *Andreas Fleckner* und seine Doktorandin *Corinna Coupette* 2018 in einem Aufsatz über „Sammlung, Analyse und Kommunikation juristischer Daten“,[65] und nachfolgenden Festschriftbeiträgen.[66] Als Vorbild beriefen sich die Autoren auf „diverse Umschreibungen mit ‚quantitative‘“ im „anglo-amerikanischen Sprachraum“,[67] wo der Begriff „Quantitative Legal Research“ in der Tat schon Jahrzehnte zuvor verwendet wurde;[68] später auch von deutschen Rechtswissenschaftlern.[69]

---

62 *Hamann*, Evidenzbasierte Jurisprudenz (Fn. 2), S. 239 f., 254–293.

63 *Morell* (Fn. 57), AcP 214 (2014), 387 – der sich zwar selbst nicht zur (parallel entwickelten Evidenzbasierung) verhält, ihre „Methodik aber mustergültig vor[führt]“, so ausf. *Hamann* (Fn. 15), JURA 2017, 759, 765.

64 *Hollerung*, Say on Corporate Acquisitions (Diss.), im Erscheinen 2024 – darin vor allem § 1.C („Empirierezeption als Konzept“), § 6.C („Empirische Erkenntnisse“).

65 *Coupette/Fleckner*, Quantitative Rechtswissenschaft, JZ 2018, 379.

66 *Coupette/Fleckner*, Das Wertpapierhandelsgesetz (1994–2019): Eine quantitative juristische Studie, in: Klöhn/Mock (Hrsg.), Festschrift 25 Jahre WpHG, 2019, S. 53; *Fleckner*, Anlegermitverschulden vor dem Bankensenat: Eine quantitative juristische Studie, in: Grundmann/Merkt/Mülbert (Hrsg.), Festschrift für Hopt 2020, S. 253.

67 *Coupette/Fleckner* (Fn. 65), JZ 2018, 379 Fn. 2.

68 Vgl. schon Report of the Special Committee on Quantitative Field Research, AALS Proceedings 1963, 231, 233: “The case for quantitative legal research is therefore the case for improving the quality of the evidence that is the predicate for legal activity.”; ausf. *Gazell*, A Stalled Upheaval: A Quantitative Analysis of Legal Research Modes, 8 New Engl. L. Rev. 1 (1972); *Merryman*, Comparative Law and Social Change: On the Origins, Style, Decline and Revival of the Law and Development Movement, 25 Am. J. Comp. L. 457, 476 (1977): “Since most lawyers are uninterested, it has been difficult to initiate a significant quantitative legal research tradition in the law schools and legal research in-

PROGRAMMATIK: Quantitative Rechtswissenschaft fasse „juristische Sachverhalte in Zahlen“ und solle erklären, „wie Recht in einem bestimmten Zusammenhang beschaffen war, ist oder sein wird“.[70] Damit sei sie zwar „eine Teilmenge der *empirischen Rechtswissenschaft*“, allerdings „verglichen mit der *Rechtstatsachenforschung* methodisch enger, indem sie sich auf die Analyse zählbarer Daten beschränkt, aber gegenständlich weiter, indem sie nicht nur das gelebte, sondern auch das gesetzte Recht als empirisches Phänomen zu erfassen sucht.“[71]

ANLEHNUNGSDISZIPLIN: Entsprechend den Forschungsinteressen der Beteiligten[72] lehnt sich die quantitative Rechtswissenschaft vor allem an die Informatik und insbesondere die juristische Netzwerkforschung an und wird deshalb auch von Außenstehenden in einem Atemzug mit den „Anwendungsmöglichkeiten der Netzwerktheorie“ erörtert.[73]

BEISPIELFRAGEN: Wie haben sich Umfang, Gliederungsstruktur und Themen des Wertpapierhandelsgesetzes im Lauf der Zeit verändert?[74] Wertet der BGH-Bankensenat ein Mitverschulden geschädigter Kapitalanleger anspruchsmindernd nach § 254 BGB?[75] Oder außerhalb des Zivilrechts: Welche Struktur und Anwendungsfelder hatte die Verhältnismäßigkeitsprüfung in BVerfG-Senatsentscheidungen der Jahre 2000–2017?[76]

4 Computergestützte Rechtslinguistik

VORREITER: In seiner Dissertation von 2012 plädierte Diskurslinguist *Friedemann Vogel* für eine Verbindung von „Diskursanalyse und Rechtslinguistik“, indem er „computer- und korpuslinguistische Methoden“ zum Zweck der „rechtslinguistischen Diskursanalyse der Normgenese im Gesetzgebungsverfahren“ vorstellte und

stitutes.“; dezidierter etwa *Chui*, Quantitative Legal Research, in: McConville/Chui (Hrsg.), Research Methods for Law, 2007, S. 48–71 (Kap. 2).

69 *Hartung*, Quantitative legal research in Germany, in: Vogl (Fn. 114), S. 228.

70 *Coupette/Fleckner* (Fn. 65), JZ 2018, 379.

71 *Coupette/Fleckner* (Fn. 65), JZ 2018, 379 f.

72 Insb. *Coupette*, Juristische Netzwerkforschung (Diss.) 2019.

73 So insb. *Anzinger*, in: Hey (Fn. 43), S. 15, 54 f.

74 *Coupette/Fleckner*, Festschrift für WpHG (Fn. 66), S. 53.

75 *Fleckner*, Festschrift für Hopt (Fn. 66), S. 253.

76 *Lang*, Der Verhältnismäßigkeitsgrundsatz in der Rechtsprechung des Bundesverfassungsgerichts: Eine rechtsempirische Untersuchung mit rechtsvergleichenden Perspektiven, AöR 145 (2020), 75 (mit vergleichbarer Herangehensweise wie *Coupette* und *Fleckner*, aber ohne direkte Bezugnahme).

erprobte.[77] Daraus entwickelte er 2014 gemeinsam mit dem Verf. die erstmals so genannte „computer- und korpusgestützte Rechtslinguistik“,[78] die beide Autoren in Folgearbeiten weiterentwickelten.[79] Daraus entstanden Forschungsgruppen für „Computergestützte Sozio- und Diskurslinguistik“[80] und für Bürgerliches Recht, „insbesondere Recht der Digitalisierung und Rechtslinguistik“,[81] sowie 2016 das englischsprachige Äquivalent *Computer-Assisted Legal Linguistics* (CAL²),[82] das in den USA an einzelne Vorarbeiten seit 1995 anschließen konnte.[83] Im öffentlichen Recht begründete Leibniz-Preisträger *Christoph Möllers* 2017 ein vergleichbares interdisziplinäres Programm als „Leibniz Linguistic Research into Constitutional Law“ (L.L.CON).[84]

PROGRAMMATIK: Computergestützte Rechtslinguistik wurde umschrieben als Analyse des Rechts (“its language, semantics, knowledge structure, and discourse patterns”) *als soziale Praxis* (“as a social practice”) unter Einsatz explorativer (“corpus-driven”) und inferentieller (“corpus-based”) Strategien: “CAL² connects the micro perspective of individual cases and legal arguments with the macro perspective of normative structure and patterns in legal argumentation, using both qualitative and quantitative analysis.”[85] Es handelt sich also um eine methodenpluralistische Untersuchung des Rechts als interdependente Textarbeit im Sinne der linguistischen Pragmatik.[86]

ANLEHNUNGSDISZIPLIN: Wie schon der gewählte Begriff verdeutlicht, stammt die Methodik der computergestützten Rechtslinguistik aus der Sprachwissenschaft,

77 *Vogel*, Linguistik rechtlicher Normgenese, 2012, Zitate von S. 30 f., 36, 44.

78 *Vogel/Hamann*, Vom corpus iuris zu den corpora iurum. Konzeption und Erschließung eines juristischen Referenzkorpus (JuReko), in: Jahrbuch der Heidelberger Akademie der Wissenschaften 2014, 2015, S. 275.

79 Bspw. in *Hamann/Vogel*, Die kritische Masse. Aspekte einer quantitativ orientierten Hermeneutik am Beispiel der computergestützten Rechtslinguistik, in: Schweiker u. a. (Hrsg.), Messen und Verstehen in der Wissenschaft. Interdisziplinäre Ansätze, 2017, S. 81; *Vogel/Christensen*, Neuer Rechtsempirismus, in: Buckel u. a. (Hrsg.), Neue Theorien des Rechts, 3. Aufl. 2020, S. 105, 112 (Abschnitt C.II); *Vogel/Bäumer/Deus/Rüdiger/Tripps* (Fn. 88), LeGes 30 (2019), Nr. 3, 18.

80 Vgl. www.diskurslinguistik.net (15. 2. 2024).

81 Vgl. www.ebs.edu/lehrende/hamann-hanjo (15. 2. 2024).

82 Bspw. *Hamann/Vogel/Gauer*, Computer Assisted Legal Linguistics (CAL²), in: Bex/Villata (Hrsg.), Legal Knowledge and Information Systems (29. JURIX-Tagung), 2016, S. 195; *Vogel/Hamann/Gauer*, Computer-Assisted Legal Linguistics. Corpus Analysis as a New Tool for Legal Studies, 43 Law & Social Inq. 1340 (2018).

83 *Cunningham/Fillmore*, Linguistic Analyses of Judicial Decisionmaking, 73 Wash. U. L. Q. 1159, 1174, zum “exploring electronic data bases containing a large number of texts” (1995).

84 Vgl. www.lehrstuhl-moellers.de/llcon (15. 2. 2024).

85 *Vogel/Hamann/Gauer* (Fn. 82), 43 Law & Social Inq. 1340, 1344 f. (2018).

86 Ausf. *Hamann/Vogel*, in: Schweiker u.a (Fn. 79), S. 81

speziell den Feldern Angewandte Linguistik, Diskurslinguistik, Pragmatik und Computer- sowie Korpuslinguistik.

BEISPIELFRAGEN: Was meinen deutsche Bundesgerichte, wenn sie sich auf den „Sprachgebrauch" berufen, in welchen Zusammenhängen und zu welchem Zweck geschieht das und wie wird der „allgemeine Sprachgebrauch" ermittelt?[87] Wie verwenden juristische Fachleute und Laien den in § 217 StGB a.F. genutzten Begriff „geschäftsmäßig" und welche Rolle spielen dabei Bedeutungskomponenten wie Wiederholungsabsicht, Regelmäßigkeit, Anlage auf Dauer und Selbstständigkeit?[88] Welche Grundrechte werden besonders häufig verletzt oder in Verfassungsbeschwerden gerügt?[89]

5 Digitale Rechtstatsachenforschung

VORREITER: Der bisweilen als „DRTF" abgekürzte Begriff stammt von *David Bartlitz*, dessen gleichnamiges Forschungsprojekt an der Friedrich-Alexander-Universität Erlangen[90] durch zwei lokale Stiftungen finanziert[91] und 2022 in zwei Publikationen vorgestellt wurde.[92]

PROGRAMMATIK: Ausgehend von der Annahme, dass die Rechtstatsachenforschung (als Unterfall der „empirischen Rechtswissenschaft im Allgemeinen") bislang „weit überwiegend analog, d. h. unter manueller Durchführung und Auswertung von Befragungen und Beobachtungen" stattfinde, solle „digitale" Rechtstatsachenforschung dazu dienen, diese Forschung „systematisch in das di-

87 *Hamann*, Der „Sprachgebrauch" im Waffenarsenal der Jurisprudenz. Die Rechtspraxis im Spiegel der quantitativ-empirischen Sprachforschung, in: Vogel (Hrsg.), Zugänge zur Rechtssemantik, 2015, S. 184, 185; *Hamann*, Das Wörterbuch in deutschen Bundesgerichten. Eine praxeologische Studie zu den bevorzugten Medien richterlicher Bedeutungssuche, in: Vogel/Walter/Tripps (Hrsg.), Korpuslinguistik im Recht, 2022, S. 27.

88 *Vogel/Bäumer/Deus/Rüdiger/Tripps*, Die Bedeutung des Adjektivs geschäftsmäßig im juristischen Fach- und massenmedialen Gemeinsprachgebrauch, LeGes 30 (2019), Nr. 3, 18 – auch in: Vogel/Walter/Tripps (Fn. 87), S. 71.

89 *Wendel*, Welche Grundrechte führen zum Erfolg? Eine quantitative, korpusgestützte Untersuchung anhand von Entscheidungen des Bundesverfassungsgerichts, JZ 2020, 668.

90 Dazu www.drtf.fau.de (15. 2. 2024). Der Projektleiter initiierte auch dort auch die rechtstatsächlich geprägte GJZ-Tagung 2023 (dazu im Haupttext vor Fn. 20).

91 Förderpreis 2020 der Dr. Michael Munkert-Stiftung; Fellowship 2021 des Schöller Forschungszentrums für Wirtschaft und Gesellschaft.

92 *Bartlitz/Bohnert*, Die Gesellschafterstruktur der GmbH & Co. KG aus der Perspektive der Digitalen Rechtstatsachenforschung, ZIP 2022, 1244; *Bartlitz*, Die Kommanditistenhaftung in der GmbH & Co. KG vor Registereintragung – Eine Untersuchung auf der Grundlage Digitaler Rechtstatsachenforschung, NZG 2022, 1669.

gitale Zeitalter zu überführen".[93] Dazu sollen etwa „Robot- und Text-Mining-Algorithmen" dienen, wobei als „Text-Mining-Algorithmen" etwa reguläre Ausdrücke verstanden, „Robot-Mining-Algorithmen" dagegen nicht erläutert werden.[94]

ANLEHNUNGSDISZIPLIN: In ausdrücklicher Abgrenzung zur „konventionellen" Rechtstatsachenforschung soll „digitale" Rechtstatsachenforschung „die Gewinnung und Analyse von Rechtstatsachen unter Einsatz von Arbeitsmethoden der Wirtschaftsinformatik" bewerkstelligen.[95]

BEISPIELFRAGE: Trifft die verbreitete Vorstellung zu, dass die an einer GmbH & Co. KG beteiligten natürlichen Personen typischerweise nur beschränkt (also als Kommanditisten) haften?[96]

6 Empirische Rechtswissenschaft

VORREITER: Die ersten explizit denominierten Professuren für „empirische Rechtsforschung" entstanden im öffentlichen Recht:[97] 2015 an der Universität Münster der „Lehrstuhl für Öffentliches Recht, Völker- und Europarecht sowie empirische Rechtsforschung" (*Niels Petersen*),[98] 2016 an der EBS Universität Wiesbaden der „Lehrstuhl für Öffentliches Recht, Empirische Rechtsforschung und Rechtsökonomik" (*Emanuel Towfigh*),[99] 2017 an der Universität Zürich die „SNF-Förderungsprofessur für Öffentliches Recht, Völkerrecht, Rechtsphilosophie und Empirische Rechtsforschung" (*Tilmann Altwicker*). Während letzterer seine Denomination und

---

93 *Bartlitz/Bohnert* (Fn. 92), ZIP 2022, 1244, 1246; vorsichtiger *Bartlitz* (Fn. 92), NZG 2022, 1669, 1670: „scheint man bei der empirischen Arbeit ferner überwiegend analog, dh unter manueller Durchführung und Auswertung von Befragungen und Beobachtungen, vorzugehen oder jedenfalls etwaige bei Datengewinnung und -auswertung eingesetzte Methoden der Informatik nicht offenzulegen und näher zu beschreiben".

94 *Bartlitz/Bohnert* (Fn. 92), ZIP 2022, 1244, 1246; wortgleich www.drtf.fau.de/projektidee-zur-digitalen-rechtstatsachenforschung (15.2.2024).

95 *Bartlitz/Bohnert* (Fn. 92), ZIP 2022, 1244, 1246.

96 Nachw. in Fn. 92.

97 Zu den beiden ersten schon *Hamann* (Fn. 15), JURA 2017, 759, 762 Fn. 30.

98 Von ihm bspw. *Petersen*, Braucht die Rechtswissenschaft eine empirische Wende?, Der Staat 49 (2010), 435; *Petersen*, Verhältnismäßigkeit als Rationalitätskontrolle: Eine rechtsempirische Studie verfassungsgerichtlicher Rechtsprechung zu den Freiheitsgrundrechten, 2015; *Petersen/Chatziathanasiou*, Empirische Verfassungsrechtswissenschaft: Zu Möglichkeiten und Grenzen quantitativer Verfassungsvergleichung und Richterforschung, AöR 144 (2019), 501.

99 Von ihm bspw. *Towfigh/Traxler/Glöckner*, Zur Benotung in der Examensvorbereitung und im ersten Examen: Eine empirische Analyse, ZDRW 1 (2014), 8; *Towfigh*, Empirical arguments in public law doctrine: Should empirical legal studies make a "doctrinal turn"?, 12 Int. J. Const. L. (I•CON) 670 (2014).

sein Prägezeichen später änderte,[100] führte *Towfigh* gemeinsam mit dem Verf. von 2019 bis 2023 das erste rechtsempirische Wissenschaftsblog „Rechts | Empirie: Legal Empirics in Europe" (www.rechtsempirie.de). Zeitgleich mit dessen Gründung etablierten Forscher der Freien Universität Berlin um den dorthin berufenen Zivilrechtslehrer *Andreas Engert* das „Freie Universität Empirical Legal Studies Center (FUELS)" als erste dedizierte Institution für „Empirische Rechtswissenschaft" in Deutschland.[101] Dessen Begriffswahl lehnt sich an internationale Vorbilder an – zwei Fachvereinigungen für *empirical legal studies* mit je eigenen Zeitschriften,[102] und mindestens 26 fachgebietsübergreifende Tagungen seit 2006.[103]

PROGRAMMATIK: Insbesondere drei Erkenntniszwecke werden benannt, nämlich erstens „Wirkungen des Rechts auf seinen Regelungsgegenstand zu bestimmen", zweitens „die Funktionsweise des Rechts selbst zu durchleuchten" und drittens „mit empirischen Mitteln zu rechtlichen Wertungsfragen beizutragen."[104] Diese Zwecke seien daher „Rechtswissenschaft, aber mit besonderen Akzenten: der Neugier auf eine unbekannte Rechtswirklichkeit hinter Alltagsannahmen und vermeintlich offenkundigen Sachverhalten; der Freude an Beweisführung und detektivischem Scharfsinn; beim Einsatz quantitativer Methoden schließlich der sonst fehlenden Möglichkeit, das juristische Interesse mit der Neigung zu Mathematik oder Computerprogrammierung zu verbinden."[105]

ANLEHNUNGSDISZIPLIN: Empirische Rechtswissenschaft bekennt keine Loyalität zu konkreten anderen Disziplinen, sondern werde „aus vielen Richtungen betrieben, sei es aus privat-, straf- oder öffentlich-rechtlicher Perspektive, sei es mit interdisziplinärem Bezug zur Soziologie, Ökonomik, Politikwissenschaft, Kriminologie, Linguistik oder anderen Sozial- und Geisteswissenschaften".[106]

---

100 Dazu unten bei Fn. 125.

101 So die Begriffswahl von *Engert*, Empirische Rechtswissenschaft – Vorstellung einer Forschungsrichtung, BRZ 2022, 3.

102 Fachgesellschaften („Societies") SELS (seit 2006) und ESELS (seit 2022) mit den Zeitschriften („Journals") JELS (seit 2004) und EJELS (seit 2023); „E-" steht jeweils für „European", „-ELS" für „Empirical Legal Studies".

103 18× CELS (2006–2023, Emory 2024), 5× CELSE (2016, 2018, 2022, 2023, Elche 2024), 2× CELSA (2017, 2022), 1× SELS Global (São Paulo 2024). Näher https://community.lawschool.cornell.edu/sels/cels-conferences/ (15. 2. 2024); *Silsby/Hamann*, 14th Annual Conference on Empirical Legal Studies, Blog Rechts | Empirie (R | E) v. 15. 3. 2020; *Hamann*, Die Europäische Gesellschaft für Empirische Rechtsforschung … und ihre nächste Tagung in Warschau (25./26. September 2023), Blog Rechts | Empirie (R | E) v. 6. 5. 2023.

104 *Engert* (Fn. 101), BRZ 2022, 3, 4.

105 *Engert* (Fn. 101), BRZ 2022, 3, 13.

106 *Engert* (Fn. 101), BRZ 2022, 3.

BEISPIELFRAGEN: Wie häufig und wie umfangreich sind Geschäfte deutscher börsennotierter Unternehmen mit ihnen nahestehenden Personen?[107] Wie oft werden Aktionärsklagen (§ 148 AktG) erhoben, und warum nur so selten?[108] Welche faktische Bedeutung haben Allgemeine Geschäftsbedingungen im unternehmerischen Rechtsverkehr und in der Schiedsgerichtsbarkeit?[109]

7 Weitere Begriffsprägungen

Neben den skizzierten Ausprägungen finden sich zahlreiche Einzelstudien, die sich noch ganz anders zuordnen – etwa zu den Digitalen Geisteswissenschaften (Digital Humanities),[110] zur Textanalyse „mithilfe des Computers"[111] oder zur experimentellen Rechtsökonomik.[112] Wieder ganz andere Selbstbeschreibungen kursieren im englischsprachigen Raum,[113] darunter Big Data Legal Scholarship bzw. Big Data Law,[114] Text-as-Data Analysis of Law bzw. Law-as-Data,[115] Computational Legal Studies[116] und Legal Analytics.[117]

---

107 *Engert/Florstedt*, Geschäfte mit nahestehenden Personen aus empirischer Sicht, ZIP 2019, 493.

108 *Redenius-Hövermann/Henkel*, Eine empirische Bestandsaufnahme zur Aktionärsklage nach § 148 AktG, AG 2020, 349.

109 *Leuschner/Meyer*, Vertragsabschlusspraxis deutscher Unternehmen – Eine Empirische Untersuchung, 2016; *Leuschner*, Die Kontrollstrenge des AGB-Rechts – Empirische Belege für eine systematische Fehleinschätzung in der unternehmerischen Praxis, NJW 2016, 1222; *Leuschner/Meyer*, Zur Bedeutung der §§ 305 ff. BGB in Schiedsverfahren: Ergebnisse einer empirischen Untersuchung durch Befragung von Experten der Schiedsgerichtsbarkeit, SchiedsVZ 2016, 156.

110 Bspw. *Hamann* (Fn. 12), ZJS 2020, 507; neuerdings auch *Kruse*, Kartellrecht in Zahlen: Eine quantitative Auswertung der kartellgerichtlichen Entscheidungspraxis 2022, NZKart 2023, 138 bei Fn. 2; *ders.*, § 313 BGB in Zahlen: Eine computergestützte Systematisierung der BGH-Rechtsprechung (2002–2022), AcP 224 (2024), 38.

111 Bspw. *Engel*, Grundrechtskonjunkturen, JZ 2022, 593; zuvor schon *Gerathewohl*, Erschließung unbestimmter Rechtsbegriffe mit Hilfe des Computers: ein Versuch am Beispiel der „angemessenen Wartezeit" bei § 142 StGB (Diss.), 1987.

112 Prominent etwa in: *Towfigh/Petersen*, Ökonomische Methoden im Recht: Eine Einführung für Juristen, 2010, 3. Aufl. 2023; *Chatziathanasiou/Leszczyńska*, Experimentelle Ökonomik im Recht, RW 2017, 314.

113 Vgl. schon *Hamann* (Fn. 12), ZJS 2020, 507, 508: „Ähnliche Ansätze konkurrieren […] unter den Bezeichnungen ‚Big Data Legal Scholarship', ‚Law and Corpus Linguistics', ‚Computer Assisted Legal Linguistics', ‚Law as Data' und vielen weiteren."

114 *Fagan*, Big Data Legal Scholarship: Toward a Research Program and Practitioner's Guide, 20 Virginia J. of L. & Tech. 1 (2016); *Vogl* (Hrsg.), Research Handbook on Big Data Law, 2021.

115 Vgl. Sonderheft "New Frontiers in Empirical Legal Research: Text-as-Data and Network Analysis of International Economic Law" des Journal of International Economic Law, dazu Eröffnungsbeitrag *Alschner/Pauwelyn/Puig*, The Data-Driven Future of International Economic Law, 20 JIEL 217 (2017);

Mindestens eine englische Begriffsprägung stammt sogar von durchweg deutschsprachigen Rechtswissenschaftlern, taucht aber dennoch fast nur in der ausländischen Rechtsliteratur auf: Die vordringende „Legal Data Science", 2015 proklamiert vom österreichischen Rechtsinformatiker *Erich Schweighofer* als eine "integration of methods of information retrieval, AI & law, legal language processing but also using all methods of data analysis useful for the legal discipline".[118] Als einer der ersten entwickelte der aus Deutschland stammende Rechtslehrer *Wolfgang Alschner* 2019 am „Legal Text Mining Lab" der Universität Ottawa entsprechende Lehrangebote.[119] Im Jahr darauf wurde die Neuprägung im „Bucerius Center for Legal Technology and Data Science" um *Dirk Hartung* institutionalisiert,[120] und gemeinsam mit weiteren Mitgliedern der zugehörigen Forschungsgruppe „Legal Data Science" (insb. *Janis Beckedorf* und *Corinna Coupette*) in international hochrangig publizierten Studien illustriert.[121] Im deutschen Sprachraum machten sich, soweit ersichtlich, bislang[122] nur Wissenschaftler des öffentlichen

ferner *Alschner/Seiermann/Skougarevskiy*, Text of Trade Agreements (ToTA) – A Structured Corpus for the Text-as-Data Analysis of Preferential Trade Agreements, 15 JELS 648 (2018); *Livermore/Rockmore* (Hrsg.), Law as Data: Computation, Text, & the Future of Legal Analysis, 2019.

116 Bspw. *Whalen* (Hrsg.), Computational Legal Studies. The Promise and Challenge of Data-Driven Research 2020; *Alschner*, The computational analysis of international law, in: Deplano/Tsagourias (Hrsg.), Research Methods in International Law: A Handbook, 2021, S. 204.

117 Bspw. *Ashley*, Artificial Intelligence and Legal Analytics: New Tools for Law Practice in the Digital Age, 2018.

118 *Schweighofer*, From information retrieval and artificial intelligence to legal data science, in: Schweighofer/Galindo/Serbena (Hrsg.), MWAIL 2015 Proceedings. ICAIL Multilingual Workshop on AI & Law Research, 2015, S. 13, fedora.phaidra.univie.ac.at/fedora/get/o:399570/bdef:Content/get (15. 2. 2024); *Schweighofer*, The Role of AI & Law in Legal Data Science, in: Rotolo (Hrsg.), Legal Knowledge and Information Systems (JURIX), 2015, S. 191, ebooks.iospress.nl/publication/4200 (15. 2. 2024).

119 „Data Science for Lawyers", web.archive.org/20190113135404/datascienceforlawyers.org (15. 2. 2024).

120 Vgl. www.law-school.de/international/research-faculty/institutes-centers/center-for-legal-technology-and-data-science (15. 2. 2024).

121 *Beckedorf/Hartung/Sittig*, Analyzing High Volumes of German Court Decisions in an Interdisciplinary Class of Law and Computer Science Students, in: Whalen (Fn. 116), S. 328, 342: "perspective on training future legal data scientists"; *Katz/Coupette/Beckedorf/Hartung*, Complex societies and the growth of the law, 10 Sci. Rep. 18737 (2020); *Coupette/Beckedorf/Hartung/Bommarito/Katz*, Measuring Law Over Time: A network analytical framework with an application to statutes and regulations in the United States and Germany, 9 Front. in Phys. 658463 (2021); *Coupette/Hartung/Beckedorf/Böther/Katz*, Law Smells. Defining and Detecting Problematic Patterns in Legal Drafting, 31 Artif Intell Law 335 (2023).

122 Nun allerdings auch *Eberstaller*, Was ist und wofür braucht man Legal Data Science?, ÖZW 2023, 82.

Rechts diesen Begriff zueigen:[123] Völkerrechtler *Seán Fobbe* popularisierte ihn seit 2021 in der deutschen Rechtspresse,[124] Verfassungsrechtler *Tilmann Altwicker* gründete 2022 an der Universität Zürich das „Center for Legal Data Science" (CLDS) und wurde im Jahr darauf zunächst auf eine Assistenzprofessur „für Legal Data Science und Öffentliches Recht", dann auf den ersten entsprechend denominierten Lehrstuhl berufen.[125] Erste Lehrangebote finden sich auch schon in Deutschland – sowohl für Informatiker:innen[126] als auch Jurist:innen[127] – und in Österreich.[128]

Andere Autoren hingegen vermeiden die Selbstzuordnung zu einer der vorgenannten Ausprägungen völlig.[129] Namentlich die von den Bremer Wirtschaftswissenschaftlern *Martin Missong* und *Tanja Ihden* 2016 gegründete Forschungsstelle „Statistik vor Gericht" verzichtet auf eine eigene Programmatik, die darüber hinausginge, etablierten Einsichten statistischer Wissenschaft auch „vor Gericht" Gehör zu verschaffen.[130]

---

123 Nur beiläufiges Singulärzitat bei *Coupette*, Juristische Netzwerkforschung, 2019, S. 50: „Die juristische Netzwerkforschung sollte die Untersuchung von Beziehungen dritten und höheren Grades daher der (noch nicht wirklich existenten) Legal Data Science überlassen."

124 *Fobbe*, Open Legal Data: Das Fundament des Rechtsstaats, votum 1/2021, 21, www.drb-brandenburg.de/fileadmin/Landesverband-Brandenburg/Dokumente/Votum/Votum_1_2021.pdf (15.2.2024); *ders.*, Legal Data Science verständlich erklärt – Teil I: Was ist das?, LTO v. 8.6.2022, www.lto.de/persistent/a_id/48673 (15.2.2024); *ders.*, Legal Data Science – Teil II: Wie man sie nutzen kann, LTO v. 13.07.2022, www.lto.de/persistent/a_id/49024 (15.2.2024); *ders.*, Juristische Netzwerkdaten für Einsteiger, Blog Rechts | Empirie (R | E) v. 5.10.2021; *ders*,, Sind zwanzig Jahre zuviel? Die Dauer von Verfahren vor dem Bundesverfassungsgericht, Blog Rechts | Empirie (R | E) v. 13.12.2022; vgl. auch Präsentationen *ders.*, Foundations of Legal Data Science, 10.11.2022 und Legal Data Science: Der moderne Weg zur Wahrheit, 8.5.2023.

125 Vgl. www.clds.uzh.ch/en.html (15.2.2024) und www.ius.uzh.ch/de/staff/professorships/alphabetical/altwicker (15.2.2024).

126 TUM-Kurs IN2395 „Legal Data Science and Informatics" (*Matthias Grabmair*) seit SoSe 2021.

127 Universität Leipzig, Kurs „Legal Data Science" (*Niklas Wais*), WiSe 2021/22 (www.jura.uni-leipzig.de/professur-prof-dr-paal/projekte-1/leader, 15.2.2024) und WiSe 2022/23 (www.jura.uni-leipzig.de/fileadmin/Fakultät_Juristen/Fakultät/Studienbüro/Vorlesungsverzeichnis_archiv/Langversion_online_WiSe_22_23.pdf, 15.2.2024).

128 Universität Wien, Kurs 030598: „Legal Data Science" (*Paul Eberstaller*), WiSe 2021/22; Universität Graz, Veranstaltung 232.856: „Legal Tech – Juristische Medienkompetenz (Legal Data Science)" (*Hanjo Hamann* und *Elisabeth Staudegger*), SoSe 2023.

129 Bspw. *Engst* u.a., Zum Einfluss der Parteinähe auf das Abstimmungsverhalten der Bundesverfassungsrichter – eine quantitative Untersuchung, JZ 2017, 816: „Der nachfolgende Beitrag zieht [.] quantitative sozialwissenschaftliche Methoden heran […]"

130 Vgl. *Missong/Ihden/Christensen*, „Statistik" als Schlüsselqualifikation für Juristinnen und Juristen, ZDRW 4 (2017), 112; *Ihden*, „Statistik vor Gericht" – Ein Schlüsselqualifikationskurs für Juristinnen und Juristen, ZDRW 4 (2017), 187; *ders.*, Die Relevanz statistischer Methoden in der Rechtsprechung und mögliche Implikationen für die juristische Ausbildung (Diss.), 2018.

Mit einer besonders eklektischen Herangehensweise trat zuletzt der Jurist *Johannes Kruse* auf, der nicht nur Rechtsgebietsgrenzen überschreitet und sich dem öffentlichen Recht,[131] Strafrecht,[132] Privat-[133] und Kartellrecht[134] gleichermaßen widmet, sondern auch in der Selbstbeschreibung seiner Methodik die Attribute „quantitativ“, „empirisch“, „evidenzbasiert“ und „computergestützt“ kombiniert.[135] Dieses Beispiel zeigt besonders deutlich, welch ausgeprägte Irreverenz gegenüber etablierten Rechtsgebieten und Fachsäulen quantitativen Forschungsmethoden innewohnen kann.

III Babylonische Begriffsverwirrung und handfeste Herausforderungen

Betrachtet man die vorstehend kartierte Landschaft quantitativ-empirischer Rechtsforschung allein der letzten zehn Jahre (und überwiegend im Zivilrecht), so erkennt man aus der Vogelperspektive einen bunten Flickenteppich unterschiedlicher Schlagworte und unterschiedlicher interdisziplinärer Anlehnungen für letztlich kaum unterscheidbare methodische Zugriffe. Das könnte einen verbreiteten Mut zum Methodensynkretismus signalisieren[136] oder sprachliche Indifferenz – scheint aber viel öfter zum Abstecken von „Claims“ und dem Bemühen um wechselseitige Abgrenzung zu dienen. Der Versuch, eigene Marken mit Wiedererkennungswert für ein als innovativ behauptetes Forschungsprogramm zu prägen, scheitert indes fast durchweg an drei Hürden:

---

131 *Kruse/Langner*, Covid-19 vor Gericht: Eine quantitative Auswertung der verwaltungsgerichtlichen Judikatur, NJW 2021, 3707; vgl. auch *ders.*, Recht und Realität im Verfassungsrecht, DÖV 75 (2022), 720.

132 *Kruse*, „Unfallflucht“ – eine evidenzbasierte Systematisierung der Rechtsprechung, NJW 2023, 1786.

133 *Kruse* (Fn. 110), AcP 224 (2024), 38.

134 *Kruse* (Fn. 110), NZKart 2023, 138.

135 Ausdr. *Kruse* (Fn. 110), AcP 224 (2024), 38 unter II.1: „Der hiesige Untersuchungsansatz lässt sich mit den Attributen empirisch, quantitativ, computergestützt charakterisieren.“

136 So womöglich im maßgeblichen Handbuch der „Neuen Theorien des Rechts“ (Hrsg. Buckel/Christensen/Fischer-Lescano), das seit seiner dritten Auflage (2020) in einem nachgefügten Kapitel über „Neuen Rechtsempirismus“ (Verf. *Vogel/Christensen*, S. 105 ff.), die „Computergestützte Rechtslinguistik als Beitrag zur Rechtstatsachenforschung“ (Abschnittsüberschrift C.II., S. 112) beschreibt und dadurch Rechtsempirismus, Rechtslinguistik und Rechtstatsachenforschung miteinander verknüpft.

1. Die Abgrenzbarkeit gegenüber früheren Ausprägungen wird fast nie explizit begründet,[137] theoretische und methodische Kennzeichen jeder Neuprägung bleiben implizit und lassen sich induktiv kaum rekonstruieren. Selbst wo ausnahmsweise die Abgrenzung versucht wird,[138] gelingt sie kaum widerspruchsfrei zu analogen Gegenabgrenzungen.[139]
2. Wo die Konturen eines Prägezeichens anfänglich überhaupt definiert werden, verwischen sie oft im Lauf der Zeit. Die zunehmende Etablierung eines Begriffs und seine Übernahme durch andere begünstigt sprachliche Verschleifungen:[140] Die Präzision der Programmatik fällt ihrer Popularität zum Opfer.
3. Ungeachtet der theoretischen Abgrenzbarkeit heben methodisch naheliegende Kooperationen auch begriffliche Trennlinien wieder auf – etwa wenn namhafte Vertreter von Rechtstatsachenforschung und Empirischer Rechtswissenschaft gemeinsam „Schriften zur Rechtstatsachenforschung" herausgeben.[141]

Diese Erwägungen sprechen für größere Begriffssparsamkeit und dafür, nur echte und genau benannte methodische Innovationen mit einem (präzise konturierten) Prägezeichen zu adeln. Andernfalls sollte der – nicht minder begründungsbedürftige – Anschluss an frühere Methodenschulen genügen; dadurch würden Synthesepotentiale deutlich und die Anwendbarkeit bereits etablierter Methodenstandards klargestellt, die sich für neue Ausprägungen erst noch herausbilden müssten. Freilich ist auch taxonomische Präzision kein Allheilmittel; die quantitative Forschung im Recht steht vor weiteren Herausforderungen, von denen abschließend nur zwei angedeutet seien:

---

137 Bsp.: Quantitative Rechtswissenschaft, die als „ähnlich" zur Evidenzbasierten Jurisprudenz vorgestellt wurde (*Coupette/Fleckner* [Fn. 65], JZ 2018, 379, 380 Fn. 3), ohne eine inhaltliche Abgrenzung zu versuchen.

138 Bspw. in der Selbstbeschreibung Quantitativer Rechtswissenschaft als „methodisch enger [...] aber gegenständlich weiter" als Rechtstatsachenforschung (oben bei Fn. 71) oder in der Selbstbeschreibung Digitaler Rechtstatsachenforschung als Überführung der als Teil der „empirischen Rechtswissenschaft im Allgemeinen" beschriebenen Rechtstatsachenforschung „in das digitale Zeitalter" (oben bei Fn. 93).

139 So gilt „Rechtstatsachenforschung" weithin als Oberbegriff für jegliche empirische Rechtsforschung ohne Rücksicht auf die in der Fn. 138 gezogenen Differenzierungen.

140 Etwa die als Verfahren zur Empirie*rezeption* eingeführte „Evidenzbasierung" (dazu oben bei Fn. 55), die zuletzt vielmehr neue Empirie*produktion* kennzeichnet (bspw. die in Fn. 110 und 132 zitierten Studien); unklar insoweit *Kilian*, Anwaltliche Erfolgshonorare? – Eine evidenzbasierte Annäherung, NJW 2021, 445, der zwar „aus der Forschungstätigkeit des Soldan Instituts der vergangenen Jahre" berichtet, aber ohne spezifisch evidenzbasierte Methoden.

141 Seit 2021 unter www.nomos-elibrary.de/buchreihe/B001079500/schriften (15. 2. 2024).

4. Der Leser-, aber auch Herausgeberschaft juristischer Zeitschriften fehlt es oft an hinreichend geschultem statistischen Rezeptionssinn (*statistical literacy*), um der „enormen psychologischen Überzeugungskraft“ mathematischer (Schein-)Präzision[142] zu widerstehen. Wenn etwa eine führende Zeitschrift für Wirtschaftsrecht ihren Autoren eine ganze Seite für mathematische Gleichungen, griechische Formelzeichen und detaillierte Signifikanztabellen einräumt, nur um sie umständlich beweisen zu lassen, was bei simpler Division offensichtlich war,[143] dann unterstreicht das die noch immer aktuelle Forderung nach elementarer „Zahlenkompetenz in der Rechtspraxis“[144] und vermindert das Kosten-Nutzen-Verhältnis quantitativer Ansätze im Recht – und sei es auch nur als gut gemeinter Denkanstoß für „neue Fragestellungen“.[145]
5. Riskanter als *überflüssige* Quantifizierungen ist der *falsche* Einsatz solcher Methoden.[146] Wenn etwa eine traditionsreiche Archivzeitschrift kommentarlos Aufsätze abdruckt, die schon statistische Grundbegriffe wie „Modus“ und „Median“, „empirisch“ und „anekdotisch“ sowie „Laborexperiment“ und „E-Mail-Befragung“ verwechseln,[147] dann besteht eine durchaus ernstzunehmende „Gefahr, dass zweifelhaft erhobene Daten sich verselbstständigen“.[148] Die Zahl empirisch Geschulter, die methodische Fehler rasch erkennen, ist in der Rechtswissenschaft gering; ihre Kapazitäten zur Replik begrenzt. Statt jedoch darauf zu vertrauen, dass fehlerhafte Studien „unter den Tisch fallen“ und

142 So *Hamann*, Evidenzbasierte Jurisprudenz (Fn. 2), S. 115, und weiter: „Deshalb wird empirischen Erkenntnissen oft umso mehr Glauben geschenkt, je komplizierter die zugrundeliegende Statistik ist und je feiner untergliedert die tabellarische Ergebnispräsentation – Quantifizierung gilt als Zeichen der Wissenschaftlichkeit“.

143 Die konkrete Fundstelle versage ich mir wegen des systemischen Arguments und der nicht beabsichtigten Anprangerung einzelner Autoren.

144 *Wannenburg/Curlewis*, Exploring the need for numeracy skills in legal practice, 10 Cogent Edu. no. 2190307 (2023); zuvor schon *Talley*, Is the Future of Law a Driverless Car?, 174 JITE 183, 204 (2018): „New lawyers entering the field would be well advised to spend some time brushing up on data-analytics, coding, and statistics skills“; *Altwicker*, Von Rechtsnormen zu Rechtsdaten (und zurück) – Warum Jusstudierende heute Statistikgrundkenntnisse brauchen, recht 2018, 62; *Ihden*, „Iudex non calculat“ – Die Erfordernis „statistischer Belesenheit“ im (scheinbar) zahlen- und formelleeren Raum, AStA 13 (2019), 257.

145 Dafür noch *Hamann*, Evidenzbasierte Jurisprudenz (Fn. 2), S. 30: „methodisch mangelhafte Studien mag man aber mit Blick darauf hinnehmen, dass sie durch allfällige Folgestudien verbessert werden und nichtsdestotrotz neue Fragestellungen erschließen können.“

146 So schon *Bayer*, Festschrift für Canaris (Fn. 37), S. 319: „Gefahren bestehen, wenn empirische Studien ohne Einhaltung wissenschaftlicher Mindeststandards publiziert und deren Aussagen ungeprüft als richtig übernommen werden“.

147 Ohne Fundstelle, vgl. oben Fn. 143.

148 *Hofmann*, [Buchbesprechung], JZ 2018, 558 zu einem anderen Fall.

schlicht nicht weiter zitiert werden, wäre eine Präventivkontrolle zu erwägen, etwa die aus empirisch arbeitenden Disziplinen bekannte Kreuzbegutachtung (*peer review*). Sie funktioniert mitnichten perfekt,[149] kann aber zumindest offensichtliche Fehler vermeiden helfen – zumal nach inzwischen etablierten *best practices* für die Begutachtung auch verwendete Datensätze und Auswertungsalgorithmen offenzulegen sind. Lautstarkem Protest gegen Kreuzbegutachtung in der Rechtswissenschaft[150] ließe sich durch selektive Begutachtung *nur* der empirischen Beiträge begegnen, wie sie in den USA etwa die *Northwestern Law Review* mit ihrem jährlichen Sonderheft („Empirical Issue") praktiziert.[151]

Mit dieser Handvoll Desiderate mag es hier sein Bewenden haben; abschließend aufgezählt sind die Hürden und Herausforderungen für quantitative Forschung im Recht damit noch lange nicht. Man fühlt sich erinnert an die Schilderung der Geburtswehen eines verwandten Feldes vor einem halben Jahrhundert:

> In jedem neuen und seiner Identität noch ungewissen Feld ist ein gewisses Maß an konzeptionellem und semantischem Chaos unvermeidbar. Es braucht Zeit, Mühe, und auch einige Fehlstarts, um die nötigen Kennzeichen akademischen Betriebs zu entwickeln: ein Paradigma, eine Interessentengruppe, Finanzierung und institutionelle Heimstätten, geordnete Kommunikations- und Publikationskanäle, usw. [...] Diese Reflexionen drängen sich auf, wenn man innehält, um in den neuesten Strudel konzeptioneller und semantischer Verwirrung zu blicken. [...] Man tagt. Man schreibt Artikel. [...] Alles wirkt berauschend und glamourös.[152]

---

149 Ausf. *Hamann*, Evidenzbasierte Jurisprudenz (Fn. 2), S. 90–95.

150 *Kostorz*, Review-Verfahren bei der Veröffentlichung juristischer Fachartikel – Was soll das?, KJ 2016, 417.

151 Zu diesen Sonderheften seit 2019 vgl. www.northwesternlawreview.org/empirical/past-empirical-issues (4. 2. 2024); zu ihren (von den fünf regulären Ausgaben abweichenden) Einreichungs- und Begutachtungsregeln www.northwesternlawreview.org/submissions/empirical-issue (15. 2. 2024).

152 *Merryman* (Fn. 68), 25 Am. J. Comp. L. 457 f. (1977): "In a new field unsure of its identity a certain amount of conceptual and semantic chaos is unavoidable. It takes time, effort and a number of false starts to develop the necessary characteristics of a scholarly field: a paradigm, a group of interested scholars, funding and institutional bases, regular lines of communication and publication, and so forth. [...] These reflections crowd in as one pauses to assess the condition of a recent vortex of conceptual and semantic confusion. [...] Conferences were held. Articles were written. [...] It was all rather heady and glamorous."

Doch sobald sich der Staub erst einmal setzt und der Rausch verfliegt, dann erkennt man plötzlich – damals[153] wie heute – ganz neue Gelegenheiten „zur stärkeren Einbindung von Sozial- und Geisteswissenschaften in die juristische Forschung".

153 *Merryman* (Fn. 68), 25 Am. J. Comp. L. 457, 483 (1977): "an opportunity [...] to strengthen the role of the social sciences and the humanities in legal scholarship."

Stefan Leue, Rüdiger Wilhelmi

Modellierung des Rechts

Abstract: Modeling is a key ingredient of scientific reasoning in the technical and social sciences, and is also performed in law. In this paper we show that modeling methods from computer science, in particular mathematical logic and automated reasoning, can be successfully applied to the legal domain. While logical modeling (as well as automation of law) is only possible and practicable to a certain degree, we show that in the domain of contractual law that we consider it can be applied in a very useful manner. A case study illustrates that modeling and analysis methods adapted from automatic software verification can be successfully applied to the consistency analysis of legal contracts.

I Einführung

Die Modellierung von Sachverhalten und deren Nebenbedingungen ist eine grundlegende Aktivität in zahlreichen gesellschaftlichen Domänen. Modellierung spielt in der Wissenschaft, speziell in den Natur- und Ingenieurswissenschaften, eine zentrale Rolle. Modelle sind vereinfachende Abstraktionen der Realität. Sie dienen der Analyse, der Steuerung, der Simulation und dem Diskurs.

In diesem Artikel widmen wir uns der Frage, ob und wie juristische Sachverhalte mit Methoden der logischen Wissensmodellierung repräsentiert und analysiert werden können. Damit einher geht eine Diskussion der Grenzen der Modellierung juristischer Sachverhalte. Wir werden eine Modellierung vorstellen, die sich einem deutlich abgrenzbaren Sachgebiet, den Unternehmenskaufverträgen, widmet und gleichzeitig in der Analyse für wohldefinierte Fragestellungen, nämlich der internen Konsistenz des Vertragswerks, automatisch Antworten findet.

In unserer Arbeit lassen wir uns von Vorgehensweisen in dem Bereich des Software-Engineering leiten. Bei der Bestimmung von Kalkülen, mit denen sich Konsistenzfragen für Softwaresysteme modellieren und analysieren lassen, wird häufig auf die Beobachtung „software is logic at work" Bezug genommen und die formale, mathematisch basierte Logik als ein geeigneter Kalkül vorgeschlagen. Diese Idee übertragen wir in unserer Arbeit auf die Modellierung und Analyse von Unternehmenskaufverträgen. Dabei zeigen wir auch Parallelen zwischen der objektorientierten Modellierung in der Informatik und der Systembildung im Recht auf.

Mit unserer Arbeit möchten wir schließlich einen Beitrag zu der kontroversen Diskussion um die Beziehung von Recht und logischer Modellierung leisten. Schon im 17. Jahrhundert schrieb *Leibniz* seine Bachelorarbeit zu dem Thema *Specimen*

 https://doi.org/10.1515/9783111343341-007

certitudinis seu demonstrationum in jure exhibitum in doctrina conditionum, was sich übersetzen lässt als *Probe der Gewissheit oder Beweise im Recht ausgeführt in der Bedingungslehre*[1]. Deutlich kritischer äußert sich *Holmes* im späten 19. Jahrhundert: „the life of the law has not been logic: it has been experience".[2] Wir möchten mit dieser Arbeit demonstrieren, dass sich für wohl definierte, eingeschränkte Rechtsbereiche durch die gemeinsame Verwendung von mathematischer Logik und modernen algorithmischen Analyseverfahren wichtige und hilfreiche Einsichten in die logische Struktur von Verträgen – in unserem Fall Unternehmenskaufverträgen – ergeben, die während der Vertragsentwicklung von großer praktischer Hilfe sein können.

II Was ist Modellierung?

„All models are wrong, but some are useful"[3]

Der allgemeine Modellbegriff zeichnet sich durch drei Hauptmerkmale aus, das Abbildungsmerkmal, das Verkürzungsmerkmal und das pragmatische Merkmal:[4] Modelle sind Abbildungen oder Repräsentationen von Originalen, welche natürlich oder künstlich sein können. Sie erfassen nicht alle Attribute des Originals, sondern sind auf diejenigen verkürzt, die den Modellierern relevant erscheinen. Insofern kann man davon sprechen, dass sie notwendig falsch sind. Modelle sind in dem Sinne pragmatisch, dass sie eine Funktion haben, indem sie auf bestimmte menschliche oder künstliche Modellnutzer zielen, auf bestimmte Zeiträume bezogen sind und bestimmten Zwecken im Rahmen gedanklicher oder tatsächlicher Operationen dienen. Wenn sie diese Funktion erfüllen, sind sie nützlich.

Konkret sind Modelle Abstraktionen der beobachteten oder postulierten Realität, die auf eine relevante Menge von Domänen-Merkmalen (in den Datenwissenschaften auch „Features" genannt) fokussieren und irrelevante Merkmale vernachlässigen. Modelle sind Gegenstand der Analyse und des Diskurses sowie der Simulation und Steuerung. Sie dienen dementsprechend der Generierung von Wissen und Artefakten. Die mit der Modellierung einhergehenden Abstraktionen

1 Näher dazu *Armgardt*, Das rechtslogische System der „Doctrina conditionum" von Gottfried Wilhelm Leibniz, 2001, S. 11 und *passim*.

2 *Holmes*, The Common Law, 1881, S. 5.

3 *Box*, Robustness in the strategy of scientific model building, in: Launer/Wilkinson (Hrsg.), Robustness in Statistics, 1979, S. 201, 202 f.

4 *Stachowiak*, Allgemeine Modelltheorie, 1973, S. 131 ff.; vgl. auch *Sorge*, Modellierung in Recht und Informatik, in: Oostrom/Weth (Hrsg.), Festschrift für Herberger, 2016, S. 877, 878.

erlauben eine substanzielle Komplexitätsreduktion, die bei der Betrachtung besonders komplexer Systeme deren Analyse überhaupt erst ermöglicht.

Modellierung ist damit stets eine Vereinfachung im Sinne einer Reduktion von Komplexität. Sie ist allerdings selbst in aller Regel alles andere als einfach, sondern setzt eine erhebliche Strukturierungsleistung voraus. Diese liegt etwa in der Herausarbeitung von Gemeinsamkeiten und Unterschieden, Zusammenhängen und Abhängigkeiten sowie Vererbungen und Verfeinerungen. Damit verbunden ist eine Übersetzung, die sich innerhalb natürlicher Sprachen auf Begriffe beschränken kann, aber häufig auch natürliche Sprache oder quantitative Daten in formale Sprachen, also mathematische oder logische Formalismen, oder Grafiken überträgt.

Wir betrachten in dieser Arbeit zwei spezielle Formen der Modellierung. Zunächst sind wir an ontologischer Modellierung der hier betrachteten Rechtsdomäne der Unternehmenskaufverträge interessiert. Im Mittelpunkt steht die Frage, welche zentralen Konzepte für die spätere logische Analyse von zentraler Bedeutung sind.

Dabei ist die Beschreibung von Beziehungsstrukturen zwischen Konzepten eine wichtige Komponente der ontologischen Modellierung. So möchte man gerne ausdrücken, dass ein Konzept aus mehreren Teilkonzepten besteht („ist Teil von"), oder dass ein Konzept eine Verallgemeinerung eines anderen ist, wie z. B. in der Beziehung zwischen den Konzepten Person, Käufer und Verkäufer ersichtlich. Dabei werden die Merkmale des allgemeineren Konzepts, z. B. der Name, von den spezialisierten oder verfeinerten Konzepten ererbt. Bei dieser Vererbung gibt es aber auch die Idee der Überschreibung (Polymorphie), bei der ein ererbtes Merkmal durch eine neue Charakterisierung unter Verwendung des Namens des allgemeinen Konzepts neu definiert wird. Dies hat besondere Bedeutung in der Rechtsmodellierung. So kann man durch Vererbung und Überschreibung zum Ausdruck bringen, dass alle mit Ausnahme der überschriebenen Regelungen bei der Vererbung einer allgemeinen Rechtsregel auf eine spezielle übernommen werden. Ein Beispiel ist das Verhältnis zwischen allgemeinen und besonderen Teilen im Recht, wo die Regelungen des allgemeinen Teils auch im besonderen Teil gelten, aber ergänzt oder verdrängt werden, soweit sich dort weitere oder abweichende Regelungen finden.

Ein weiterer Aspekt der Modellierung ist, dass wir die beschriebenen Beziehungsstrukturen von Konzepten sowohl zwischen Instanzen (Objekten), wie auch zwischen den Typen der Instanzen (Klassen) in unserer Modellwelt repräsentieren können. Weiterhin sind wir an der qualitativen Modellierung von Beziehungen zwischen Objekten bzw. Klassen untereinander interessiert, so z. B. der Tatsache, dass ein Eigentumsrecht das Eigentum zwischen einer Person und einem Objekt etabliert. Dieser Modellierungsansatz entspricht dem der objektorientierten Modellierung, die u. a. in dem Bereich der System- und Softwareentwicklung wohl etabliert ist.

Bei der weiteren Modellierung steht die Beschreibung von logischen Abhängigkeiten zwischen den in der ontologischen Modellierung definierten Objekten bzw.

Klassen im Mittelpunkt. So möchten wir beispielsweise sicherstellen, dass eine Eigentumsübertragung eines Kaufgegenstands vom Verkäufer auf den Käufer nur dann möglich ist, wenn der Verkäufer Eigentümer des Kaufgegenstands ist. Sollte es in dem Vertrag hinterlegte Fakten geben, dass z. B. das Eigentumsrecht an einem Kaufgegenstand verpfändet ist, so steht dies im Widerspruch zu der oben genannten Eigentumsbedingung, wodurch die Erfüllung des primären Anspruchs der Eigentumsübertragung unmöglich werden kann. Ziel dieser Modellierung ist die automatische Erkennung solcher Widersprüche, ein aus der Software-Analyse wohlbekanntes Verfahren.

III Warum (Recht) modellieren?

Nicht nur Informatiker, sondern auch Juristen sind als Modellierer tätig.[5] In der Rechtswissenschaft werden Modellierungen traditionell im Bereich der Didaktik verwendet, um das Recht, insbesondere Rechtsinstitute und Rechtsbeziehungen zu visualisieren. Dabei kann man zwischen ikonischen und logischen Bildern unterscheiden.[6] Ikonische Bilder ähneln als Zeichen dem Bezeichneten, man spricht auch von analogen oder mimetischen Bildern oder Abbildern. Das Spektrum reicht von naturalistischen und realistischen Bildern, die ein konkretes Modell wiedergeben, bis zu abstrahierenden und stilisierten Bildern, die nicht mehr auf Individuen, sondern nur noch auf Gattungen verweisen. Logische Bilder deuten formale Beziehungen an und visualisieren diese etwa durch Verbindungs- und Trennlinien, Begriffs- oder Entscheidungsbäume, Flussdiagramme und/oder Zeitstrahlen. Sie zeigen eine Struktur ihres Gegenstands auf und werden daher auch Strukturdiagramme genannt. Als solche spielen sie im juristischen Unterricht seit jeher eine große Rolle. In Bezug auf konkrete Anspruchsbeziehungen spricht *Heck* von juristischen Zeichnungen.[7]

Logische Bilder stellen eine Modellierung dar oder beruhen jedenfalls auf einer solchen. Ihre Verwendung setzt eine entsprechende Analyse der zu modellierenden Struktur voraus. Diese ist nicht nur Voraussetzung für die Verwendung logischer Bilder in der Didaktik, sondern kann auch bereits der eigentliche Zweck der Modellierung sein, die dann Mittel der Analyse ist.

---

5 *Sorge*, Festschrift für Herberger (Fn. 4), S. 877, 878.

6 Vgl. *Ulbrich*, Didaktik visueller Rechtskommunikation, in: Krüper (Hrsg.), Rechtswissenschaft lehren, 2022, § 36, S. 896, 906 ff.

7 *Heck*, Grundriß des Schuldrechts, 1929, Vorwort.

Dabei kann bereits der Gesetzgeber als Modellierer betrachtet werden, da er Sachverhalte kategorisiert und daran Konsequenzen knüpft.[8] Dementsprechend wird zum Teil auch Modellierungssoftware bei der Erarbeitung von Gesetzentwürfen verwendet.[9] Der Gesetzgeber erklärt dabei bestimmte Attribute sozialer Beziehungen für rechtlich relevant und andere nicht. Dies ist nicht auf die Verknüpfung von Tatbeständen und Rechtsfolgen beschränkt. Indem Gesetze eine Vielzahl unterschiedlicher Normen und Normtypen aufweisen, die aufeinander bezogen sind und bestimmte Lebenssachverhalte auf der Grundlage von Wertungen zu bestimmten Zwecken regeln wollen, schaffen sie nicht nur Rechtsinstitute, unter denen ein „Normeninbegriff zur Regelung der Gerechtigkeits- und Ordnungsziele bei bestimmten sozialen Interessenkonstellationen“[10] verstanden werden kann. Vielmehr weisen sie auch ein äußeres System im Sinne einer deskriptiven Ordnung des Rechts nach formalen Gesichtspunkten und ein inneres System im Sinne der inhaltlichen Widerspruchsfreiheit und Folgerichtigkeit der dem Recht zugrundeliegenden Wertungen auf.[11] Diese sind zum Teil als solches intendiert, erschließen sich aber häufig auch erst durch eine umfassende Analyse.

Diese Analyse ist Gegenstand der Rechtsdogmatik. Diese ordnet und systematisiert den Rechtsstoff und arbeitet das innere Wertsystem und generell anwendbare Lösungsmuster heraus, die die Rechtsanwendung stabilisieren und entlasten, aber auch die Grundlagen für die Weiterentwicklung des Rechts bilden.[12] Sie stellt nicht nur auf die Gesetze ab, sondern bezieht auch die Rechtsprechung und die Verwaltungs- und Vertragspraxis sowie die Literatur mit ein. Diese Funktion der Rechtsdogmatik ist im kontinentaleuropäischen Rechtskreis mit seinen Kodifikationen besonders ausgeprägt, gilt aber etwa auch für den anglo-amerikanischen Rechtskreis, auch wenn dort ein weniger hoher Abstraktionsgrad angestrebt wird.

Die Analyse umfasst dabei jedenfalls im theoretischen Ausgangspunkt alle geregelten Fallkonstellationen, also nicht nur die bereits entschiedenen, sondern auch die möglichen Fälle. Da diese jedoch nicht alle einzeln betrachtet werden können, bedarf es der Modellbildung, die häufig in natürlicher Sprache erfolgt, sich aber

8 *Sorge*, Festschrift für Herberger (Fn. 4), S. 877, 878.

9 Vgl. *Breidenbach/Schmid*, in: Breidenbach/Glatz (Hrsg.), Rechtshandbuch Legal Tech, 2021, S. 255 ff.

10 *Westermann*, Vertragsfreiheit und Typengesetzlichkeit im Recht der Personengesellschaften, 1970, S. 58 m. Fn. 7.

11 Näher zu der Unterscheidung *Rüthers/Fischer/Birk*, Rechtstheorie, 10. Aufl. 2018, Rn. 139 ff.; *Röhl/Röhl*, Allgemeine Rechtslehre, 3. Aufl. 2008, S. 438 ff.

12 Vgl. *Rüthers/Fischer/Birk*, Rechtstheorie, 10. Aufl. 2018, Rn. 321 m. Verw. auf *Luhmann*, Rechtssystem und Rechtsdogmatik, 1974, S. 19 ff.

auch grafischer Darstellungen oder Formalisierungen bedienen kann. Rechtswissenschaft ist insofern – zumindest auch – Strukturwissenschaft.[13]

Die Modellierung und insbesondere Formalisierung können nicht nur zur Analyse erfolgen, sondern auch mit dem Ziel der maschinellen oder automatischen Verarbeitung. Eine erste Stufe bildet hier die Entwicklung juristischer Datenbanken, insbesondere von Juris, mit der Formalisierung von Rechtsdokumenten zum Zwecke des Information Retrieval. Rechtsanwendung im weiteren Sinne stellt demgegenüber ein Tool wie flightright.de dar, das stochastische Methoden mit sehr engen und schematischen Anspruchsvoraussetzungen und einer Vielzahl gleich- oder sehr ähnlich gelagerter Fälle kombiniert[14] und daher einen Sonderfall darstellt. Auch hier setzt die Programmierung jedoch eine entsprechende Modellierung voraus.

Unser im folgenden behandeltes Beispiel der Modellierung dient demgegenüber nicht der Vorhersage oder Ersetzung von Rechtsanwendung und insbesondere Rechtsprechung,[15] sondern möchte die Rechtsanwendung lediglich unterstützen. Die Modellierung von Verträgen dient hier der Analyse der Konsistenz der vertraglichen Regelungen, indem sie es ermöglicht, dass entsprechende Programme konkrete Verträge prüfen und auf problematische Regelungen hinweisen.

IV Was im Recht modellieren?

In den bisherigen Ausführungen sind wir davon ausgegangen, dass das Recht prinzipiell modelliert werden kann, ohne näher zu betrachten, was im Recht modelliert werden soll. Dies hängt vom Ziel der Modellierung ab.

So kann man die Modellierung auf die Gesetze beschränken. Dies kann genügen, wenn es um die Struktur von gesetzlichen Normen geht. Allerdings wird damit

---

13 Vgl. *Hufen*, Der wissenschaftliche Anspruch des Jurastudiums, JuS 2017, 1, 5; grdlg. *Müller*, Strukturierende Rechtslehre, 2. Aufl. 1994; engerer – an Mathematik und Informatik angelehnter – Begriff bei *Steininger*, Die Jurisprudenz auf Erkenntnissuche? – Ein Plädoyer für eine Neuorientierung der Rechtswissenschaft, NJW 2015, 1072, 1074 ff.

14 Vgl. *Broemel*, Algorithmen in der Rechtsanwendung, in: Kuhli/Rostalski (Hrsg.), Normentheorie im digitalen Zeitalter, 2023, S. 123, 127 ff.; näher zu flightright.de *Timmermann*, Legal Tech-Anwendungen, 2020, S. 170 ff.

15 Vgl. zur Subsumtion durch Algorithmen *Timmermann/Gelbrich*, Können Algorithmen subsumieren? Möglichkeiten und Grenzen von Legal Tech, NJW 2022, 25 ff., *passim*. Vgl. auch die Kontroverse zwischen *Kotsoglu*, Subsumtionsautomat 2.0: Über die (Un-)Möglichkeit einer Algorithmisierung der Rechtserzeugung, JZ 2014, 451; *Engel*, Erwiderung: Algorithmisierte Rechtsfindung als juristische Arbeitshilfe, JZ 2014, 1096; *Kotsoglu*, Schlusswort – „Subsumtionsautomat 2.0 reloaded?" – Zur Unmöglichkeit der Rechtsprüfung durch Laien, JZ 2014, 1100 zu *Raabe* u. a., Recht ex machina, 2012.

vor allem die äußere Struktur abgebildet. Nicht erfasst werden implizite, insbesondere vorausgesetzte Informationen und Konkretisierungen. Diese sind in der Regel nicht nur zur Anwendung der Normen erforderlich, sondern auch um das innere System zu erfassen, das den inhaltlichen Zusammenhang zwischen Regelungen und die zugrundeliegenden Wertungen umfasst.

Will man hingegen das Recht im Sinne der geltenden bzw. Anwendung findenden rechtlichen Regelungen erfassen, müssen nicht nur die gesetzlichen Normen modelliert werden, sondern auch das Gewohnheitsrecht und vor allem die Rechtsprechung und die Verwaltungs- und Vertragspraxis sowie die juristische Literatur. Denn auch diese sind bei der Lösung von Rechtsproblemen zu berücksichtigen und auch auf ihnen beruht die Rechtsdogmatik, die das Recht für konkrete Fälle konkretisiert oder zumindest die Grundsätze und Argumentationsfiguren bereitstellt, die eine weitere Konkretisierung erlauben.

In der Rechtspraxis empfiehlt sich bei der Modellierung die Orientierung an den Rechten und Ansprüchen, die zu prüfen sind. Geht es um die Herausarbeitung der zugrundeliegenden Wertungen, kann es sich aber auch empfehlen, von Rechtsinstituten auszugehen.

Eine solche Modellierung ist aber – auch wenn sie nur auf Teilbereiche des Rechts bezogen ist – sehr aufwändig. Sie muss nicht nur klären, was gilt oder zumindest als geltend unterstellt wird, was angesichts der Meinungsfreude der Juristen – drei Juristen fünf Meinungen – und häufig divergierender insbesondere untergerichtlicher Rechtsprechung schwierig genug ist. Vor allem aber steht sie vor der Herausforderung, auch die noch nicht entschiedenen Fälle und Fallkonstellationen zu erfassen. Das bereits erwähnte Tool flightright.de stellt insofern eine seltene Ausnahme dar. Ähnlich wie man die Begriffsjurisprudenz als Rahmen auffassen kann, der insbesondere bei der Rechtsanwendung mit Hilfe der Wertungsjurisprudenz auszufüllen ist, kann die Modellierung das Recht nur bis zu einem gewissen Grad abbilden. Auf absehbare Zeit realistischer ist es daher, wenn die Modellierung die Juristen bei ihrer Tätigkeit unterstützt, indem sie das relevante Recht vorstrukturiert und auf möglicherweise problematische Stellen hinweist, die dann der näheren händischen Prüfung bedürfen – etwa durch Warnungen in einem „Red Flag"-System (siehe unten VIII.4.).

Modelliert werden können auch Verträge, um diese zu analysieren oder auch zu generieren. Darunter könnte man sog. Smart Contracts zählen, die aber nach einem gängigen Bonmot weder smart noch Contract sind, aber die rechtlichen Verpflichtungen aus dem Vertrag, also die danach notwendigen Aktionen mit ihren tatsächlichen Voraussetzungen modellieren. Sie werden hier jedoch nicht vertieft. Möglich ist aber auch die Modellierung allgemeiner Verträge, um sie auf interne, logische Konsistenz und Vollständigkeit zu analysieren. Das ist der Ansatz unseres Beispiels.

V Was für Methoden der Modellierung gibt es?

Die Natur der Modelle in unterschiedlichen Domänen ist vielfältig. Beispiele für Modelle sind Klima- und Wettermodelle, bei denen kurz- oder langfristige Entwicklungen durch Simulation prognostiziert werden, Architekturmodelle, die durch Werkzeuge der virtuellen Realität eine Vorabbegutachtung von Bauvorhaben erlauben, oder große Sprachmodelle, die dem Verständnis und der Generierung von natürlicher Sprache dienen.

1 Logische Modellierung

Wir wollen uns in dieser Arbeit zur Repräsentation des logischen Gehalts eines Vertrags einer Modellierungstechnik bedienen, die auf der Modelltheorie im Sinne von *Tarski* beruht.[16] Die grundlegende Idee ist dabei, das Modell als eine Folge von Zuweisung von Wahrheits- oder Domänenwerten an Variablen bzw. Prädikate zu verstehen. Eine solche Zuweisung, die auch als „Welt" bezeichnet wird, ist damit so etwas wie ein Schnappschuss der Realität. Um ein Beispiel zu betrachten, nehmen wir an, dass Eva ihre Bäckerei für einen Kaufpreis von EUR 100.000 an Chris verkaufen möchte und zu diesem Zweck einen Vertrag mit Chris geschlossen hat. Wir können jetzt die Tatsache, dass Eva Eigentümerin der Bäckerei ist, dadurch modellieren, dass die logischen Prädikate *Eigentum(Bäckerei) = Eva* und *Eigentum(Kaufpreis) = Chris* wahr sind. Wenn der Vertrag vollzogen ist, dann gilt *Eigentum(Bäckerei) = Chris* und *Eigentum(Kaufpreis) = Eva.* Sollten wir jedoch durch die Ausführung eines Vertragsschritts in eine Welt geraten, in der *Eigentum(Bäckerei) = Chris* und *Eigentum(Kaufpreis) = Chris* gelten, dann ist dies Evidenz für ein Konsistenzproblem innerhalb des Vertrages, da offenkundig eine Eigentumsübertragung ohne Zahlung des Kaufpreises stattgefunden hat.

Für die Modellierung der logischen Struktur von Gesetzen oder Verträgen sind in der Vergangenheit zahlreiche Modellierungssprachen entwickelt worden. Wir wollen an dieser Stelle nur einige dieser Sprachen beispielhaft erwähnen. Die Sprache Symboleo[17] dient ähnlich wie unser unten beschriebener Ansatz der Modellierung von Verträgen. Allerdings ist sie nicht auf eine formale Analyse ausge-

16 *Tarski*, Contributions to the theory of models, Indagationes Mathematicae 57 (1954), S. 572 ff.
17 *Sharifi/Parvizimosaed/Amyot/Logrippo/Mylopoulos*, Symboleo: Towards a Specification Language for Legal Contracts, in: 2020 IEEE 28th International Requirements Engineering Conference (RE), 2020, S. 364 ff.

richtet. eFlint[18] ist eine domänenspezifische Sprache zur Modellierung von Rechtsnormen. Sie bietet Möglichkeiten zur automatischen Fallbewertung und manuellen Ausführung. Die von Microsoft entwickelte Sprache Catala[19] erlaubt die direkte Modellierung von Gesetzesrecht in der Form von ausführbaren Programmen, und könnte damit als Programmiersprache für Gesetze bezeichnet werden.

Bei der Wahl einer geeigneten logischen Modellierungsmethode beziehen wir uns auf Erfahrungen aus dem Software-Engineering und insbesondere der Softwareverifikation. Dort gibt es zahlreiche sehr erfolgreiche Methoden, die unter anderem auf den Ideen der Modelltheorie beruhen. Zu diesen gehören das interaktive Theorembeweisen[20], die Modellprüfverfahren (Model Checking)[21] und die Erfüllbarkeitsüberprüfung Modulo Theorien (*Satisfiability Modulo Theories*, SMT)[22], die alle zu sehr erfolgreichen Anwendungen in der Verifikation von Hard- und Softwaresystemen geführt haben. Fokussieren wollen wir uns dabei auf die Verwendung von SMT-basierten Modellierungs- und Analyseansätzen. Der Grund ist der, dass diese auf Fragmenten der Logik erster Stufe basieren, für die das Erfüllbarkeitsproblem entscheidbar ist. Eine logische Formel ist erfüllbar, wenn es eine Belegung der in ihr enthaltenen logischen Variablen (Propositionen) gibt, so dass die Formel wahr ist. Im Sinne der Modelltheorie bedeutet dies, dass die Formel ein erfüllendes Modell hat. Das Problem der Erfüllbarkeit einer logischen Formel ist entscheidbar, wenn es einen terminierenden Algorithmus gibt, der die Frage der Erfüllbarkeit einer beliebigen solchen Formel mit wahr oder falsch beantwortet. Bei der Verwendung von beliebiger Logik erster oder höherer Stufe, wie z. B. beim interaktiven Theorembeweisen, oder nicht-monotonen Logiken, ist diese Entscheidbarkeit nicht gegeben. Wir verwenden daher in unserer logischen Modellierung lediglich Quantoren-freie entscheidbare Fragmente der Logik erster Stufe, für die es effiziente, in SMT-Solvern implementierte Entscheidungsverfahren gibt. Die Verwendung der SMT-Technologie erlaubt also die Entwicklung vollständig automatisierbarer Analyseverfahren, die keine Intervention durch den Benutzer verlangen und sich damit, basierend auf den Erfahrungen mit der Verwendung automatischer formaler Verifikationsmethoden im Software Engineering, sehr gut in Vertrags-

18 *van Binsbergen/Liu/van Doesburg/van Engers*, EFLINT: a domain-specific language for executable norm specifications, in: Proceedings of the 19th ACM SIGPLAN International Conference on Generative Programming: Concepts and Experiences (GPCE 2020), 2020, S. 124 ff.

19 *Merigoux/Chataing/Protzenko*, Catala: a programming language for the law, in: Proceedings of the ACM on Programming Languages, 5, ICFP, 2021, S. 1 ff.

20 *Nipkow/Paulson/Wenzel*, A Proof Assistant for Higher-Order Logic. Lecture Notes in Computer Science, 2002.

21 *Clarke/Henzinger/Veith/Bloem*, Handbook of Model Checking, 2018.

22 *Barrett/Tinelli*, Satisfiability Modulo Theories, in: Clarke/Henzinger/Veith/Bloem (Fn. 21), S. 305 ff.

verhandlungsprozesse integrieren lassen. Viele große Software-Entwicklungsfirmen (z. B. Microsoft, Amazon, Google, Facebook) verwenden SMT-basierte Verfahren in der Software-Qualitätssicherung.

2 Semantik der logischen Modellierung

Neben der Abstraktion ist eine mathematische Fundierung ein Kennzeichen der in den Natur- und in den Ingenieurswissenschaften verwendeten Modelle. Die mathematische Fundierung, auch als Semantik bezeichnet, erlaubt eine eindeutige Interpretation der Modelle und eine Analyse oder Simulation durch Softwarewerkzeuge. Meteorologische Modelle und Klimamodelle beruhen auf einer Kombination von Differentialgleichungen und wahrscheinlichkeitstheoretischen Modellelementen. Große Sprachmodelle werden als statistische Modelle über Worteinbettungen durch maschinelles Lernen aus großen Sprachkorpora erzeugt.

Softwaremodelle zeichnen sich dadurch aus, dass sie die diskrete Natur der Ausführung von Programmen berücksichtigen. Dazu verwendet man häufig Modellierungsmethoden der diskreten Mathematik, speziell Automaten und formale Logik. Wir betrachten in dieser Arbeit die Ausführung von Verträgen als diskrete Sequenzen von Ausführungsschritten, wodurch sich die Verwendung dieser diskreten, ursprünglich für Softwaremodelle vorgeschlagenen Beschreibungsmethoden anbietet. Mit einer Automatenmodellierung lässt sich z. B. beschreiben, dass das Eigentum an der Bäckerei durch die Eigentumsübertragung von Eva auf Chris übergeht. Mit formaler Logik lässt sich ausdrücken, dass die Eigentumsübertragung nur dann ohne Weiteres erfolgen kann, wenn Eva als Verkäuferin auch Eigentümerin der Bäckerei ist, und diese nicht z. B. als Sicherheit an eine Bank übereignet ist. Sonst müssten gegebenenfalls andere Vorkehrungen getroffen werden.

3 Ontologische Modellierung

Neben der Modellierung des logischen Gehalts eines Unternehmenskaufvertrags widmen wir uns auch der Fragestellung, was ein Kaufvertrag ist, und welche Schritte in der Ausführung des Kaufvertrags dessen Zustand bzw. den Zustand der Welt verändern können. Es handelt sich hier also um eine ontologische Modellierung. Wir verwenden hierzu die *Unified Modeling Language* (UML)[23] als Modellie-

23 Object Management Group, OMG® Unified Modeling Language® (OMG UML®), Version 2.5.1, 2017, abrufbar unter https://www.omg.org/spec/UML/2.5.1/PDF (4. 2. 2024).

rungsnotation. Die UML unterstützt die oben diskutierten Modellierungsformen der Ist-Teil-Von Modellierung, der Verallgemeinerung, der Verfeinerung und des Überschreibens. Sie hat ihre Wurzeln in der Modellierung von Datenbanken und Softwarearchitekturen, wird aber auch in vielen weiteren Domänen zu Modellierung und Meta-Modellierung eingesetzt. Ihre Verwendung wird etwa auch für die Rechtsvisualisierung vorgeschlagen.[24]

Die UML ist als graphische Modellierungssprache konzipiert. Unterschiedliche Typen von Diagrammen erlauben eine abstrakte Sichtweise auf unterschiedliche Aspekte eines UML-Modells. Jede Diagrammart verfügt über ein Meta-Modell, das die Struktur der Diagrammart charakterisiert. Zentrale Bedeutung haben die Objekt- und Klassendiagramme. Diese erlauben die Modellierung von Objekten einschließlich ihrer Attribute (Eigenschaften) und Operationen (Fähigkeiten). Ein Beispiel für die Klassenmodellierung eines Vertrages wird unten bei VIII.2. diskutiert.

Für eine ontologische Sichtweise von Systemen, und damit auch von soziotechnischen Systemen, ist die UML durch ihre Eignung für objektorientierte Modellierung hervorragend geeignet. Die Objektorientierung bedeutet, dass die Modellelemente realweltliche Objekte einschließlich derer Charakteristika (Attribute) und Fähigkeiten (Operationen) direkt mit den Elementen des Modells korrespondieren. Einzelne Objekte mit identischen Attributen und Operationen können zu Klassen aggregiert werden, wodurch die ontologische Modellierung unterstützt wird. So definieren wir ein Klassendiagramm zur Beschreibung der Ontologie von Unternehmenskaufverträgen, und können dann eine konkrete Vertragsinstanz als ein mit dem Klassendiagramm kompatibles Objektdiagramm repräsentieren.

Um die Möglichkeiten der Klassenmodellierung und der Vererbung mittels der UML zu illustrieren, verweisen wir auf die Modellierung eines Unternehmenskaufvertrags in Abb. 2 in VIII.2. So können wir z. B. beschreiben, dass ein Unternehmenskaufvertrag aus einer unbeschränkten Anzahl primärer und sekundärer Ansprüche besteht. Gleichzeitig können wir ausdrücken, dass man primäre und sekundäre Ansprüche zu allgemeinen Ausdrücken verallgemeinern kann. Dies bedeutet andererseits gleichzeitig, dass primäre und sekundäre Ansprüche Verfeinerungen des allgemeinen Anspruchs darstellen und alle Eigenschaften des allgemeinen Anspruchs ererben.

Neben der ontologischen Modellierung der logischen Struktur von Verträgen ist die zeitliche Dynamik der Ausführung eines Vertrags von Interesse. Wie oben erläutert kann die Ausführung eines Vertrags durch Folgen von Zustandsübergängen erzielt werden. Im Rahmen der UML ist die Verwendung von Zustandsübergängen

---

24 *Kahlig/Kahlig*, Rechtsvisualisierung – Viribus Unitis – mit C.O.N.T.E.N.T., Jusletter IT 26. Februar 2015.

in Form von Zustandsmaschinendiagrammen die geeignete Form der Modellierung zeitlicher Dynamik.

VI Herausforderungen der Modellierung?

1 Informationsverlust durch Abstraktion

Eine intrinsische Herausforderung der Modellierung ist der Informationsverlust durch Abstraktion, der zu einem Verlust an Korrespondenz der abstrakten Modellwelt und der konkreten Realwelt führen kann. Dies kann dazu führen, dass von einem Modell abgeleitete Informationen nicht mehr eindeutig in die Realwelt zurückübersetzt werden können. In der Softwareentwicklung begegnet man diesem Phänomen durch die Verwendung objektorientierter Modellierungskonzepte. Die zentrale Idee ist dabei die Korrespondenz von Objekten bzw. Klassen mit Objekten bzw. Klassen in der Softwarearchitektur. Bei der Modellierung von juristischen Artefakten ist eine objektorientierte Modellierung ebenfalls von großem Vorteil. Wie oben ausgeführt, liegt sie auch unserer Modellierung von Unternehmenskaufverträgen zugrunde, so etwa bei der Modellierung von Vertragsansprüchen.

2 Komplexität des Gegenstands Recht

Die Komplexität von technischen oder sozio-technischen Systemen ist eine weitere, wichtige Herausforderung für die Modellierung. Komplexität ergibt sich u. a. aus einer hohen Anzahl an möglichen Verhaltensabläufen, so z. B. bei nebenläufigen Systemen, in denen mehrere Systemkomponenten unabhängig voneinander gleichzeitig Systemaufgaben bearbeiten. Eine weitere Form der Komplexität ergibt sich aus der Notwendigkeit, ein großes System in Teilsysteme zu zerlegen, wodurch sich zwangsläufig Schnittstellen zwischen den Teilsystemen ergeben, die entwickelt und unterhalten werden müssen. Sowohl Nebenläufigkeit wie auch Systemdekomposition führen zu einer kombinatorischen, exponentiellen Komplexitätsexplosion.

Die Beherrschung dieser Komplexität ist eine Zentralaufgabe des Software-Engineerings, wenn nicht gar der Informatik. Die objektorientierte Modellierung unterstützt daher eine modulare Dekomposition des Systems in Teilsysteme, den Umgang mit nebenläufigen Systemausführungen wie auch die Modellierung von Schnittstellen zwischen Teilsystemen. Ein weiterer Mechanismus mit dem Ziel des Umgangs mit Komplexität ist das oben bereits beschriebene Konzept der Verallgemeinerung, Verfeinerung und Vererbung von Objektstrukturen. Wenngleich damit die intrinsische Komplexität von Systemen nicht vermieden werden kann, so kann damit doch der Umgang mit Komplexität vereinfacht oder sogar erst ermöglicht werden.

3 „Unvollständigkeit“ des expliziten Rechts (implizites Wissen und Notwendigkeit der Konkretisierung)

Selbst wenn die Komplexität grundsätzlich beherrscht werden kann, besteht bei der Modellierung des Rechts die Herausforderung, dass es vielfach auch auf implizitem Wissen beruht, dessen Explikation eine nicht zu unterschätzende konzeptionelle Aufgabe für die Rechtswissenschaft ist. Im Bereich der expliziten Programmierung müssten nicht nur alle entschiedenen, sondern auch im Vorhinein alle zu entscheidenden Fallkonstellationen berücksichtigt und die einzelnen Schritte der Rechtsanwendung bis in das letzte Detail entsprechend festgelegt werden, was nur für gleichartige Rechtsverhältnisse mit geringer Varianz praktikabel erscheint.[25] Der Einsatz maschinellen Lernens setzt wiederum voraus, dass hinreichende Trainingsdaten existieren, die jedoch in aller Regel nur die bisher entschiedenen Konstellationen umfassen.[26] Vor allem aber beruhen die rechtlichen Regelungen auf Rechtsbegriffen und Tatbeständen, die unscharf und in Bedeutung und Reichweite entwicklungsfähig sind, so dass ihnen eine Vagheit inhärent ist und sie der Rechtsanwendung eine konkretisierende Funktion zuweisen, die aus Sicht algorithmenbasierter Anwendungen eine strukturelle Schwäche darstellt, während sie für die Entwicklungsoffenheit des Rechts zentral ist.[27] Dies gilt insbesondere, aber nicht nur für die unbestimmten Rechtsbegriffe. Hier spiegeln sich die oben angesprochenen Stärken und Schwächen der Begriffsjurisprudenz und der Wertungsjurisprudenz.

4 Konsequenz: approximative Modellierung

Die Rechtsmodellierung beruht bisher häufig auf Entscheidungsbäumen, die Voraussetzungen über Und-/Oder-Verbindungen abbilden.[28] Sie strebt dabei weitgehende Vollständigkeit an.

---

25 Vgl. *Broemel*, in: Kuhli/Rostalski (Fn. 14), S. 123, 143 ff.

26 Vgl. *Broemel*, in: Kuhli/Rostalski (Fn. 14), S. 146 f.

27 Vgl. *Broemel*, in: Kuhli/Rostalski (Fn. 14), S. 147 ff. m. Verw. auf *Luhmann*, Recht und Automation in der öffentlichen Verwaltung, 2. Aufl. 1997, S. 52 ff., 58 f.

28 Vgl. etwa *Breidenbach*, in: Breidenbach/Glatz (Fn. 9), S. 340 ff.

Aus der Sicht des Rechts ist eine vollständige Modellierung bis ins letzte Detail jedoch aus den genannten Gründen – selbst wenn sie leistbar wäre – sehr problematisch. Vorzugswürdig – und wohl auf absehbare Zeit auch realistischer – scheint eine Modellierung, die nur bis zu einem gewissen Grad erfolgt und den Rechtsanwender unterstützt, insbesondere bei der Identifikation von problematischen Stellen, ihm aber die Rechtsanwendung im Sinne der Konkretisierung auch konzeptionell überlässt.

Die approximative Modellierung und Analyse ist ein auch in der Softwareverifikation wohl bekanntes Konzept. Das ursprüngliche Ziel der formalen Modellierung und Analyse von Software war es, die Korrektheit der Software unter allen Ausführungsvarianten mathematisch zu beweisen. Dieses Ziel wird auch als vollständige Softwareverifikation bezeichnet. In der praktischen Anwendung zeigt sich jedoch, dass reale, nicht-triviale Softwaresysteme eine Komplexität besitzen, die es besonders für automatisierte Verifikationstechniken, wie z. B. dem „Model Checking" (Modellprüfverfahren), unmöglich macht, eine vollständige Softwareverifikation durchzuführen. Allerdings zeigt es sich, dass die Verwendung von automatischen Verifikationsverfahren auch bei Aufgabe der Vollständigkeit praktisch sehr wertvolle Informationen liefern kann. Auch wenn nicht alle Fehler in einem Softwaresystem gefunden werden können, so kann ein unvollständiges Verfahren doch Fehler finden und damit Anhaltspunkte für die Fehlerbehebung in der Software („Debugging") liefern. Einen solchen Ansatz bezeichnet man auch als Falsifikation. Als besonders effektiv haben sich dabei Verfahren erwiesen, die das Verhalten des Systems durch Analyse einer Abstraktion unter- oder überapproximieren und dadurch auf komplexe Systeme mit großem Zustandsraum anwendbar sind. Wenn in einem solchen Verfahren eine Falsifikation in dem abstrakten Modell erreicht wird, dann kann dies einen Fehler in dem konkreten Modell repräsentieren und es kann somit eine Warnung („Red Flag") an den Benutzer ausgegeben werden, dass ein möglicher Fehler vorliegt.

Auch in unserer Modellierung und Analyse von Unternehmenskaufverträgen verwenden wir eine Unterapproximation mit dem Ziel der Falsifikation. Unser Ziel ist es also nicht, die Korrektheit bzw. Fehlerfreiheit eines Vertragswerks zu beweisen, sondern ein Warnsystem bereitzustellen, das im Sinne des „Red Flag"-Ansatzes auf das mögliche Erreichen inkonsistenter Zustände des Vertrags oder inkonsistente Vertragsausführungen hinweisen kann. Es ist dabei möglich, dass wir nicht alle möglichen Ausführungen eines Vertrags erfassen. So können z. B. die Folgen von Gerichtsentscheidungen bezüglich einzelner Vertragsklauseln oder der Vertragsgrundlagen möglicherweise in unserem Modell nicht abgebildet sein. Dennoch kann das System Ausführungen des Vertrags illustrieren, die z. B. die Unmöglichkeit der Durchsetzung eines Anspruchs oder die Ausführung eines Vertrags ohne Ausführung eines einzigen

Primäranspruchs verdeutlichen. Diese sollten den Benutzer dazu ermuntern, die entsprechenden Vertragsbestimmungen kritisch zu hinterfragen.

Bei unserer Analyse bedienen wir uns der oben angesprochenen SMT-Technologie, für die es seit etwa 15 Jahren sehr effiziente, allgemein verfügbare, das automatische Schließen unterstützende Softwarewerkzeuge gibt.

VII Logik als Fundament der Modellierung

1 Abgrenzung von Methoden maschinellen Lernens

Die Art des logischen Schließens, das wir hier vorschlagen, beruht auf formaler mathematischer Logik und den für die von uns verwendeten Logiken entwickelten Entscheidungsprozeduren. So können wir z. B. Ausdrücke der ganzzahligen linearen Arithmetik verwenden, um die Einhaltung von zeitlichen Beschränkungen für die Erfüllung von Ansprüchen auszudrücken und deren Konsistenz zu überprüfen. Die Schlussmechanismen arbeiten gänzlich auf Basis einer symbolischen Repräsentation der Vertragsinhalte und der Konsistenzbedingungen.

Im Bereich der Künstlichen Intelligenz haben sich in der jüngeren Vergangenheit wissensverarbeitende Systeme auf Grundlage der sub-symbolischen Künstlichen Intelligenz etabliert. Beispiele sind besonders die in der jüngeren Vergangenheit entwickelten Spracherzeugungssysteme, die auf durch maschinelles Lernen erzeugten großen Sprachmodellen basieren, wie z. B. ChatGPT-4 oder auch LawGPT. Diese Systeme erzeugen natürlichsprachliche Ausgaben für gegebene Eingabeanfragen basierend auf rein statistischen Sprachmodellen. Entsprechend sind die Ausgaben lediglich statistisch zu validieren und bieten keine präzisen und in jedem Fall verlässlichen ja/nein Antworten. In der KI-Forschung wird derzeit stark diskutiert, ob diese Systeme intelligent sind, und ob sie zu logischem Schließen befähigt sind.[29] Wir beschränken uns in dieser Arbeit auf die Verwendung der symbolischen Techniken, aber die Betrachtung der sub-symbolischen Techniken in der Analyse juristischer Artefakte wird Gegenstand zukünftiger Forschung sein.

---

29 *Bubeck* u. a., Sparks of Artificial General Intelligence: Early experiments with GPT-4, 13.4.2023, https://doi.org/10.48550/arXiv.2303.12712 (4. 2. 2024).

2 Klassische Prädikatenlogik erster Stufe vs. Deontische Logik

In der logischen Modellierung von juristischen Artefakten kommt der Deontischen Logik und dem nichtmonotonen Schließen eine besondere Bedeutung zu. Die Deontische Logik erlaubt die Formulierung von normativen Aussagen. Dies sind Aussagen, die sich auf das Sollen beziehen und somit Konzepte wie Pflichten, Gebote, Verbote und Erlaubnisse zu formulieren erlauben. In der Deontischen Logik werden somit Operatoren für Gebot (A), Verbot (E), Erlaubnis (O) und nicht geboten sein (I) eingeführt, die auf Propositionen und aussagenlogische Formeln angewandt werden können, woraus wahre oder falsche Aussagen entstehen können. Die Semantik dieser Operatoren wird durch deren Beziehungen erklärt, wobei diese Widersprüchlichkeiten innerhalb einer Formel zur Folge haben könne. Die Deontische Logik ist somit weder widerspruchsfrei noch monoton, woraus sich Probleme für die Entscheidbarkeit der Erfüllbarkeit einer Formel ergeben.[30]

In dem von uns entwickelten Modellierungs- und Analyseansatz verwenden wir zur Modellierung der logischen Abhängigkeiten zwischen Ausführungsschritten eines Vertrags nicht-deontische entscheidbare Quantoren-freie Fragmente der Prädikatenlogik erster Stufe, genannt Theorien. In unserem Ansatz verwenden wir speziell die Theorie der linearen Arithmetik, um zeitliche Abhängigkeiten sowie die Berechnung von Geldbeträgen (Kaufpreis, Entschädigung im Falle einer Gewährleistung, Kompensation bei Rückabwicklung des Vertrags) zu modellieren. Ferner werden die Theorien der Uninterpretierten Funktionen und der Funktionellen Konsistenz verwendet, um z. B. Eigentumsverhältnisse zu modellieren. Die Entscheidbarkeit dieser Theorien bedeutet, dass es automatische und vollständige Algorithmen gibt, die die Erfüllbarkeit einer Konjunktion von logischen Fakten in einem Vertrag berechnen.

Zur Entscheidung der Erfüllbarkeit werden für eine betrachtete Theorie in der Praxis effiziente Algorithmen verwendet. So findet z. B. der entscheidbare Test auf Existenz eines erfüllenden Modells aus dem allgemeinen Simplexverfahren Verwendung bei der Bestimmung der Erfüllbarkeit einer Formel in der Theorie der linearen reellen Arithmetik. Für die unterschiedlichen entscheidbaren Theorien werden Implementierungen der Entscheidungsverfahren in den oben bereits genannten SMT-Solvern bereitgestellt. In der Praxis besonders hilfreich sind dabei zwei von SMT-Solvern bereitgestellte Funktionen. Falls eine Formel erfüllbar ist, wird ein konkretes, erfüllendes Modell berechnet und ausgegeben. Dies bedeutet z. B., dass dem Benutzer eine konsistente Ausführung eines Vertrags präsentiert

30 *Prisacariu/Schneider*, A dynamic deontic logic for complex contracts, Journal of Logical and Algebraic Methods in Programming 2012, 458 ff.

werden kann. Sollte eine Formel von dem SMT-Solver als nicht erfüllbar berechnet werden, dann berechnet er einen Nichterfüllbarkeits-Kern, wobei es sich um eine minimale Anzahl an Teilformeln handelt, die zueinander im Widerspruch stehen. Ähnlich dem Vorgehen in der Softwareentwicklung kann dieser Nichterfüllbarkeits-Kern dazu verwendet werden, das analysierte Vertragswerk zu „debuggen“, also die Ursachen der Inkonsistenz zu ermitteln und diese zu beheben.

Gegenüber den Fragmenten der Logik erster Stufe, die wir in unserer Arbeit verwenden, hat die Deontische Logik den Vorteil, dass sie die Formulierung normativer Aussagen ermöglicht. Allerdings sind diese für die von uns betrachtete Anwendung nicht von Bedeutung, da wir lediglich die Konsistenz von durch zweiwertige Logik beschreibbaren Vertragsklauseln überprüfen wollen. Dadurch können wir auf die Möglichkeiten des automatischen Schließens auf Grundlage der von uns verwendeten Formeln der Prädikatenlogik erster Stufe zurückgreifen.

Ein weiterer Vorteil der von uns verwendeten Logik ist die Möglichkeit, Aussagen über unterschiedliche Domänen, die sogenannten Theorien, zu formulieren. So können wir in der gleichen logischen Formalisierung Daten, Kaufpreise, Eigentumsverhältnisse oder, bei Verwendung eines geeigneten SMT-Solvers, auch Zinsberechnungen in die Modellierung einbeziehen. Eine entsprechende Erweiterung von Fragmenten der Deontischen Logik zu „Deontic Satisfiability Modulo Theories“ ist uns nicht bekannt.

VIII Fallstudie: Modellierung und Konsistenzanalyse eines Unternehmenskaufvertrags

1 ContractCheck

Im Folgenden demonstrieren wir die Modellierung eines Vertrags am Beispiel unseres aktuellen Projekts ContractCheck[31]. Die Idee hinter dem Projekt ist es, einen Unternehmenskaufvertrag mit Hilfe unseres Werkzeugs ContractCheck, das intern SMT-Solver aufruft, auf Inkonsistenzen zu überprüfen. Dies erfordert die Modellierung der vertraglichen Regelungen in entscheidbaren Fragmenten der Prädika-

31 *Khoja/Kölbl/Leue/Wilhelmi*, Automated Consistency Analysis for Legal Contracts, in: Model Checking Software. SPIN 2022. Lecture Notes in Computer Science, 2022, S. 1 ff.

tenlogik erster Stufe. Unsere Modellierung ist objektorientiert und erfolgt mit Hilfe von Klassen- und Objektdiagrammen in der UML.[32]

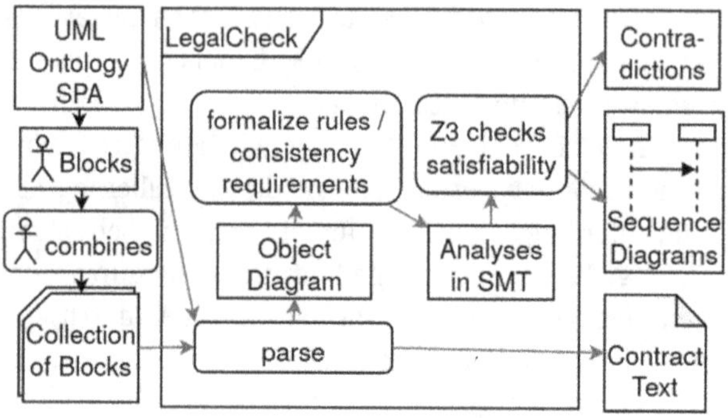

Abb. 1: Struktur des ContractCheck-Ansatzes und -Werkzeugs.

Abb. 1 präsentiert die Struktur des ContractCheck-Werkzeugs. Basierend auf einer UML-Ontologie für Unternehmenskaufverträge werden strukturierte, parametrisierte Textblöcke entwickelt, die der Benutzer anhand des Vertragstexts kombinieren kann. Innerhalb der Software wird diese Menge der übergebenen Textblöcke intern in eine logische Repräsentation gebracht und das entstehende logische Nebenbedingungssystem mithilfe des SMT Solvers Z3[33] auf Inkonsistenzen untersucht. Im positiven Fall werden erfüllbare Vertragsausführungen als Sequenzdiagramme ausgegeben, im Falle von detektieren Inkonsistenzen werden diese als „Red Flag"-Annotationen an den involvierten Textblöcken ausgegeben. Sämtliche der in Abb. 1 innerhalb der Blocks „LegalCheck" angeführten Verarbeitungsschritte erfolgen vollautomatisch.

2 Modellierung des Vertrags

Ausgangspunkt ist die Erfassung der möglichen Regelungen einschließlich ihrer Beziehungen untereinander in entsprechenden Verträgen in abstrakter Form als Klassen in einem Klassendiagramm.

32 Vgl. zum Vorgehen *Soltana* u. a., in: Dingel u. a. (Hrsg.), Model-driven engineering languages and systems, 2014, S. 450 ff.

33 *de Moura/Bjørner*, Z3: An Efficient SMT Solver, in: TACAS 2008. Lecture Notes in Computer Science, 2008, S. 337 ff.

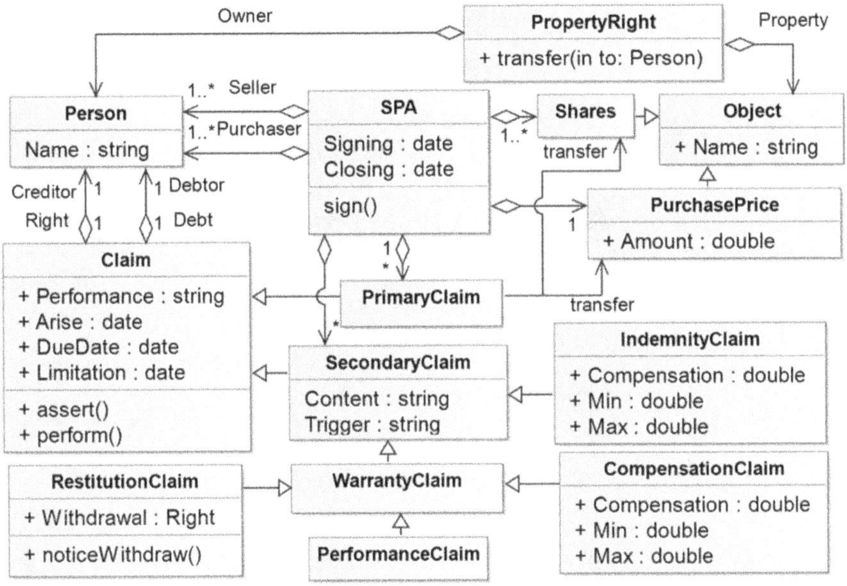

Abb. 2: Klassendiagramm eines Unternehmenskaufvertrags.

Dabei hat jede Klasse einen Namen (oberes Feld), kann ein oder mehrere Attribute (mittleres Feld) und eine oder mehrere Operationen (unteres Feld) haben. Die Beziehungen zwischen den Klassen sind als Generalisierung (Pfeil mit Dreieck) bzw. Spezialisierung (umgekehrter Pfeil mit Dreieck) und als Aggregation als eine „besteht aus"-Beziehung (Raute mit Pfeil) dargestellt. Die einfachen Pfeile stellen sonstige Beziehungen (Assoziationen) dar. Im Beispiel besteht der Unternehmenskaufvertrag (SPA) aus Primäransprüchen (PrimaryClaim), die eine Spezialisierung der allgemeinen Ansprüche (Claim) darstellen und auf die Übertragung der Anteile (Shares) und des Kaufpreises (PurchasePrice) gerichtet sind. Bei der Spezialisierung werden die Attribute und Operationen von der generellen Klasse auf die spezielle Klasse vererbt, wenn sie dort nicht überschrieben werden. Die spezielle Klasse hat also grundsätzlich die gleichen Attribute und Operationen wie die generelle Klasse, kann diese aber anders definieren. Dies entspricht der Funktion von Allgemeinen und Besonderen Teilen im Recht, wo die Regelungen im Allgemeinen Teil auch für die Regelungen im Besonderen Teil gelten, soweit diese nicht speziellere Regelungen enthalten, die die Regelungen des Allgemeinen Teils verdrängen.

Dieses Klassendiagramm kann dann mit den Regelungen eines konkreten Kaufvertrags gefüllt werden und wird so zu einem Objektdiagramm, wie in Abb. 3 illustriert.

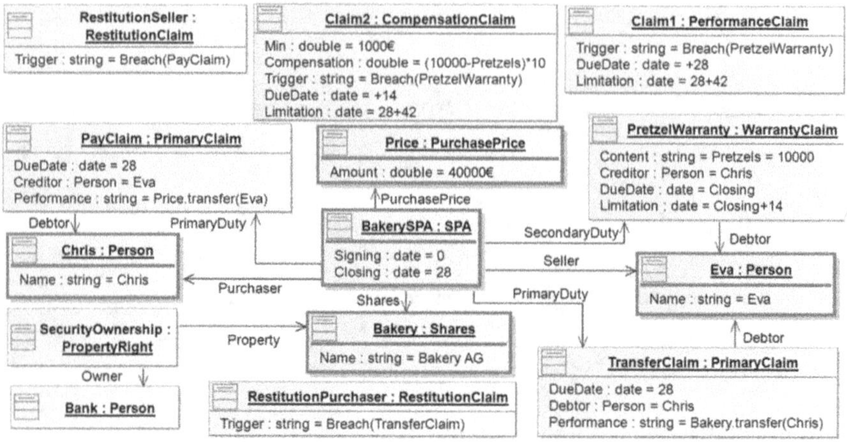

Abb. 3: Objektdiagramm über den Kaufvertrag zwischen Eva und Chris über eine Bäckerei.

Die Beziehungen zwischen den einzelnen Objekten ergeben sich dabei aus dem Klassendiagramm. Das Objektdiagramm zeigt die Belegung der Attribute der einzelnen Klassen im konkreten Kaufvertrag.

Die Erfassung der Regelungen des konkreten Vertrags erfolgt bei ContractCheck in der bisherigen Version durch den Benutzer, der die Regelungen eines Vertrags in Text- bzw. Regelungsblöcken, bei denen es sich um parametrisierte strukturierte Sprachblöcke handelt, übersetzt.

3 Analyse der Regelungen des Vertrages

Das Objektdiagramm lässt sich in maschinenlesbarer Logik ausdrücken, die dann durch SMT-Solver auf Inkonsistenzen überprüft wird. So kann etwa erkannt werden, wenn die für einen Schadensersatzanspruch geltende Verjährungsfrist ab Vertragserfüllung (Closing) kürzer ist als Benachrichtigungs- plus Abhilfefrist. Ähnlich könnte erkannt werden, wenn Abweichungen hinsichtlich der Produktionskapazität sowohl zu einer Anpassung des Kaufpreises als auch zu einer Zahlung aufgrund einer Garantie führen und diese zu einer Doppelung oder einer Neutralisierung.

Zur Konkretisierung der Möglichkeiten der logischen Konsistenzanalyse von Regelungen des Vertrags betrachten wir die Modellierung und Analyse des Übertragungsanspruchs für die Brezelbäckerei. Die Übertragung der Bäckerei an die Bank als Sicherheit für eine Hypothek wird durch die Formel $owner(Bakery) = Bank$ modelliert. Eine ganzzahlige Variable d_u bezeichnet den Tag nach Vertragsunterzeichnung, an dem die Übertragung stattfindet. Falls die Übertragung nicht stattfindet, hat d_u den Wert –1. Die Vertragsbedingung, dass die Übertragung 28 Tage nach Vertragsunterzeichnung stattfinden muss und dass es eine Voraussetzung ist, dass Eva tatsächlich Eigentümerin der Bäckerei ist, wird durch die Formel $28 \leq d_u \wedge owner(Bakery) = Eva$ ausgedrückt. Insgesamt werden die Konsistenzbedingungen an die Übertragung des Vertragsgegenstands durch die Formel $owner(Bakery) = Bank \wedge (d_u = -1 \vee (28 \leq d_u \wedge owner(Bakery) = Eva))$ ausgedrückt. Es ist zu beachten, dass es sich bei *owner* um eine nicht interpretierte Funktion handelt. Der durch ContractCheck aufgerufene SMT-Solver detektiert hier eine funktionelle Inkonsistenz (eine Funktion muss bei Aufruf mit dem gleichen Argument immer das gleiche Resultat liefern) und liefert einen Unerfüllbarkeitskern, der durch ContractCheck unter Verweis auf die betreffenden Blöcke dargestellt wird, siehe Abb. 4.

Eine weitere Analyse betrachtet die Möglichkeit der Ausführung der in einem Vertrag enthaltenen Ansprüche, speziell den Übertragungsanspruch, Schadensersatzansprüche für Verkäufer und Käufer, den Zahlungsanspruch, einen Gewährleistungsanspruch sowie Kompensationsansprüche. Die Fähigkeit des SMT-Solvers einzelne Teilformeln mit Priorität zu erfüllen, erlaubt es zu analysieren, ob eine Vertragsausführung unter Erfüllung von Primäransprüchen möglich ist. In dem Fall der Bäckerei ist dies nicht der Fall, da der Übertragungsanspruch aufgrund der oben dargestellten Inkonsistenz nicht ausführbar ist. Der SMT-Solver berechnet dennoch eine Ausführung des Vertrags, bei der die Übertragung der Bäckerei nicht ausgeführt wird, der Kaufpreis dennoch gezahlt wird und der Käufer dann für den Kaufpreis durch Rückzahlung entschädigt wird. Das entsprechende Ausführungsszenario wird durch ein Sequenzdiagramm von ContractCheck visualisiert.

Für eine detaillierte Beschreibung der Modellierung und Analyse verweisen wir den Leser auf unser technisches Papier[34].

4 „Red Flag"-System

Die Modellierung und das darauf aufbauende Programm leisten also keine vollständige Überprüfung des Vertrages, sondern können nur die in der Modellierung erfassten Informationen auf Inkonsistenzen prüfen. Ob tatsächlich eine Inkonsistenz vorliegt, insbesondere ob diese nicht mit Hilfe des Gesetzesrechts oder der ergänzenden Vertragsauslegung vermieden wird, kann nur der Rechtsanwender feststellen. ContractCheck unterstützt ihn jedoch bei der Suche nach Inkonsistenzen

34 *Khoja/Kölbl/Leue/Wilhelmi*, in: SPIN 2022 (Fn. 31), S. 1 ff.

in unübersichtlichen und mit verschiedenen Personen verhandelten und mehrfach geänderten Verträgen, indem es ihm „Red Flags" anzeigt, wo es Inkonsistenzen sieht.

Abb. 4: „Red Flag" für Inkonsistenz zweier Vertragsblöcke.

Abb. 4 illustriert die Ausgabe von ContractCheck, mit der die Software auf die oben diskutierte Inkonsistenz zwischen zwei Bestimmungen des Vertrags, welche die Eigentumsrechte an der Bäckerei betreffen, hinweist. In Abb. 5 wird die Ausführung des Kaufvertrags in der Form eines UML-Sequenzdiagramms in dem oben geschilderten Fall dargestellt, in der der Kaufgegenstand nicht übertragen wird und es zu einer Entschädigung des Verkäufers für den gezahlten Kaufpreis kommt. ContractCheck illustriert also nicht nur Inkonsistenzen, sondern auch mögliche Vertragsausführungen. Das Diagramm illustriert eine mögliche Ausführung des Vertrags, selbst wenn dieser die oben genannte Inkonsistenz enthält und daher der Primäranspruch der Übertragung des Verkaufsgegenstands nicht erfüllbar ist.

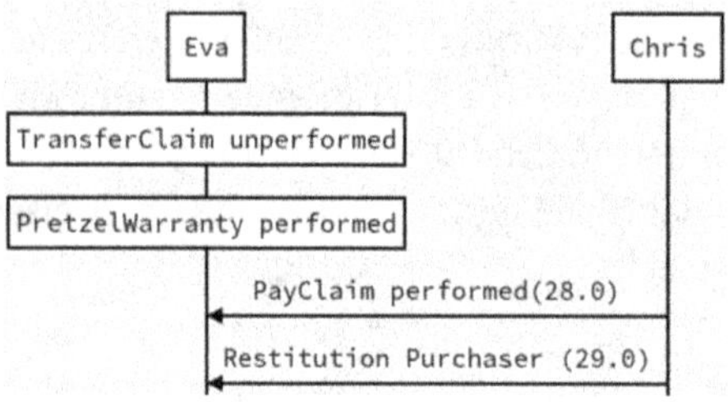

Abb. 5: Sequenzdiagram für eine erfolgreiche Vertragsausführung.

IX Fazit

Als Fazit lässt sich festhalten, dass auch im Recht modelliert wird und Methoden der Modellierung aus der Informatik auf das Recht bzw. die Rechtswissenschaft übertragbar sind. Die objektorientierte Modellierung der Informatik weist etwa Parallelen zu der Systembildung durch dogmatische Figuren im Recht auf. Oder, wie eine Doktorandin der Informatik als Fazit eines Kurses zum Vertragsrecht für Nichtjuristen formulierte: Recht ist wie Informatik, nur mit viel mehr und viel schlechter definierten Variablen.

Demgemäß lässt sich Recht auch mit Hilfe der Methoden der Informatik modellieren – allerdings nur zu einem gewissen Grad. Eine vollständige Modellierung des Rechts erscheint unrealistisch. Ihr steht nicht nur die Komplexität des Rechts entgegen, sondern auch seine inhärente „Unvollständigkeit“, die Voraussetzung der Entwicklungsoffenheit des Rechts ist, aber die Notwendigkeit der Konkretisierung zur Folge hat.

Modellierung ist auch Voraussetzung für die (teilweise) Automatisierung der Rechtsanwendung. Die Wahl der Methode der Modellierung hängt – wie immer – vom jeweiligen Zweck ab. Deontische Logik kann etwa normative Konzepte wie Pflichten, Gebote, Verbote und Erlaubnisse besser ausdrücken. Klassische Prädikatenlogik erster Stufe ist demgegenüber besser geeignet, entscheidbare Formeln als Grundlage des automatischen Schließens zu modellieren. Sie erlaubt auch eine ontologische Modellierung von Verträgen und der Zustände ihrer Ausführung mit Hilfe von UML.

Modellierung (und damit auch Automatisierung) des Rechts ist demgemäß nur bis zu einem gewissen Grad möglich und praktikabel, dort aber nützlich. Sie kann menschliche Rechtsanwendung ergänzen und unterstützen, aber nur in eng begrenzten Ausnahmefällen ersetzen. Statt auf eine vollständige Modellierung und Automatisierung des Rechts zu setzen, empfiehlt sich daher in der Regel ein pragmatischer Ansatz.

In unserer Fallstudie haben wir gezeigt, dass in Analogie zu den Methoden der automatischen Softwareverifikation die Techniken der algorithmisch entscheidbaren, über unterschiedliche Theorien definierten Logiken erfolgreich auch in der Konsistenzanalyse für juristische Verträge verwendet werden können. Von zentraler Bedeutung für die praktische Anwendbarkeit ist dabei die Verwendung automatisierter logischer Methoden, welche die Entwicklung vollständig automatisierter Werkzeuge ermöglichen. Die Idee ist dabei, das Formale an der Methode im Hintergrund zu halten und dem Benutzer lediglich „Red Flags“ oder andere qualitative Diagnoseinformationen zur Verfügung zu stellen. Denkbar wäre auch ein Tool entsprechend der Prüfung von Rechtschreibung und Grammatik in Word.

Während wir bisher durch einen eigenen Vertragsgenerator erzeugte Verträge analysiert haben, arbeiten wir momentan an einer Erfassung bestehender Verträge mittels Texterkennung, die die Objekte als befüllte Klassen erkennen soll. Dies würde die Analyse auch bestehender Verträge ermöglichen.

Unser Fazit: Not all of law is logic, but some of it is!

Matthias Schmid

Modellierung als Methode bei der praktischen Rechtsetzung

Abstract: Modelling can provide an important contribution to better regulation, especially at the "fuzzy frontend" of a legislative project. In the end, four models are needed in the crucial phase between the political mission and the "first text". The outline shows practical application examples for modelling on a global level by visualisation and on a normative level with the Rule Mapping method.

I Modellierung in der Legistik

Welche Rolle spielt Modellierung bei der praktischen Gesetzgebung – insbesondere am *fuzzy frontend* eines Gesetzgebungsprojekts, also in der Phase zwischen dem politischen Auftrag und dem „ersten Text"? Denn hier fallen die wesentlichen Entscheidungen für die Struktur der künftigen Regulierung. Dieser Abschnitt der Rechtsproduktion ist in besonderer Weise die Domäne der Legistinnen und Legisten[1], auf Bundesebene meist also der Mitarbeitenden in den jeweils federführenden Referaten der Bundesministerien. Sie produzieren in der deutschen Staatspraxis den wesentlichen Teil der Gesetzentwürfe.

Allerdings sind die Rahmenbedingungen der praktischen Legistik schwierig,[2] gerade auch in Zeiten multipler Krisen:

- Die politischen Akteure – und damit auch die Legisten – stehen in der Regel unter massivem Zeitdruck.[3] Erhebliche Anteile der Arbeitszeit sind zudem auf die politische Begleitung der Projekte zu verwenden.
- Die inhaltlichen Vorgaben sind oft unklar, das Ergebnis komplexer Kompromissbildung, manchmal sogar widersprüchlich. Zentrale politische Weichenstellungen lassen sich oft nicht im Vorfeld konsentieren, sondern werden

1 Zum Stand der Legistik siehe zuletzt *Reimer*, Gesetzgebungswissenschaft? Rechtsetzungslehre!, JöR 71 (2023), S. 351. „Legistin" oder „Legist" meint im Folgenden Mitarbeitende jeglichen Geschlechts bzw. sexueller Orientierung.

2 Siehe hierzu auch *Masmouti*, Designing Effective Legislation, 2019, S. 18 ff.

3 Für das parlamentarische Verfahren siehe den erfolgreichen Eilantrag beim BVerfG im Gesetzgebungsverfahren Gebäudeenergiegesetz („Heizungsgesetz") vom 5. Juli 2023 – 2 BvE 4/23, NJW 2023, 2561.

 https://doi.org/10.1515/9783111343341-008

letztlich bis zur letzten Minute vertagt, also bis zur finalen Entscheidung im parlamentarischen Verfahren.

- Viele Akteure sind beteiligt und reden mit. Die digitalen Kommunikationskanäle ermöglichen und verstärken diesen Effekt. Legisten verfügen heute meist nicht über zu wenige, sondern zu viele Informationen. Es gilt, den *information overload* zu bewältigen; das „weiße Rauschen" überdeckt nicht selten relevante Inhalte.
- Die mediale Begleitung diskutiert oft Exotenfälle. Rationale Rechtsetzung sollte sich allerdings auf den (sorgfältig modellierten) Normalfall[4] fokussieren.
- Im Kontext der Europäischen Union müssen zudem die kulturellen Unterschiede zwischen den unterschiedlichem Rechtstraditionen der Mitgliedstaaten verstanden werden.[5]

Wie kann es gelingen, unter diesen schwierigen Rahmenbedingungen handwerklich solide Entwürfe und insbesondere auch „digitaltaugliches" Recht herzustellen? Gute Regulierung ist im Kern kluger Umgang mit sozialer, wirtschaftlicher und politischer Komplexität.[6] Modellierung kann einen wichtigen Beitrag dazu leisten. Letztlich benötigt die Legistin aber nicht nur eine Modellierung, sondern sogar vier Modelle.

	de lege lata (Ist-Modell)	de lege ferenda (Soll-Modell)
Globale Ebene (systemisch)	**Modell 1**	**Modell 2**
Normative Ebene (regulatorisch)	**Modell A**	**Modell B**

Abb. 1: Modellierungsmodelle in der Legistik.

4 Zur Normalfallmethode *Haft*, Einführung in das juristische Lernen, 3. Aufl. 1984, S. 113 ff.

5 Die Union verfügt über eine beeindruckende *Better regulation toolbox:* https://commission.europa.eu/law/law-making-process/planning-and-proposing-law/better-regulation/better-regulation-guidelines-and-toolbox_en (4.2.2024). In der praktischen Rechtsetzung allerdings spielen Modellierungs-Instrumente auch auf Unionsebene praktisch keine Rolle.

6 Aus der vergleichsweisen schmalen deutschsprachigen Literatur z. B. *Schönwandt* u. a., Komplexe Probleme lösen, 2013.

Erforderlich ist nämlich zum einen eine zweifache Modellierung auf globaler, systemischer Ebene:

- Modell 1: Wie funktioniert der Status quo des (Teil)Systems, das reguliert werden soll, welche Probleme sind zu lösen?
- Modell 2: Wie soll das künftige System gestaltet sein: Welche Lösungsalternativen bestehen, und wie werden diese Lösungen in Zukunft (in wahrscheinlichen Szenarien) wirken?

Parallel hierzu benötigen wir auf normativer Ebene ebenfalls zwei Modelle:

- Modell A: Welcher Rechtsrahmen besteht *de lege lata?* Dies ist das komplexe Gewebe aus gesetzlichen und untergesetzlichen Maßgaben, oft in Mehrebenen-Systemen, einschließlich der zugehörigen Rechtsprechung und der Anwendungspraxis der Akteure.
- Modell B: Wie soll der Rechtsrahmen *de lege ferenda* aussehen – bei der klassischen Rechtsetzung also: Welche Gestalt soll das künftige, geänderte Gesetz haben?

In der politischen Praxis ist oft nur eines dieser Modelle vollständig und explizit verfügbar: Nämlich der Gesetzentwurf (Modell B), der als linearer Text die künftige rechtliche Regulierung beschreibt. Handelt es sich um Änderungsgesetzgebung (das ist praktisch der häufigere Fall), so formuliert der Entwurf aus Gründen der Rechtsförmlichkeit lediglich Änderungsbefehle in Bezug auf die Regelung *de lege lata*, aber kein vollständiges sprachliches Modell der Regelung *de lege ferenda.* Dieses Problem ist immerhin erkannt; im Koalitionsvertrag 2021[7] heißt es hierzu: „Gesetzentwürfen der Bundesregierung wird künftig eine Synopse beigefügt, die die aktuelle Rechtslage den geplanten Änderungen gegenüberstellt." Gemeint ist damit: Sowohl Modell A wie auch Modell B sollen auch bei der Änderungsgesetzgebung bereits bei Vorlage des Gesetzentwurfs vollständig ausformuliert vorliegen.[8]

Die globalen Modelle 1 und 2 allerdings werden allenfalls fragmentarisch expliziert – oft sind sie nur als implizites Wissen im federführenden Referat (oder gar nur im Kopf des federführenden Entwurfsverfassers) vorhanden. Das ist problematisch, denn der systemische Blick aufs Ganze ist sowohl für die Fachleute, die die Entwürfe verfassen, wie auch für die Akteure im politischen Diskurs unverzichtbar.

7 Koalitionsvertrag zwischen SPD, Bündnis 90/Die Grünen und FDP, Mehr Fortschritt wagen: Bündnis für Freiheit, Gerechtigkeit und Nachhaltigkeit, 2021, verfügbar z. B. unter https://www.bundesregierung.de/breg-de/service/gesetzesvorhaben/koalitionsvertrag-2021-1990800 (4. 2. 2024).

8 Siehe z. B. anhand des Referentenentwurfs des BMJ für ein Gesetz zur weiteren Digitalisierung der Justiz: https://www.bmj.de/SharedDocs/Gesetzgebungsverfahren/DE/2023_Weitere_Digitalisierung_Justiz.html?nn=17134 (4. 2. 2024).

Der politische Diskurs findet nämlich vor allem auf der globalen, systemischen Ebene statt. Und auch der Legist benötigt diesen Zugang, weil er sich ansonsten allzu schnell im Unterholz des normativen Regulierungs-Gestrüpps verliert.

Wie lässt sich das bislang häufig nur textbasierte Agieren insbesondere in der Frühphase der Gesetzgebung mit Modellierung verbessern? Nachfolgend möchte ich zeigen, wie Visualisierung und *Rulemapping* die Modellierung bei der Rechtsetzung unterstützen können.

II Modellierung auf der globalen Ebene per Visualisierung – am Beispiel der Urheberrechts-Reform

Visualisierung ist in vielen Wissensdomänen und Disziplinen der erste Zugang zum Verstehen und Lösen von Problemen – nicht allerdings in der Staatspraxis der Gesetzgebung. Rechtsetzung ist die Domäne der Juristinnen und Juristen, und diese sind nach wie vor textaffin und bilderscheu,[9] wenngleich langsam ein Umdenken beginnt.[10]

Hauptstreitpunkt der letzten Reform des Unions-Urheberrechts waren die „Upload-Filter", geregelt in Art. 17 der Richtlinie über das Urheberrecht im Digitalen Binnenmarkt (DSM-Richtlinie).[11] Die Vorschrift verlangt im Kern: Plattformen sollen nicht lizenzierte Uploads urheberrechtlich geschützter Inhalte blockieren, gleichzeitig aber gesetzlich erlaubte Nutzungen dieser Inhalte, etwa per Zitat oder Parodie, keinesfalls sperren. Klar war letztlich, dass angesichts der massenhaften Uploads nur automatisierte Verfahren möglich sind, wobei diese Technologien aber die politisch vorgegebene trennscharfe Unterscheidung zwischen verbotenen und gesetzlich erlaubten Nutzungen nicht leisten können. In der Literatur war davon die Rede, dass die Umsetzung dieser Vorgabe „die Quadratur des Kreises" vom Gesetzgeber abverlange.[12]

---

9 *Röhl/Ulbrich*, Recht anschaulich. Visualisierung in der Juristenausbildung, 2007, S. 15 ff.

10 Z. B. *Kohlmeier/Klemola*, Das Legal Design Buch, 2021. Bereits vor mehr als 100 Jahren: *Pollack*, Perspektive und Symbol in Philosophie und Rechtswissenschaft, 1912.

11 Richtlinie (EU) 2019/790 des Europäischen Parlamentes und des Rates vom 17. April 2019 über das Urheberrecht und die verwandten Schutzrechte im digitalen Binnenmarkt und zur Änderung der Richtlinien 96/9/EG und 2001/29/EG, ABl. 2019 L 130/92.

12 *Spindler*, Upload-Filter: Umsetzungsoptionen zu Art. 17 DSM-RL. Vorschläge zur „Quadratur des Kreises" im nationalen Recht, CR 2020, 50. Zur rechtspolitischen Diskussion siehe auch die Studie von

Der finale Text entstand nach zweijährigen Beratungen im Rat und Europäischen Parlament in einem mehrmonatigen Trilog-Verfahren: Zuletzt umfasste Art. 17 der Richtlinie in der deutschen Fassung zehn Absätze mit insgesamt 1346 Worten.

Das Referat analysierte zunächst, wie Art. 17 der DSM-Richtlinie zu verstehen war, und entwickelte mit der Modellierung durch logische Bilder[13] letztlich den Vorschlag für die Umsetzung dieser komplexen europarechtlichen Norm. Nachfolgend einige Etappen aus diesem Prozess, den man auch als „Denken mit dem Stift"[14] beschreiben könnte:

Eine erste Modellierung am Whiteboard diente dem Verständnis dazu, wie etwa YouTube das Unionsrecht prozedural umsetzen könnte. (Die Norm war im Kern als *lex YouTube* konzipiert.) Das war also der regulatorische Normalfall:

Abb. 2: Modellierung einer Umsetzungsmöglichkeit des Art. 17 der DSM-Richtlinie am Whiteboard.

Hier eine Modellierung mit *swimlanes*, die den Fokus auf die unterschiedlichen Akteure richtete – also auf die Uploader, die Rechteinhaber, die Plattform, die Nutzer, und auf staatliche Stellen:

Metzger/Schrör, Zwischen Wissenschaft, Praxis und Politik: Wie Juristen Gesetzgebungsverfahren in Fachzeitschriften begleiten, Zeitschrift für Rechtssoziologie 42 (2022), 243 ff.

13 *Röhl*, Logische Bilder im Recht, in: Butzer u. a. (Hrsg.), Festschrift für Schnapp 2008, S. 815 ff.

14 Diesen Begriff verdanke ich *Haussmann*, UZMO – Denken mit dem Stift, 4. Aufl. 2016.

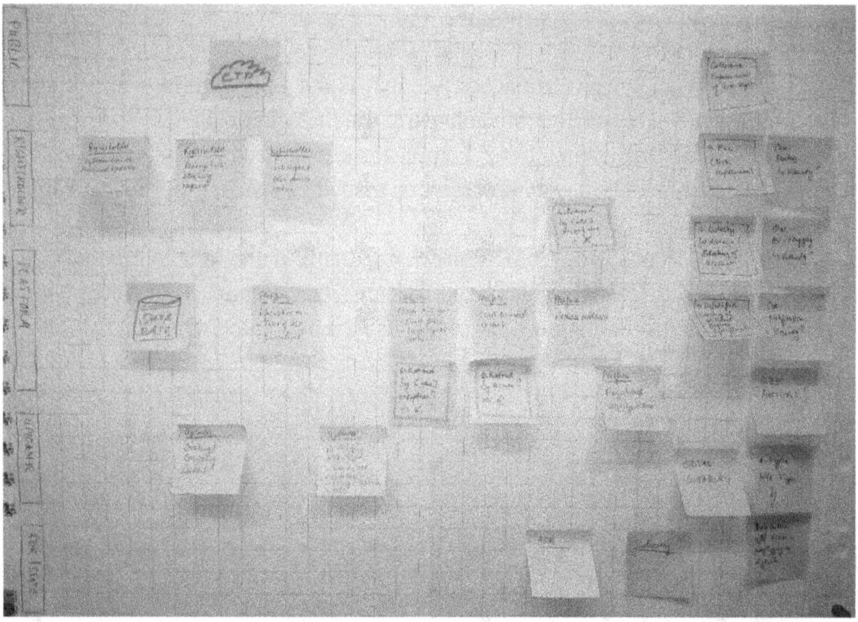

Abb. 3: Modellierung einer Umsetzungsmöglichkeit des Art. 17 der DSM-Richtlinie mit *swimlanes*.

Es folgte eine erste Modellierung der Verfahren, die letztlich auch das spätere Umsetzungsgesetz prägten:

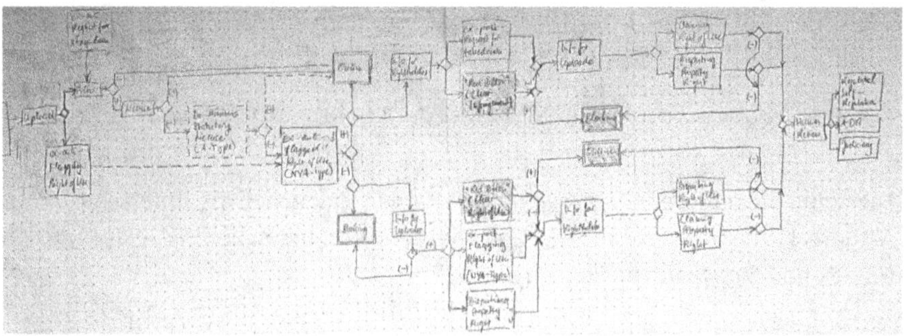

Abb. 4: Modellierung der in Art. 17 der DSM-Richtlinie vorgesehenen Verfahren.

Das nachfolgend reproduzierte – stark vereinfachte – Modell nutzte das Referat, um den Referentenentwurf politisch zu kommunizieren:

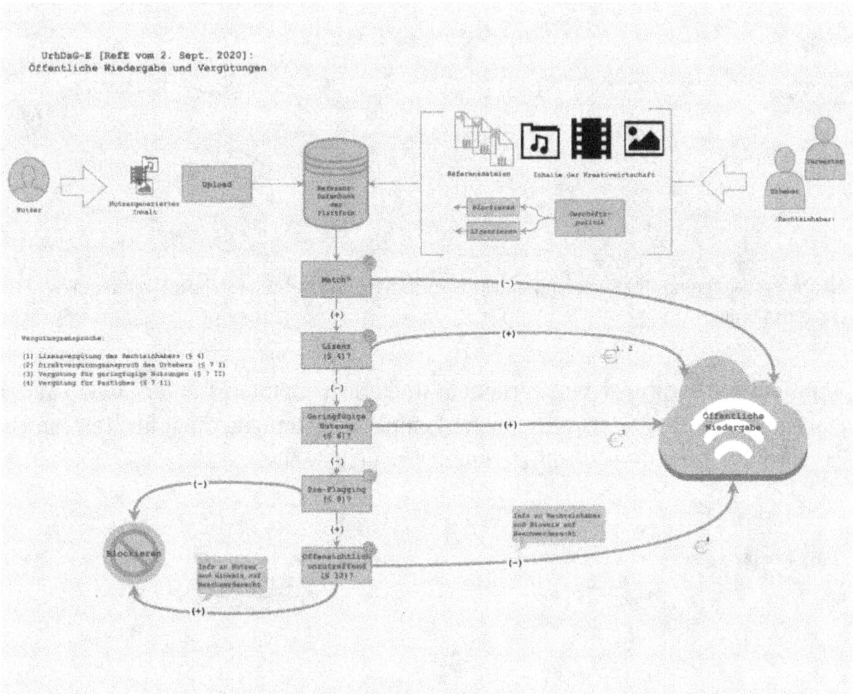

Abb. 5: Modell der Verfahren des Art. 17 der DSM-Richtlinie.

Der Entwurf – und damit auch die Visualisierung – entwickelte sich im Gesetzgebungsverfahren weiter. So sah die Visualisierung des Regierungsentwurfs aus, die das Bundesministerium der Justiz auf seiner Webseite in deutscher und englischer Sprache[15] veröffentlichte:

15 Die englische Fassung war nötig, um am Diskurs unter den Mitgliedstaaten der EU über die „richtige" Umsetzung des Unionsrechts in nationales Recht teilnehmen zu können.

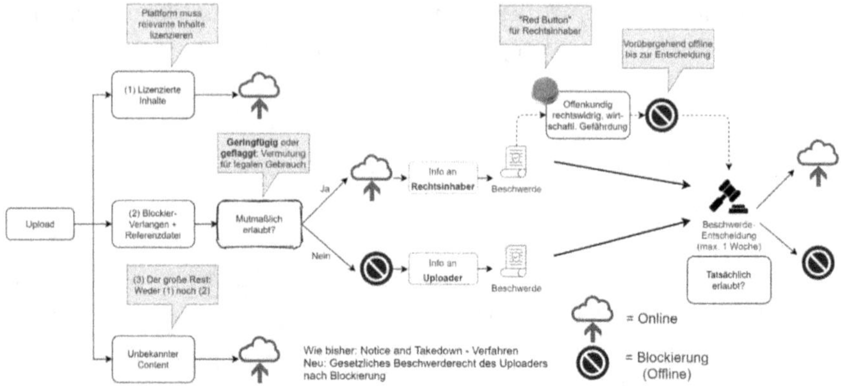

Abb. 6: Visualisierung des Regierungsentwurfs zur Umsetzung der DSM-Richtlinie veröffentlicht durch das BMJ.

Während der Beratungen im Parlament stellte sich ein interessanter Effekt ein: Die Stakeholder adressierten nicht mehr komplexe Stellungnahmen als Text an die Abgeordneten, sondern modifizierten das visuelle Modell:

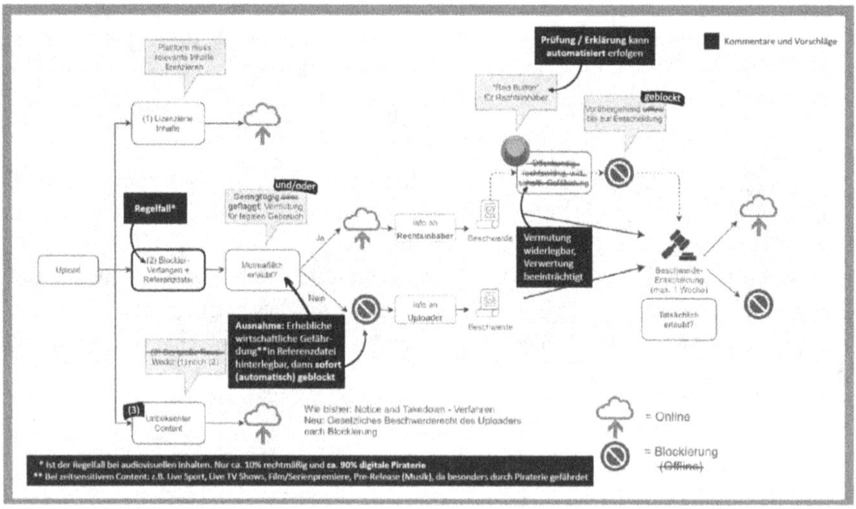

Abb. 7: Modifizierung der Visualisierung des BMJ im Rahmen der Parlamentsberatungen.

Drei Tage vor Ablauf der Umsetzungsfrist der Richtlinie – und fast fünf Jahre nach Vorlage des Richtlinien-Vorschlags – publizierte die Europäische Kommission erstmals eine nicht textbasierte Struktur der umzusetzenden Vorschrift:

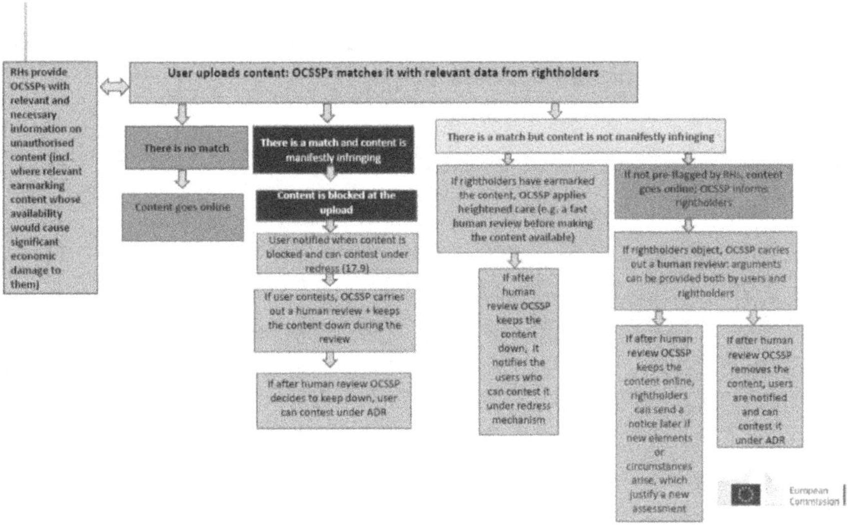

Abb. 8: Modell der Europäischen Kommission zur Umsetzung des Art. 17 der DSM-Richtlinie.

Ich bin davon überzeugt: Hätte Brüssel von Anfang an mit einer Visualisierung des Status quo (Modell 1) und des beabsichtigten künftigen Systems (Modell 2) gearbeitet – die politische Diskussion zu den „Upload-Filtern" wäre anders verlaufen, vielleicht weniger aufgeregt. Aber natürlich gilt: Wer seine Strukturüberlegungen offenlegt, macht sich zugleich angreifbar. Transparenz bringt Risiken eigener Art mit sich.

Das vom Referat entwickelte visuelle Modell wurde auch nach Abschluss des Gesetzgebungsverfahrens weiter genutzt; so z. B. in einem Lehrbuch zum Urheberrecht,[16] oder in der Berichterstattung des führenden europäischen IT-Magazins c't:

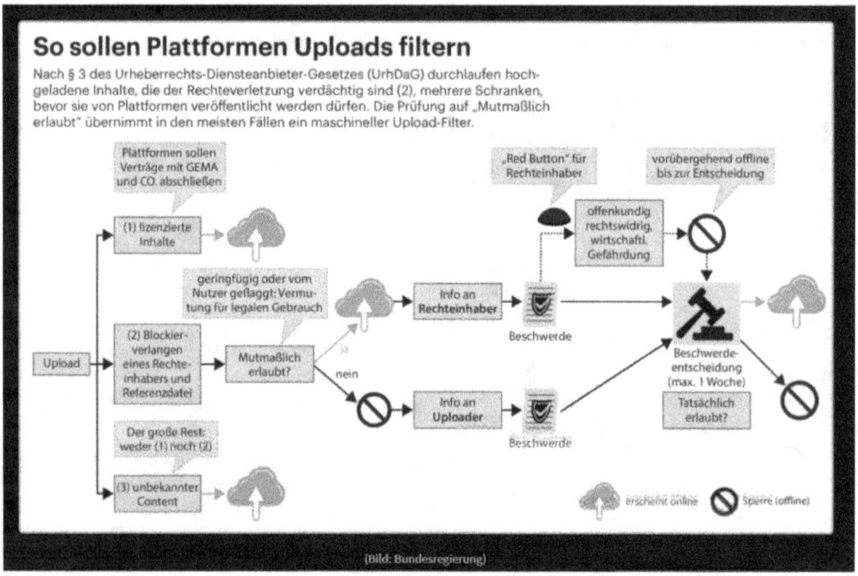

Abb. 9: Verwendung der Visualisierung des BMJ im IT-Magazin c't.

Das „Denken mit dem Stift" half also, das Unionsrecht zu analysieren, eine Lösung zu entwerfen und die vorgeschlagene Umsetzung zu kommunizieren.

III Modellierung auf der normativen Ebene: *Rule Mapping*

Die Modelle 1 und 2 – der systemische Blick auf der globalen Ebene – helfen für das Verstehen und Diskutieren der Grundstrukturen *de lege lata* und *de lege ferenda.* Aber natürlich benötigen wir auch die konkreten Rechtsregeln – sogar auf zweierlei Weise: nämlich die Modelle A und B, die (vollständigen Rechtsregeln *de lege lata* und

---

16 *Peukert*, Urheberrecht und verwandte Schutzrechte, 19. Aufl. 2023, S. 399.

de lege ferenda, und zwar jeweils im Kontext, einschließlich einschlägiger Rechtsprechung und ggfls. praktischer Anwendung des Rechts.

Für Rechtsregeln gilt: „Recht ist wie Informatik, nur mit viel mehr und viel schlechter definierten Variablen."[17] Wie lässt sich vor diesem Hintergrund auf der normativen Ebene die Erarbeitung der Modelle A und B verbessern? Eine Methode hierfür ist das *Rule Mapping:* „Im Rule Mapping entstehen Wissensbäume. Baumdarstellungen von Wissen finden sich seit über 3.000 Jahren. Die Besonderheit von Rule Mapping ist: Regeln werden so dargestellt, wie sie auch abgearbeitet werden. [...] Juristen haben hier eine traditionelle Vorgehensweise. Sie fangen mit dem Ergebnis als Frage an und arbeiten sich dann schrittweise durch die Fragestellung. [...] Das ist fundamental anders als alle bekannten Visualisierungen, vom Flow Chart bis zum Business Process Modeling."[18]
Was sind die Vorteile dieser IT-basierten Methode bei der Entwurfsarbeit?

- Die Software erlaubt es, zunächst die Struktur eines Rechtsbefehls in Form eines Wissensbaums zu entwerfen. Der Legist muss sich entscheiden, ob die Elemente (Tatbestandsmerkmale) kumulativ, alternativ oder exklusiv verknüpft werden, um die im Elternknoten gespeicherte Rechtsfolge auszulösen.

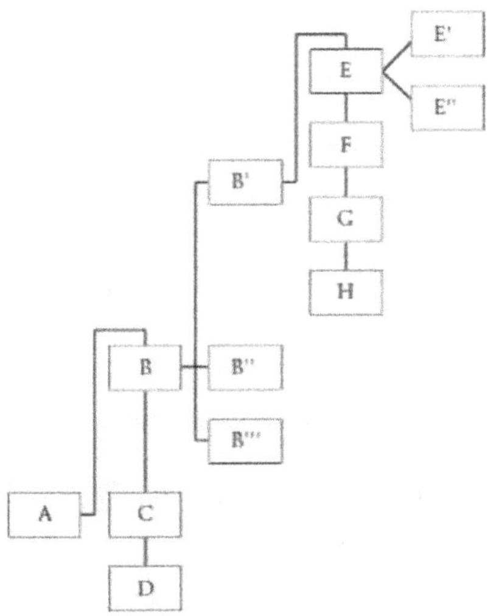

Abb. 10: Wissensbaum zur Strukturierung eines Rechtsbefehls.

17 Siehe das Zitat von *Leue/Wilhelmi*, in diesem Band, S. 89.

18 *Breidenbach*, in: Breidenbach/Glatz (Hrsg.), Rechtshandbuch Legal Tech, 2. Aufl. 2021, 2.2. Rn. 24.

- Jede Legistin im Team expliziert so ihr implizites Strukturverständnis und stellt es zur Diskussion, wenn sie eine Norm konstruiert. Damit wird das Wissen im Team (und ggfls. auch mit Dritten) geteilt.

Die Software ermöglicht es auch, punktgenau mit den jeweiligen Elementen Fachinformationen zu verknüpfen, und mit einem internen Chat-System fokussiert einzelne Knoten (also Rechtsregeln) zu kommentieren. Das ermöglicht ein effizientes Wissensmanagement, immer fokussiert auf die jeweiligen Elemente des Modells.[19]

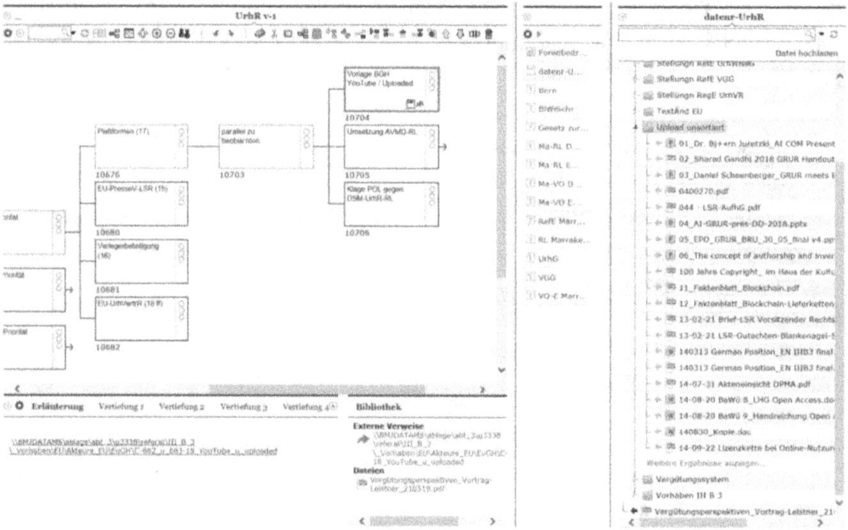

Abb. 11: Ausschnitt des Wissenmanagementsystems der zur Modellierung von Rechtsbefehlen genutzten Software.

- Mit dem integrierten Editor kann diese Modellierung dann als linearer Text umgesetzt und mit der logischen Struktur verknüpft werden. Der Blick des Legisten kann dann zwischen visuellem Modell und Text-Modell „hin- und herwandern", um die berühmte Sentenz von *Engisch*[20] zu verwenden:

19 Siehe auch *Breidenbach/Schmid*, Computerbasierte Instrumente der Erarbeitung von Gesetzentwürfen, in: Kluth/Krings (Hrsg.), Gesetzgebung. Rechtsetzung durch Parlamente und Verwaltungen sowie ihre gerichtliche Kontrolle, 2014, S. 279 ff.

20 *Engisch*, Logische Studien zur Gesetzesanwendung, 2. Aufl. 1960, S. 15.

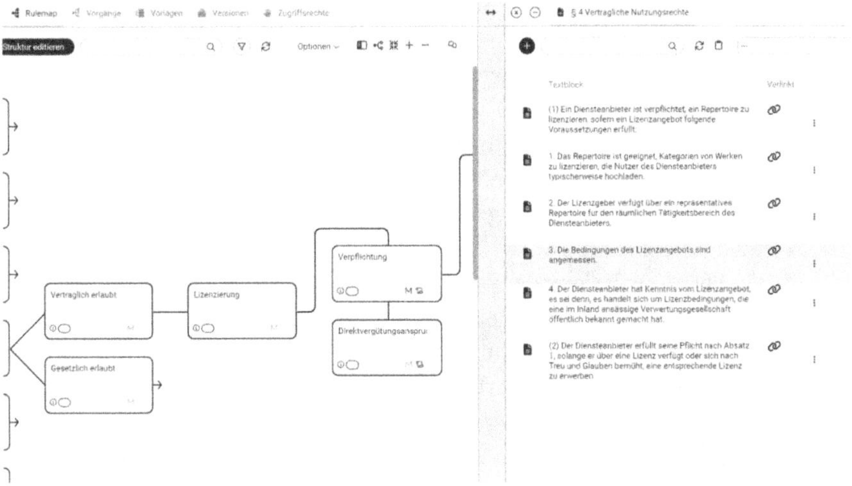

Abb. 12: Verknüpfung von visuellem Modell und linearem Text von Rechtsbefehlen durch Modellierungs-Software.

IV Redaktion: Arbeit am Sprach-Modell

Aber natürlich bleibt die Kärrnerarbeit der Formulierung und der Redaktion des finalen Textes (also des Sprach-Modells), einschließlich der Maßgaben zur Rechtsförmlichkeit. Und natürlich bleiben Änderungen im späteren Gesetzgebungsverfahren nicht aus; nicht selten verbunden mit dem Eingriff in die Grundstrukturen des Entwurfs. Dann gilt es, oft unter hohem Zeitdruck, die Modelle zu modifizieren. Aber das ist noch einmal eine ganz andere Geschichte.[21] Gerade dann macht es sich aber bezahlt, wenn der Entwurf von Anfang an so klar modelliert war wie möglich.

V Perspektiven

Die Forderung nach systematischer Modellierung in der Gesetzgebungsarbeit ist nicht neu: Im Jahr 2019 veröffentlichte der Normenkontrollrat ein Gutachten mit

21 Zur Gesetzesredaktion: *Vogel* u. a., Gesetzesverständlichkeit aus rechtslinguistischer Perspektive, Evaluation der gesetzesredaktorischen Arbeit zur Optimierung von Rechtsvorschriften im Bundesministerium der Justiz und für Verbraucherschutz, 2022.

dem Titel: „Erst der Inhalt, dann die Paragraphen“.[22] Der Koalitionsvertrag 2021[23] enthält mehrere Maßgaben, um den Gedanken der Modellierung in der praktischen Rechtsetzung zu stärken (auch wenn der Begriff in diesem Kontext meist nicht explizit erscheint):

- Der Digitalcheck[24] soll dazu beitragen, dass die Digitaltauglichkeit künftiger Regelungen von Anfang an mitgedacht wird. Seine Durchführung ist bei Entwürfen der Bundesregierung seit Anfang 2023 obligatorisch; er wird vom Normenkontrollrat geprüft.[25]
- Praxischecks analysieren Anwendungs-Szenarien mit dem Ziel, unnötige bürokratische Hemmnisse abzubauen, etwa bei Genehmigungsverfahren.[26]
- Auch möchte das Bundesministerium der Justiz ein Zentrum für Legistik[27] errichten: Es soll Mitarbeiterinnen und Mitarbeitern der Bundesregierung zeitgemäße Methoden und Werkzeuge für das praktische Gesetzgebungshandwerk vermitteln. Hierzu gehören neben den klassischen Elementen der Rechtsetzungslehre der kluge Umgang mit Komplexität, systemisches Denken, Modellierung und Visualisierung. Zum anderen soll das Zentrum für Legistik die Gesetzgebungslehre selbst fortentwickeln, vor allem auch Erkenntnisse aus anderen Wissensdomänen für die praktische Rechtsetzung nutzbar machen.

Von planmäßiger Modellierung – sowohl auf der globalen wie auf der normativen Ebene – ist die Staatspraxis der Rechtsetzung meist noch weit entfernt. Gleichzeitig wächst der Druck, die Qualität der Rechtsetzung zu verbessern: Multiple Krisen verlangen immer häufiger nach regulatorischer Intervention des Staates. Überkomplexe, papiergebundene Prozesse wollen wir uns schon wegen zunehmender Personalnot nicht mehr leisten – weder in der Verwaltung noch in Wirtschaft und Zivilgesellschaft. Digitalisierung – am *backend* des Vollzugs – gelingt aber nur, wenn wir am *fuzzy frontend* des Entwurfs systemisch denken und klug modellieren.

Vieles davon ist uraltes Wissen: Letztlich geht es darum, das klassische rhetorische Vorgehen Denken – Ordnen – Formulieren[28] in der praktischen Gesetzge-

22 https://www.normenkontrollrat.bund.de/Webs/NKR/DE/veroeffentlichungen/gutachten/_documents/2019-10-erst-der-inhalt-dann-die-paragraphen.html (4.2.2024).

23 Siehe oben Fn. 7.

24 https://www.digitale-verwaltung.de/Webs/DV/DE/transformation/digitalcheck/digitalcheck-node.html (4.2.2024).

25 § 4 Absatz 3 des Gesetzes zur Einsetzung eines nationalen Normenkontrollrates (NKRG).

26 https://www.bmwk.de/Redaktion/DE/Downloads/Gesetz/20230816-uberblickspapier-instrument-praxischeck.html (4.2.2024).

27 https://www.bmj.de/DE/themen/buerokratieabbau_rechtsetzung/bessere_rechtsetzung/zentrum_legistik/zentrum_fuer_Legistik.html (4.2.2024).

28 Inventio – Dispostitio – Elocutio; siehe z. B. bei *Ueding*, Klassische Rhetorik, 4. Aufl. 2005, S. 53 ff.

bungsarbeit zu etablieren. Beginnen sollten wir nicht mit einem Text, sondern mit der Modellierung der Idee, oft: mit einer ersten Handskizze:[29]

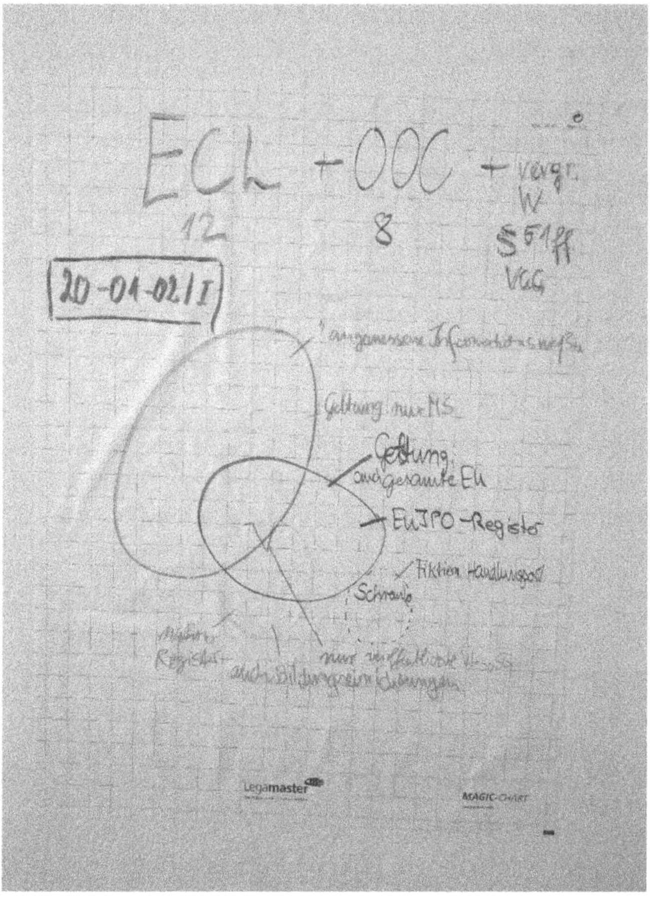

Abb. 13: Handskizze zur Modellierung von Rechtsbefehlen.

Gerade für Juristinnen und Juristen ist dies nach wie vor eine kulturelle Herausforderung: Es fehlt weithin an der *visual literacy*, und am Mut zur Skizze.

Auf absehbare Zeit steht am Ende der Entwurfsarbeit bei der Rechtsetzung nach wie vor auf der lineare Text, das in Sprache formulierte Gesetz – trotz aller

29 Erste Strukturüberlegung des Urheberrechts-Referates im BMJ zur Umsetzung von Art. 8 ff. der DSM-Richtlinie (siehe oben Fn. 11).

Debatten um *Code as Law.*[30] Die ersten Sätze des *Zen of Python* zeigen jedoch, dass wohlgeformter Code und verständliches Recht zumindest verwandt sind: Denn was für Code z.B. in der Sprache Python gilt, kann ebenso Richtschnur für den Rechtstext sein – der sich bei Beherzigung dieser Grundsätze dann wieder auch gut in digitale Prozesse umsetzen lässt:

> Schön ist besser als hässlich.
> Explizit ist besser als implizit.
> Einfach ist besser als komplex.
> Komplex ist besser als kompliziert.
> Schlicht ist besser als verschachtelt.
> Reduziert ist besser als zu dicht.
> Lesbarkeit zählt.
> Exotenfälle rechtfertigen es nicht, die Regel außer Kraft zu setzen.
> Auch wenn die Praktikabilität der reinen Lehre vorgeht.
> (...)[31]

„Alle Modelle sind falsch, aber manche sind nützlich."[32] Perfekte Regulierung gibt es nicht, daran wird auch eine planmäßige Modellierung in der Entwurfsphase nichts ändern. Poetisch formuliert: „Wir können Systeme nicht beherrschen – aber wir können mit ihnen tanzen!"[33]

---

30 Aus praktischer Sicht hierzu *Schmid*, Digitaltaugliches Recht – aus Sicht der legistischen Praxis, https://www.oeffentliche-it.de/-/digitaltaugliches-recht-aus-sicht-der-legistischen-praxis (4.2.2024). Zuletzt z.B. *Effer-Uhe*, Überlegungen zur Automatisierbarkeit der Rechtsanwendung, JZ 2023, 833 – allerdings ohne vertiefte Analyse des Entwurfsprozesses.

31 https://peps.python.org/pep-0020/#the-zen-of-python (4.2.2024). Freie Übersetzung des Verf.

32 So der *George Box* zugeschriebene Aphorismus.

33 *Meadows*, Die Grenzen des Denkens, 2019, S. 244.

Lena Leffer, Lucia Sommerer

Zum Einsatz einer Geldwäschedetektions-KI zur Strafverfolgung

Automatisierte Verkettung von Verdachtsstufen

Abstract: In the area of anti-money laundering the use of a machine learning AI promises to revolutionize the detection of suspicious transactions. This paper will analyze the status quo of anti-money laundering and identify potential for automation. Further, the limits of automated suspicion detection are explored.

Schätzungen zufolge liegt das jährliche Volumen an gewaschenem Geld nach § 261 StGB allein in Deutschland bei EUR 50–100 Milliarden.[1] Die Folgen für die Gesellschaft sind gravierend – denn diese Straftaten bedrohen die Integrität unseres Finanzsystems, eine rechtstreue Wirtschaft und damit unseren gesellschaftlichen Zusammenhalt insgesamt.[2]

„Big Data und Künstliche Intelligenz für die Finanzwirtschaft" sind in diesem Zusammenhang die Schlagworte der Stunde:[3] Im Bereich der Geldwäsche-Strafverfolgung könnte der Einsatz von maschinellem Lernen die Erkennung von Verdachtsfällen revolutionieren[4] und in eine – wie diese Arbeit es nennt – automatisierte Verkettung der Verdachtsstufen münden.

Anmerkung: Der vorliegende Beitrag entstand im Rahmen des Forschungsprojekts „Maschinelles Lernen zur effizienten Identifikation auffälliger Finanztransaktionen" (MaLeFiz), gefördert vom BMBF im Rahmen des Programms „Künstliche Intelligenz in der zivilen Sicherheitsforschung II" unter Koordination des Fraunhofer-Instituts für Sichere Informationstechnologie (SIT) (Förderkennzahl 13N16306).

1 *Bussmann*, Geldwäscheprävention im Markt, 2018, 102 ff.; *Bussmann/Veljovic*, Die hybride strafrechtliche Verfolgung der Geldwäsche – Schlussfolgerungen aus den Ergebnissen einer bundesweiten Studie, NZWiSt 2020, 417, 418.

2 So auch der ehemalige Präsident der Financial Transaction Task Force (FATF) *Pleyer*, Geldwäsche geht uns alle an – Digitalisierung ist im Kampf gegen Geldwäsche bedeutend, FAZ v. 30.6.2021, S. 27; *Blaeschke*, Geldwäscheaufsicht über Notarinnen und Notare, DNotZ 2022, 827, 827; *Heger*, in: Lackner/Kühl/Heger, StGB, 30. Aufl. 2023, § 261 Rn. 2.

3 Siehe u.a. *Schulz*, in: Gola/Heckmann, DSGVO BDSG, 3. Aufl. 2022, Art. 6 DSGVO, Rn. 153 f.; *Dreisigacker/Hornung/Ritter-Döring*, Die BaFin-Prinzipien zum Einsatz von Algorithmen und KI in der Finanzwirtschaft – ein Überblick, RDi 2021, 580; *Dieckmann*, in: Chibanguza/Kuß/Steege (Hrsg.), Künstliche Intelligenz. Recht und Praxis automatisierter und autonomer Systeme, § 5, I., Rn. 37 f.

4 *Bertrand/Maxwell/Vamparys*, International Data Privacy Law, 2021, 276.

 https://doi.org/10.1515/9783111343341-009

Im Folgenden werden zunächst der Status quo der Geldwäschebekämpfung in Deutschland (I.) einschließlich seiner unterschiedlichen Verdachtsstufen (II.) zusammengefasst, bevor der technologische Hintergrund (III.) und mögliche Anwendungsorte einer Geldwäschedetektions-KI erläutert werden. Die Darstellung erstreckt sich dabei sowohl auf die tatsächlichen Voraussetzungen als auch die rechtlichen Grenzen einer Umstellung von rein menschlichen Entscheidungen auf automatisierte Entscheidungsunterstützung oder gar Entscheidungsersetzung (IV.).

I Scheitern herkömmlicher Methoden der Geldwäschebekämpfung

Banken (und andere Verpflichtete) sind häufig mit der Erstellung von Geldwäscheverdachtsmeldungen bzgl. Transaktionen ihrer Kunden überfordert.[5] Die Verpflichtung zu diesen Verdachtsmeldungen ergibt sich aus § 43 Abs. 1 Geldwäschegesetz (GwG). Gleichzeitig stapeln sich bei der Financial Intelligence Unit (FIU) – welche die Meldungen der Verpflichteten sammelt und auswertet (§ 28 Abs. 1 Nr. 1, 2 GwG) – zum allgemeinen medialen Empören unbearbeitete Verdachtsmeldungen.[6] Bei den Staatsanwaltschaften schließlich kommen durch die Weiterleitung über die FIU 14 % aller Geldwäscheverdachtsmeldungen an, lediglich 0,5 % der Verdachtsmeldungen führen jedoch überhaupt zu strafrechtlichen Konsequenzen.[7] Die Aus-

5 *Kanning,* Kampf gegen Geldwäsche überfordert Banken, FAZ v. 9.10.2019, https://perma.cc/FGA7-7GGQ (1.8.2023).

6 *Lenk,* Zu den Ermittlungen gegen Verantwortliche der Financial Intelligence Unit (FIU) wegen des Verdachts der Strafvereitelung im Amt, ZWH 2021, 353; auch der FATF Länderbericht Deutschland äußert sich zur fehlenden Effektivität der FIU: FATF, Anti-money laundering and counter-terrorist financing measures Germany – Mutual Evaluation Report, August 2022, u. a. S. 4, 9; aufgrund der fehlenden oder langsamen Weitergabe von Verdachtsmeldungen an die Strafverfolgungsbehörden leitete die Staatsanwaltschaft Osnabrück im Sommer 2020 sogar Ermittlungen gegen Verantwortliche der FIU ein, *Diehl/Siemens,* Ermittler gehen gegen Zoll-Spezialeinheit vor, Spiegel v. 14.7.2020, https://perma.cc/JE9R-V7EY (1.8.2023). Diese Ermittlungen wurden inzwischen eingestellt, da das risikobasierte Vorgehen bei der operativen Analyse der Geldwäscheverdachtsmeldungen nicht mit den Vorgaben des GwG vereinbar sei und für die Mitarbeiter der FIU daher ein unvermeidbarer Verbotsirrtum nahegelegen habe, Pressemitteilung v. 31.5.2023, https://perma.cc/J422-U3AH (1.8.2023); sehen in der aktuellen Arbeitsweise der FIU sogar ggf. strafrechtlich relevantes Fehlverhalten: *El-Ghazi/Jansen,* Anwendung des risikobasierten Ansatzes durch die FIU als Strafvereitelung?, NZWiSt 2022, 465, 472.

7 Diese Prozentzahlen stützen sich auf eine rechnerische Auswertung des FIU-Jahresberichtes 2021, wonach die Verpflichteten insgesamt ca. 300.000 Verdachtsmeldungen abgegeben haben (S. 17), die FIU davon ca. 40.000 Verdachtsmeldungen an die Staatsanwaltschaften weitergeben hat (S. 20) und

wertung dieser statistischen Daten stimmt mit Literaturangaben überein, die von bis zu 99 % „falsch-positiven" Verdachtsmeldungen ausgehen.[8] Das sind jene Meldungen, die sich im Ergebnis nicht als geldwäscherelevant herausgestellt haben. Es sind damit heute kaum mehr Geldwäschefälle, die zu strafrechtlichen Konsequenzen führen, als vor der Restrukturierung der FIU und des Verdachtsmeldesystems im Jahr 2017, durch die eigentlich die Effizienz des Prozesses erhöht werden sollte.[9] Trotz aller Bemühungen der letzten Jahre werden somit in Deutschland jährlich insgesamt nur geschätzt 1 %[10] aller Straftaten im Zusammenhang mit Geldwäsche aufgedeckt und aufgeklärt.[11] Dieser Umstand wurde kürzlich auch von der Financial Action Task Force (FATF) – dem wichtigsten internationalen Gremium zur Bekämpfung von Geldwäsche – moniert.[12] Nicht zuletzt durch diese mangelhafte Bekämpfung bleibt die Geldwäsche für Täterinnen und Täter in Deutschland hochattraktiv.[13]

II Drei Stufen der Geldwäschebekämpfung in Deutschland

Zum besseren Verständnis eines sinnvollen Einsatzortes und Einsatzzeitpunktes einer KI-Lösung zur Adressierung dieser Probleme soll im Folgenden zunächst die dreistufige Geldwäschebekämpfung in Deutschland näher dargestellt werden mit Blick auf 1. die Verpflichteten, 2. die FIU und 3. die Strafverfolgungsbehörden. Der Absatz schließt unter 4. mit einem Ausblick auf die europäische Agentur zur Geldwäschebekämpfung.

---

es auf Basis dieser Daten auf Seiten der Strafverfolgungsbehörden zu ca. 1.500 Urteilen oder Anklagen (S. 22) kam.

8 *Schmuck*, Künstliche Intelligenz im Geldwäsche-Transaktionsmonitoring, ZRFC 2023, 55, 56; *Fruth*, Anti-money laundering controls failing to detect terrorists, cartels and sanctioned states, reuters.com v. 14. 3. 2018, https://perma.cc/9CXA-DXPD (1. 8. 2023).

9 *Lenk* (Fn. 6), ZWH 2021, 353, 356. Zu den Details der Umstrukturierung: *Bülte*, Die Risiken des Risikobasierten Ansatzes. Zu den Pflichten der FIU nach den §§ 30, 32 GwG, NVwZ 2022, 378, 379.

10 Diese Gesamtzahl ergibt sich aus Geldwäschefällen, die neben den Verdachtsmeldungen durch anderweitige Kenntnisnahme der Strafverfolgungsbehörden aufgedeckt werden.

11 *Heuser*, Künstliche Intelligenz als Ressource im Kampf gegen Geldwäsche, in: Chan/Ennuschat/Lee/Lin/Storr (Hrsg.), Künstliche Intelligenz und Öffentliches Wirtschaftsrecht, 2022, S. 138.

12 FATF (Fn. 6), u. a. S. 3 ff.; *Wegner*, Der FATF-Deutschlandbericht im Überblick, GWuR 2022, 117.

13 *Heuser*, in: Chan/Ennuschat/Lee/Lin/Storr (Fn. 11), S. 138 mit weiteren Verweisen in Fn. 4; so auch *Berner*, Geldwäsche-Prävention: Cloud & Künstliche Intelligenz ist die einzige Chance, IT-Finanzmagazin.de v. 21. 10. 2019, https://perma.cc/5K4S-UVHM (1. 8. 2023); auch *Bussmann/Veljovic* (Fn. 1), NZWiSt 2020, 417, 425 bescheinigen Deutschland weiterhin das Testat „Geldwäscheparadies".

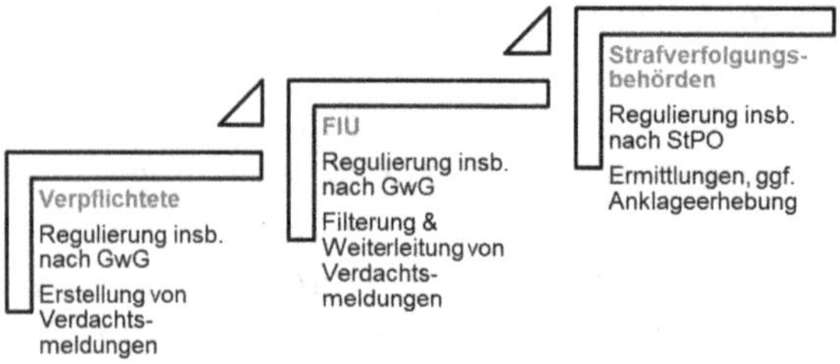

Abb. 1: Verdachtsstufen der Geldwäschebekämpfung in Deutschland.

1 Verpflichtete

§ 2 Abs. 1 GwG normiert – geprägt durch Empfehlungen der FATF[14] und Vorgaben aus zahlreichen EU-Geldwäsche-Richtlinien[15] –, welche Berufsgruppen Adressaten der Pflichten zur Bekämpfung von Geldwäsche sind. Dazu zählen unter anderem Banken, jedoch auch Versicherungsunternehmen, Güterhändler, Notare oder Kryptowährungsverwahrer, um nur einige zu nennen.[16] Der Gesetzgeber hat sich im GwG – zumindest gegenüber den Verpflichteten[17] – für den sog. risikobasierten

14 FATF, International Standards on Combating Money Laundering and the Financing of Terrorism and Proliferation: The FATF Recommendations, Stand: März 2022, https://perma.cc/G589-JG3V (1.8.2023).

15 Erste EU-Geldwäsche-Richtlinie v. 10.6.1991, RL 91/308/EWG (v. a. Regelungen bzgl. Drogenhandel); zweite EU-Geldwäsche-Richtlinie v. 4.12.2001, RL 2001/97/EG (v. a. Einbeziehung des Nichtfinanzsektors in die Geldwäschebekämpfung); dritte EU-Geldwäsche-Richtlinie v. 26.10.2005, RL 2005/60/EG (v. a. Verschärfung der Sorgfaltspflichten und Einbeziehung der Terrorismusfinanzierung); vierte EU-Geldwäsche-Richtlinie v. 20.5.2015, RL 2015/849/EU (Aufhebung der dritten EU-Geldwäsche-Richtlinie und Bekämpfung hoher Bargeldzahlungen); fünfte EU-Geldwäsche-Richtlinie v. 30.5.2018, RL 2018/843/EU (Änderungen bezüglich der vierten EU-Geldwäsche-Richtlinie); erste Richtlinie über die strafrechtliche Bekämpfung der Geldwäsche v. 23.10.2018, RL 2018/1673/EU (insb. Erweiterung des Vortatenkataloges der Geldwäsche); aktuell bestehen Planungen hinsichtlich einer einheitlichen EU-Geldwäsche-Verordnung, siehe: Rat der EU, Pressemitteilung v. 7.12.2022, https://perma.cc/WH5B-2YHT (1.8.2023).

16 *Bayer*, in: Beck'scher Online Kommentar zum GwG, 13. Edition, Stand: 1.3.2023, § 2 Rn. 33 ff., 57 ff., 136 ff., 162.

17 Ob dieser risikobasierte Ansatz auch durch die FIU angewendet werden darf, ist in der Literatur umstritten, ablehnend gegenüber dem risikobasierten Ansatz: *El-Ghazi/Jansen* (Fn. 6), NZWiSt 2022, 465, 470; befürwortend: *Bülte*, Die Risiken des Risikobasierten Ansatzes. Zu den Pflichten der FIU nach den §§ 30, 32 GwG, NVwZ Extra 4b/2022, 1, 2; vermittelnd: *Müller*, in: BeckOK GwG (Fn. 16), § 3a Rn. 15a ff.; der ablehnenden Ansicht hat sich nun auch die Staatsanwaltschaft Osnabrück angeschlossen: Pressemitteilung v. 31.5.2023, https://perma.cc/J422-U3AH (1.8.2023).

Ansatz nach § 3a GwG entschieden. Dies bedeutet, dass die Verpflichteten Geldwäscherisiken ermitteln und bewerten müssen, um auf dieser Basis Gegenmaßnahmen zu ergreifen, die für ihre jeweiligen Risiken angemessen sind.[18] Das GwG normiert dabei – miteinander verwoben – sowohl auf Prävention als auch auf Repression gerichtete Pflichten und stellt in diesem Sinne eine „zweiseitige Münze" dar.[19] Auf der einen Seite der Münze trifft die Verpflichteten präventiv die Pflicht zum Risikomanagement nach § 4 GwG, damit es gar nicht erst zu Geldwäschetaten kommt. Auf der anderen Seite der Münze steht bei gewissen Anhaltspunkten[20] repressiv die Pflicht zur Erstellung von Meldungen an die FIU nach § 43 Abs. 1 GwG (sog. Verdachtsmeldungen), um bereits begangene Geldwäschetaten aufzudecken.

Das präventive Risikomanagement beinhaltet nach § 4 Abs. 1, 2 GwG eine auf den jeweiligen Geschäftsbereich zugeschnittene Risikoanalyse (§ 5 GwG) und daran anschließende interne Sicherungsmaßnahmen (§ 6 GwG), wie z. B. die Bestellung eines Geldwäschebeauftragten und die laufende Unterrichtung von Mitarbeitenden bezüglich neuer Geldwäschetypologien. Aus dem Risikomanagement ergeben sich je nach Risikoprofil Sorgfaltspflichten der Verpflichteten mit Blick auf die Überprüfung ihrer Kunden.[21] Nach § 10 GwG bestehen im Grundsatz allgemeine Sorgfalts- und Identifikationspflichten für *jede* Kundenbeziehung, die auch als KYC-Pflichten (Engl.: „know your customer") bezeichnet werden.[22] Daneben können bei Vorliegen bestimmter Umstände – zum Beispiel bei einer besonders komplexen und ungewöhnlichen Transaktion, § 15 Abs. 3 Nr. 3 lit. a GwG – verstärkte Sorgfaltspflichten treten, nach denen die Transaktion unter anderem mit angemessenen Mitteln zu untersuchen und eine mögliche Meldung nach § 43 GwG sofort zu prüfen ist, § 15 Abs. 6 Nr. 1 GwG.[23] Diese Sorgfaltspflichten werden auch als sog. Transaktionsmonitoring bezeichnet.[24] Bisher werden dafür überwiegend nicht KI-basierte, sondern sog. *regelbasierte* IT-Systeme zur Unterstützung eingesetzt.[25] Gemeint sind damit IT-

---

18 *Müller,* in: BeckOK GwG (Fn. 16), § 3a Rn. 13.

19 So zum Zusammenspiel zwischen GwG und § 261 StGB, BMI, Erläuterungen zur Geldwäsche, https://perma.cc/F3AN-DC8M (1. 8. 2023).

20 Details zu den Anforderungen an diese Anhaltspunkte siehe: *Barreto da Rosa,* in: Herzog, Kommentar GwG, 5. Aufl. 2023, § 43 Rn. 16 ff.

21 *Figura,* in: Herzog GwG (Fn. 20), § 10 Rn. 38 ff.

22 *Kaetzler,* in: Möslein/Omlor (Hrsg.), Fin-Tech Handbuch, 2. Aufl. 2021, Teil 1, 4. Kapitel, § 18 Rn. 142.

23 *Achtelik,* in: Herzog GwG (Fn. 20), § 15 Rn. 34.

24 *Faust,* in: Ellenberger/Bunte (Hrsg.), Bankrechts-Handbuch, 6. Aufl. 2022, § 89 Rn. 175.

25 Regelbasiert bedeutet dabei hier, dass die Programmiererin oder der Programmierer vorgibt, welche Ergebnisse aus vorbestimmten Datenkonstellationen wie abzuleiten sind, vgl. BaFin, Big Data und künstliche Intelligenz: Neues Prinzipienpapier der BaFin, 15. 6. 2021, https://perma.cc/U6P4-NRTC (1. 8. 2023); selbst diese regelbasierten Lösungen kann man bei sehr weiter Begriffsdefinition von KI schon als (teilweise) automatisiert einstufen. Denn sie folgen vordefinierten Wenn-Dann-

Systeme, die vom Menschen zuvor genau einprogrammierten klaren Regeln folgen (z. B. Transaktionen über EUR 100.000 sind verdächtig).[26] Diese lösen bei verdächtigen Transaktionen einen Alarm aus, welcher dazu führt, dass Mitarbeitende die dadurch „markierte“ Transaktion näher begutachten und über die Abgabe einer Verdachtsmeldung entscheiden (sog. „human in the loop“ – Entscheidungs*untersützung*[27]).

Ein meldepflichtiger Verdacht im Sinne des § 43 GwG soll nach der Rechtsprechung dann gegeben sein, wenn „objektiv erkennbare Anhaltspunkte dafür sprechen, dass durch eine Transaktion illegale Gelder dem Zugriff der Strafverfolgungsbehörden entzogen oder die Herkunft illegaler Vermögenswerte verdeckt werden sollen und ein krimineller Hintergrund im Sinne des § 261 StGB nicht ausgeschlossen werden kann“.[28] Es sind diese „objektiv erkennbaren Anhaltspunkte“ (z. B. ungewöhnlich hohe Transaktion; Transkation in verdächtiges Drittland), die bisher in IT-Systeme nach unflexiblen „Wenn-dann-Beziehungen“ (regelbasiert) einprogrammiert wurden und nach denen Transaktionen aller Kunden – etwa einer Bank – regelmäßig „gerastert“ werden.

Erkennbar ist schon bei den hier nur beispielhaft zitierten Regelungen des GwG, dass die zur Erfüllung der Sorgfaltspflichten zu ergreifenden Maßnahmen sehr abstrakt umrissen sind und die Verpflichteten daher vor schwierige Abwägungsentscheidungen stellen.[29] Je nach Schwere des Vergehens droht den Verpflichteten bei Verstößen nach § 56 GwG bis zu EUR 5 Millionen oder 10 % des Gesamtumsatzes als Bußgeld.[30] Es überrascht daher nicht, dass die Verdachtsmeldungen an die FIU laut ihrem Jahresbericht 2021 mittlerweile von nur 60.000 im Jahr 2017 auf nun fast 300.000 jährliche Meldungen angestiegen sind;[31] ein Anstieg, der

---

Beziehungen einer vorgegebenen Entscheidungslogik und einem festgelegten statistischen Schwellenwert, wobei die Entscheidungen nur automatisiert vollzogen werden, Definition nach: *Nink*, Justiz und Algorithmen – Über die Schwächen menschlicher Entscheidungsfindung und die Möglichkeiten neuer Technologien in der Rechtsprechung, 2021, S. 325.

26 *Heuser*, in: Chan/Ennuschat/Lee/Lin/Storr (Fn. 11), S. 145 f.

27 Entscheidungs*ersetzung* (sog. „human out of the loop“) wäre es hingegen, wenn ein Alarm des Systems automatisch zur Abgabe der Verdachtsmeldung führen würde. Dies findet aktuell nicht statt. Näheres zur Begriffsbestimmung bei *Sommerer*, Personenbezogenes Predictive Policing, 2020, S. 223 ff.

28 BVerfG, NZWiSt 2020, 276, 281; siehe auch OLG Frankfurt, Beschl. v. 17.12.2012, 19 U 210/12, Rn. 25.

29 *Krais*, in: BeckOK GwG (Fn. 16), § 10 Rn. 38.

30 *Barreto da Rosa*, in: Herzog GwG (Fn. 20), § 56 Rn. 111 f.

31 FIU, Jahresbericht 2021, S. 15; FIU, Jahresbericht 2017, S. 6.

dieser mit der Auswertung der Verdachtsmeldungen beauftragten Behörde deutlich zu schaffen zu machen scheint.[32]

2 Financial Intelligence Unit (FIU)

Die deutsche FIU[33] ist gemäß § 27 Abs. 1 GwG die zentrale Meldestelle zur Verhinderung, Aufdeckung und Unterstützung bei der Bekämpfung von Geldwäsche und Terrorismusfinanzierung. Sie empfängt die Meldungen der Verpflichteten, analysiert und bewertet diese, § 28 Abs. 1 Satz 2 Nr. 1, 2 GwG. Soweit die FIU im Rahmen der ihr nach dem Gesetzestext obliegenden sog. „operativen Analyse"[34] einen Zusammenhang der Meldung mit Geldwäsche, Terrorismusfinanzierung oder einer sonstigen Straftat feststellt, übermittelt sie diese weiter an die Strafverfolgungsbehörden, § 32 Abs. 2 Satz 1 GwG. Eine Definition des Begriffs der operativen Analyse findet sich dabei weder direkt in den EU-Geldwäsche-Richtlinien noch im GwG.[35] Auch die FIU selbst konkretisiert den Begriff nicht näher.[36] Aus einer Zusammenschau der Gesetzesbegründung zur vierten EU-Geldwäscherichtlinie und des Gesetzes zur Änderung des ZIS-Ausführungsgesetzes (Geltung für den Zoll) leitet *Barreto da Rosa* überzeugend ab, dass unter dieser Analyse die Durchführung einer konkreten, personenbezogenen Auswertung zur Verhinderung oder Ermittlung noch unbekannter Sachverhalte unter Nutzung der Datei- und Informationszugriffe der FIU zu verstehen sei.[37] Wichtig ist hier, dass die FIU nochmals eine eigene Prüfung der Verdachtsmeldungen vornehmen muss.[38] Ihre Prüfmöglichkeiten sind dabei jedoch beschränkt und nicht mit jenen der Strafverfolgung vergleichbar, da die FIU bspw. keinen Zugang zu einigen relevanten Datenbanken (wie z. B. den

32 Mit einer anschaulichen Auflistung der in der Vergangenheit zutage getretenen Versäumnisse der FIU: *Lüneborg*, Geldwäsche-Compliance bei Güterhändlern – überbordend?, NZG 2022, 825.

33 Im Einklang mit FATF Empfehlung Nr. 29 (siehe auch Art. 32 Abs. 1 der vierten EU-Geldwäsche-Richtlinie, (Fn. 17) hat nahezu jedes Land der Welt heute eine FIU; in den USA wird sie z. B. Financial Crimes Enforcement Network (FinCen) genannt, in Frankreich Intelligence Processing and Action against illicit Financial Networks Unit (TRACFIN), in Italien Financial Intelligence Unit of Italy (UIF).

34 BT-Drs. 18/11555, S. 137.

35 *Barreto da Rosa*, in: Herzog GwG (Fn. 20), § 30 Rn. 12.

36 *Diergarten/Barreto da Rosa*, Praxiswissen Geldwäscheprävention – Aktuelle Anforderungen und Umsetzung in der Praxis, 2. Aufl. 2021, Kapitel 7, Rn. 327.

37 Zusammenfassend aus: *Barreto da Rosa*, in: Herzog GwG (Fn. 20), § 30 Rn. 10 f.; *Diergarten/Barreto da Rosa* (Fn. 36), Kapitel 7, Rn. 327 f.

38 *El-Ghazi/Jansen* (Fn. 6), NZWiSt 2022, 465, 466; *Barreto da Rosa*, in: Herzog GwG (Fn. 20), § 28 Rn. 4 ff.

polizeilichen Datenbanken[39]) für einen Datenabgleich hat.[40] Da der Rückstand an unbearbeiteten Meldungen bei der FIU seit 2019 immer weiter angestiegen ist, prüft die Behörde diese inzwischen wohl verstärkt risikobasiert, d. h. nicht jede einzelne Verdachtsmeldung wird von der FIU untersucht, sondern nur gewisse, mit besonderen Risikomerkmalen behaftete Meldungen.[41] Entscheidungserhebliche Kriterien seien insbesondere die Entscheidungsreife und Komplexität von Sachverhalten.[42] Gegenüber einem solchen von der FIU selbstgewählten risikobasierten Ansatz – der vom gesetzlich verankerten risikobasierten Ansatz der Verpflichteten getrennt bewertet werden muss – bestehen jedoch ernstzunehmende Bedenken.[43] Der gewählte „Risiko-Filter" könnte zu grobmaschig sein, sodass der FIU dadurch für die Weiterleitung an die Strafverfolgungsbehörden „einige dicke Fische durchs Netz gehen"[44] und sie ihre operative Analyse pflichtwidrig verkürzt.[45]

3 Strafverfolgungsbehörden

Die Strafverfolgungsbehörden (konkret die Staatsanwaltschaften und in deren Auftrag auch die Polizei[46]) stehen bei der Geldwäschebekämpfung erst ganz am Ende der gesetzlich umfangreich reglementierten Handlungskette. Sie erhalten nach § 32 Abs. 2 Satz 1 GwG die von der FIU zusammengestellten Analyseergebnisse zu den Meldungen, ggf. mit zusätzlich ermittelten relevanten Informationen zum Zwecke der Strafverfolgung. Die Strafverfolgungsbehörden bewerten sodann die durch die FIU übermittelten Informationen, stellen ggf. weitere den Befugnissen der StPO folgende Ermittlungen an und entscheiden über die Einstellung oder Einleitung eines Strafverfahrens. Die finale Beurteilung, ob ein strafrechtlich relevanter Anfangsverdacht besteht, obliegt den Strafverfolgungsbehörden.[47]

---

39 *Barreto da Rosa*, in: Herzog GwG (Fn. 20), Abschnitt 5, Vorbemerkungen, Rn. 32.

40 *Lenk* (Fn. 6), ZWH 2021, 353, 355; *Barreto da Rosa*, in: Herzog GwG (Fn. 20), Abschnitt 5, Vorbemerkungen, Rn. 31 f.

41 Siehe auch BT-Drs. 20/5125, S. 3 f.

42 BT-Drs. 20/5125, S. 9.

43 *El-Ghazi/Jansen* (Fn. 6), NZWiSt 2022, 465, 470; siehe auch *Beres*, FIU-Ermittlung „Rechtlich äußerst fraglich", tagesschau.de v. 20.9.2021, https://perma.cc/6DPE-9786 (1.8.2023); so nun auch die Staatsanwaltschaft Osnabrück (Fn. 17), https://perma.cc/J422-U3AH (1.8.2023).

44 *Lenk* (Fn. 6), ZWH 2021, 353, 356.

45 *Lenk* (Fn. 6), ZWH 2021, 353, 357.

46 *Kölbel*, in: Münchener Kommentar StPO, Bd. 2, 1. Aufl. 2016, § 161, Rn. 12; *Sackreuther*, in: Beck'scher Online Kommentar zur StPO, 47. Edition, Stand: 1.4.2023, § 161 Rn. 13.

47 BT-Drs. 18/11555, S. 144.

4 Ausblick: EU-Agentur für die Bekämpfung von Geldwäsche und Terrorismusfinanzierung (AMLA)

Das dreistufige Verdachtsprüfungssystem wird voraussichtlich in der Zukunft eine weitere Stufe auf europäischer Ebene hinzugewinnen. Die Europäische Kommission hat im Juli 2021 die Schaffung einer neuen Behörde in der Form einer europäischen Agentur zur Bekämpfung von Geldwäsche und Terrorismusfinanzierung (AMLA) vorgeschlagen.[48] Derzeit haben bereits einige Mitgliedstaaten Interesse am Sitz der AMLA bekundet – u. a. Deutschland mit Frankfurt am Main.[49] Es ist geplant, der AMLA die direkte Beaufsichtigung von Finanzunternehmen zu übertragen, deren jeweilige grenzüberschreitende Tätigkeit ein besonderes Geldwäscherisiko beinhaltet.[50] Zur Umsetzung ihrer Befugnisse soll die AMLA zur Verhängung von Geldbußen für vorsätzliche oder fahrlässige Verstöße gegen sanktionsbewehrte Pflichten befugt sein.[51]

Soweit die Ausgangslage des gestuften Verdachtsprüfungssystems der Geldwäschebekämpfung in Deutschland mit einem Ausblick auf die europäische Ebene. Gemeinsam mit den bisher weitgehend ungenutzten riesigen Datenbeständen (die auch als „Big Data"[52] bezeichnet werden) stellt dies den Nährboden für die Diskussion des Einsatzes von KI-Lösungen dar.[53] Zunächst soll im Folgenden der KI-Begriff näher erläutert werden, bevor auf konkrete Anwendungsszenarien eingegangen wird.

III KI-Begriff

Zum Verständnis der Euphorie bezüglich des Einsatzes von KI zur Bekämpfung der Geldwäsche ist zunächst eine Begriffsklärung erforderlich. Durch den selbstlernenden Charakter fortgeschrittener KI-Systeme sollen – so die Idealvorstellung – neue Geldwäschetypologien erkannt und in Detektionsprogrammen laufend ange-

---

48 Dazu mit weiteren Ausführungen: *Neumann*, Das Sanktionenrecht der vorgeschlagenen EU-Agentur für die Bekämpfung von Geldwäsche und Terrorismusfinanzierung (AMLA), NZWiSt 2021, 449.

49 BMF, Deutschland bewirbt sich um Sitz neuer Anti-Geldwäschebehörde AMLA, https://perma.cc/P8QK-BBPZ (1.8.2023).

50 *Neumann* (Fn. 48), NZWiSt 2021, 449.

51 *Neumann* (Fn. 48), NZWiSt 2021, 449.

52 Der Begriff „Big Data" wird insbesondere zur Umreißung der Herausforderungen um die technologischen Möglichkeiten für die Erhebung, Sammlung, Verarbeitung, Analyse und Nutzung schnell wachsender Datenmengen herangezogen. Zentrale Merkmale sind dabei die Größe und unterschiedliche Formatierung der Datenmengen, die sich schnell bewegen und dabei ein auswertbares Muster enthalten, *Götz*, Big Data und der Schutz von Datenbanken – Überblick und Grenzen, ZD 2014, 563; *Momsen*, in: Chibanguza/Kuß/Steege (Fn. 3), § 2, G., Rn. 18.

53 *Dreisigacker/Hornung/Ritter-Döring* (Fn. 3), RDi 2021, 580.

passt werden können.[54] Der Begriff „KI-Lösung" ist allerdings – in allen Bereichen, nicht nur jenen der Geldwäschebekämpfung – stets kritisch zu hinterfragen. KI ist – im Prinzip bereits seit Jahrzehnten – ein schillerndes Schlagwort, das zur besseren Vermarktung von technischen Lösungen genutzt wird. Auf der einen Seite ist hinter dem Label „KI" nicht immer auch KI zu finden. Und auf der anderen Seite können auch „einfache" technische Lösungen, die bereits seit vielen Jahren eingesetzt werden, bei einer weiten Begriffsdefinition von KI als solche zu verstehen sein.

Die genaue Definition von KI ist dabei sowohl in der Rechts- als auch in der Computerwissenschaft umstritten.[55] Die Bundesanstalt für Finanzdienstleistungsaufsicht (BaFin), welcher die gesamte Bankenaufsicht obliegt, hat 2021 in ihren „Prinzipien für den Einsatz von Algorithmen in Entscheidungsprozessen"[56] etwa nur eine sehr vage[57] Definition geliefert: KI sei die Kombination von Big Data, Rechenressourcen sowie maschinellem Lernen. Die geplante EU-KI-Verordnung (KI-Gesetz-E)[58] versteht unter KI – ähnlich weit – eine Software, die mit einer oder mehreren der in Anhang I des KI-Gesetz-E aufgeführten Techniken und Konzepte (u. a. maschinelles Lernen) entwickelt worden ist und die daraufhin mit Blick auf eine Reihe von menschlich vorgegebenen Zielen bestimmte Ausgaben (Inhalte, Vorhersagen, Empfehlungen oder Entscheidungen) generiert, Art. 3 Nr. 1 KI-Gesetz-E.[59] Dieser Beitrag orientiert sich für die Begrifflichkeit von KI hingegen an einer Zusammenschau der Definitionen von *Niederée/Nejdl* und *Sommerer*. KI wird demnach verstanden als algorithmengestützte Automatisierung von intelligentem Verhalten, welche von einem Computer ausgeführt wird und dabei basierend auf einer Auswertung von vordefinierten Eigenschaften Datenmengen zur Erzielung bestimmter Ergebnisse auswertet.[60]

Das Ziel der Entwicklung einer in diesem Sine verstandenen KI ist seit geraumer Zeit gleich: KI soll Maschinen zur „intelligenten" Lösung von Aufgaben befähigen.[61] Dabei sind sowohl der technische Weg zu dieser Lösung als auch das

---

54 *Heuser*, in: Chan/Ennuschat/Lee/Lin/Storr (Fn. 11), S. 146.

55 M.w.N. *Santos*, Nicht besser als Nichts. Ein Kommentar zum KI-Verordnungsentwurf, ZfDR 2023, 23, 25.

56 BaFin (Fn. 25), https://perma.cc/U6P4-NRTC (1.8.2023).

57 *Steinrötter/Stamenov*, in: Möslein/Omlor (Fn. 22), Teil 1, 3. Kapitel, § 11 Rn. 8.

58 Europäische Kommission, Vorschlag für eine Verordnung des Europäischen Parlaments und des Rates zur Festlegung harmonisierter Vorschriften für Künstliche Intelligenz (Gesetz über Künstliche Intelligenz) und zur Änderung bestimmter Rechtsakte der Union, COM(2021) 206 final.

59 *Santos* (Fn. 55), ZfDR 2023, 23, 25 f.

60 *Niederée/Nejdl*, in: Ebers/Heinze/Krügel/Steinrötter (Hrsg.), Künstliche Intelligenz und Robotik: Rechtshandbuch, 2020, § 2 Rn. 3; *Sommerer*, Predictive Policing (Fn. 27), S. 58.

61 *Fraunhofer Gesellschaft*, Maschinelles Lernen: Eine Analyse zu Kompetenzen, Forschung und Anwendung, S. 8, https://perma.cc/AE3E-PRZV (1.8.2023).

Verständnis von Intelligenz nicht vordefiniert.[62] Eine wichtige Unterkategorie von KI bildet das bereits erwähnte maschinelle Lernen.[63] Es zielt auf die Generierung von Wissen aus Erfahrung ab, indem Algorithmen aus einer großen Menge an Trainingsdaten (z. B. bei einem Bilderkennungsalgorithmus eine große Anzahl von Bildern) komplexe Muster und Modelle entwickeln.[64] Nachdem ein solches maschinell lernendes Modell „trainiert" wurde, können ihm neue – zuvor unbekannte – Daten zur Identifikation, Einordnung oder Bewertung gezeigt werden (z. B. ein neues Foto, dessen Inhalt benannt werden soll).[65] Diese Art des Lernens ermöglicht – auch im Finanzsektor und im Bereich der Geldwäsche – die Erstellung von automatisierten Ergebnissen aus Datensammlungen durch die Erkennung von erlernten Mustern.[66] Maschinelles Lernen lässt sich dabei wiederum weiter unterteilen in zahlreiche Unterkategorien – beispielsweise vergleichsweise gut nachvollziehbare Entscheidungsbäume,[67] über Clustering,[68] bis hin zu als besonders intransparent geltenden neuronalen Netzwerken[69] (auch Deep Learning genannt).[70] Diese verschiedenen Modelle maschinellen Lernens kommen jeweils auf unterschiedliche Art und Weise an das gleiche Ziel – Erstellung automatisierter Ergebnisse aus erlernten Mustern.

Der entscheidende Vorteil, den man sich von weiterentwickelten KI-Systemen im Gegensatz zu den „herkömmlichen" regelbasierten Systemen im Bereich der Geldwäschedetektion erhofft, ist dabei, dass die KI auf dem Menschen bisher nicht bekannte Geldwäsche-Indikatoren stößt und vor allem zu einer Effektivitätssteigerung führt. Dies schließt die Hoffnung einer Reduzierung der großen Zahl –

---

62 Fn. 61.

63 SAP, Maschinelles Lernen und KI: Wo liegt der Unterschied, https://perma.cc/L4N5-72ET (1. 8. 2023).

64 Fn. 61.

65 Fn. 61.

66 Fn. 61.

67 Entscheidungsbäume sind eine ältere Art des maschinellen Lernens, die ebenfalls zur Erlernung und Vorhersage von Mustern verwendet werden, nach: *Knuth*, Lernende Entscheidungsbäume, Informatik Spektrum 2021, 364.

68 Beim Clustering werden lediglich die Inputdaten vorgegeben und anhand der Vorgabe von Merkmalen dieser Daten und der Aufteilung des Datenbestandes in sog. Cluster sollen verborgene Muster und Strukturen im Datenbestand erkannt werden, nach: *Brühl*, Green Financial Products in the EU – a critical review of the status quo, CFS Working Paper Series No. 677, 2019, S. 6.

69 Neuronale Netze sind den Neuronen eines biologischen Gehirns nachempfunden. Die künstlichen Neuronen werden als Knoten bezeichnet und arbeiten parallel in mehreren „Knotenschichten". Diese Verstärkung führt zu verbesserten Lernkompetenzen, Definition verkürzt nach: SAP (Fn. 63), https://perma.cc/L4N5-72ET (1. 8. 2023).

70 *Andrae*, Geldwäsche und Maschinelles Lernen – ein Strukturierungsrahmen, bank und markt 2019, 73.

bisher wie bereits erwähnt bis zu 99,5 % – von „falsch positiven" Geldwäscheverdachtsmeldungen ein.[71]

IV Anwendungsszenarien

Aus der oben dargestellten dreistufigen Verdachtskette zur Bekämpfung der Geldwäsche (Abb. 1) und dem eben beschriebenen Begriffsverständnis von KI ergeben sich drei mögliche Einsatzszenarien für eine Geldwäschedetektions-KI: 1. bei den Verpflichteten, 2. bei der FIU, oder 3. bei den Strafverfolgungsbehörden. Da der jeweilige Verdacht von einer Stufe zur nächsten Stufe weitergereicht wird, spricht der Beitrag von einer Verkettung der Verdachtsstufen. Diese Stufen können unter Umständen zukünftig automatisiert miteinander verbunden werden.

1 Bei den Verpflichteten

Das Versprechen der KI-Lösung für die Geldwäsche-Verpflichteten ist es, die strengen gesetzlichen Anforderungen des GwG an das Transaktionsmonitoring[72] effektiver zu gestalten und die Vorgaben so besser erfüllen zu können.[73] Die großen Datenmengen, mit denen das maschinelle Lernen stattfinden könnte, sind – soweit es sich bei den Verpflichteten etwa um Finanzinstitute handelt – zum Beispiel der gesamte Bestand an Überweisungen von Banken(verbänden). Darin gilt es sodann, Geldwäschemuster zu erkennen, die zu Verdachtsmeldungen nach § 43 GwG an die FIU führen könnten. Durch die KI soll im „Rauschen unverdächtiger Alltagshandlungen ein bedeutungsvoller Zusammenhang erkannt werden".[74] Es ist dieses Szenario, das den Einsatz von KI im Bereich der Geldwäsche so attraktiv macht, da in der Regel durch die Verknüpfung unverdächtiger Teilhandlungen auf Täterseite die Geldwäsche verschleiert (sog. Layering) und das Geld in den legalen Wirtschaftskreislauf eingebracht wird (sog. Integration).[75] Die KI soll hier gleichsam als „Spürhund" dienen, der eine Verbindung zwischen einzelnen „red flags" aufdeckt und „Alarm schlägt".

Dabei bestehen verschiedene Ausgestaltungsmöglichkeiten:

---

71 *Heuser*, in: Chan/Ennuschat/Lee/Lin/Storr (Fn. 11), S. 146.
72 Zum Begriff s. o. unter II.1.
73 *Andrae* (Fn. 70), bank und markt 2019, 73.
74 *Baur*, Maschinen führen die Aufsicht. Offene Fragen der Kriminalprävention durch digitale Überwachungsagenten, ZIS 2020, 275, 278.
75 *Baur* (Fn. 74), ZIS 2020, 275, 278.

In einem ersten Schritt könnte eine KI-Lösung zum einen zur Fehlalarmreduktion „herkömmlicher" regelbasierter Systeme des Transaktionsmonitorings genutzt werden, wie sie oben beschrieben wurden. Zum anderen ist zusätzlich eine Anomalie-Erkennung für Fälle möglich, bei denen die Täterinnen und Täter bewusst statische Regelalarme umgehen, um ihre Taten zu verbergen.[76] In einem zweiten Schritt wäre dann noch die Ausgestaltung des KI-Systems als entscheidungsunterstützend („human in the loop") oder als entscheidungsersetzend („human out of the loop") möglich.[77]

Auch kann eine KI allein auf die Erkennung von Geldwäschekonstellationen trainiert werden oder speziell auf die Erkennung von Vortaten, die typischerweise mit Geldwäsche oder Terrorismusfinanzierung in Zusammenhang stehen. Weiter kann man unterschiedliche Einsatzorte auch bei den Verpflichteten diskutieren. Zum einen könnten einzelne Banken ein speziell auf sie zugeschnittenes KI-System zur Überwachung der „hauseigenen" Überweisungen nutzen, wobei das System auf das jeweilige Risiko der Bank zugeschnitten werden müsste. Ebenfalls als vielversprechend werden sog. Combined Data Analytics (CDA) im Transaktionsmonitoring angesehen. Beim CDA werden Transaktionsdaten einer Vielzahl von Verpflichteten mittels einer KI-gestützten Analyse zusammengeführt.[78] Dieses Verfahren wird bereits zur KI-gestützten Bonitätsanalyse durch Banken eingesetzt.[79]

Bei der Bewertung des Einsatzes dieser Ausgestaltungen der Automatisierungstechniken existieren zahlreiche ungeklärte Rechtsfragen – von Datenschutzrecht über Berufsrecht und Strafprozessrecht bis hin zu Verfassungsrecht.

Insbesondere erscheint der KI-Einsatz durch die Verpflichteten insoweit problematisch, als dass *Private* (Verpflichtete/Banken) KI-Lösungen zur Ermittlung potenziell strafbaren Verhaltens einsetzen, wobei die technische Lösung wiederum von anderen *Privaten* (Softwareunternehmen) hergestellt wurde. Damit sind diese Akteure zentral an einer inhärent staatlichen Aufgabe (Strafverfolgung) beteiligt. Die wachsende Verlagerung von staatlichen Aufgaben auf Private im Rahmen der Strafverfolgung und Strafrechtspflege ist nicht unkritisch zu betrachten.[80] Problematisch wird daran vor allem der mögliche Verstoß gegen das staatliche Gewalt-

---

76 *Schmuck* (Fn. 8), ZRFC 2023, 55, 56.

77 Zum Begriffsverständnis siehe Fn. 25.

78 *Seehafer*, Digitalisierung für die Geldwäscheprävention nutzen – Combined Data Analytics im Transaktionsmonitoring, GWuR 2022, 74.

79 BaFin, Big Data trifft auf künstliche Intelligenz – Herausforderungen und Implikationen für Aufsicht und Regulierung von Finanzdienstleistungen, S. 81 ff., 86 ff., https://perma.cc/CA7E-KFGX (1.8.2023); *Seehafer* (Fn. 78), GWuR 2022, 74, 77.

80 *Beukelmann*, Outsourcing bei Polizei und Strafjustiz, NJW-Spezial 2008, 280.

monopol[81] gesehen und eine potenzielle Verletzung der Selbstbelastungsfreiheit des Einzelnen aus Art. 2 Abs. 1 i.V.m. Art. 1 Abs. 1 GG – zumindest soweit Personen zur Meldung von Sachverhalten verpflichtet werden, die eventuell selbst strafrechtlich betroffen sind.[82] Im Bereich der Geldwäsche kommt erschwerend hinzu, dass die Grenzen zwischen Prävention und Repression ineinander überfließen.[83]

2 Bei der FIU

Eine KI-Lösung könnte auch bei der FIU eingesetzt werden, um die oben beschriebene operative Analyse nach § 32 Abs. 2 GwG zu automatisieren und effektiver zu gestalten. Diese wurde seit 2019 durch die Überforderung der FIU mit der Vielzahl an eingehenden Meldungen risikobasiert umgeformt. Daher werden seitdem alle eingehenden Verdachtsmeldungen fortlaufend danach ausgewertet, welche Informationen davon einer weiteren Bearbeitung im Sinne des gesetzlichen Kernauftrages der FIU bedürften.[84] Dies geschieht nach eigenen Angaben der FIU durch die Nutzung von Filtermethoden, anhand derer eine Priorisierung der eingehenden Verdachtsmeldungen erfolgt.[85] Bereits an der Zulässigkeit dieser Auslegung der FIU-Arbeitsweise als risikobasiert bestehen in der Literatur Zweifel, da *de facto* nicht mehr jede Verdachtsmeldung einer operativen Analyse unterzogen wird.[86]

Seit 2020 vollzieht sich dieses risikobasierte Vorgehen nach eigenen Angaben der FIU in weiten Teilen automatisiert.[87] Dazu wird nach Angaben der Bundesregierung in einer kleinen Anfrage ein als „KI" bezeichnetes System namens „FIU

81 Dieses wird aus Art. 20 Abs. 3, Art. 33 Abs. 4 GG hergeleitet, *Hammer*, Private Sicherheitsdienste, staatliches Gewaltmonopol, Rechtsstaatsprinzip und „schlanker Staat", DÖV 53 (2000), 613, 617.

82 *Böse*, Aufsichtsrechtliche Vorermittlungen in der Grauzone zwischen Strafverfolgung und Gefahrenabwehr, ZStW 119 (2007), 848, 864 f.; *Lenk*, Sanktionsbewehrte Melde- und Anzeigepflichten – Zu den materiell-rechtlichen Problemen einer privatisierten Kriminalitätsbekämpfung, JR 2020, 103, 106, 111.

83 Problematisch ist dies insbesondere mit Blick auf den aus Art. 6 EMRK resultierenden Fair-Trial-Grundsatz, das Rechtsstaatsprinzip und ggf. unterschiedliche Gesetzgebungskompetenzen von Bund und Ländern.

84 FIU, Jahresbericht 2019, S. 10, 12.

85 FIU, Jahresbericht 2019, S. 10, 12; *Lenk* spricht insofern von einer „reichlich oberflächlichen Erstbewertung", die wohl durch den risikobasierten Ansatz zu einer starken Reduzierung der Zahlen der unbearbeiteten Verdachtsmeldungen führen sollte, *Lenk* (Fn. 6), ZWH 2021, 353, 355.

86 *El-Ghazi/Jansen* (Fn. 6), NZWiSt 2022, 465, 467 f.

87 Relativ neu wieder hier: BT-Drs. 20/5125, S. 12.

Analytics" eingesetzt.[88] Die Verdachtsmeldungen würden automatisiert mit bestimmten Datenquellen/-beständen abgeglichen und anhand festgelegter Risikoschwerpunkte teilautomatisiert vorgefiltert.[89] Meldungen, die im Rahmen dieser Vorfilterung keinen Alarm des Systems auslösen, verblieben in einem sog. Informationspool und würden kontinuierlich mit neu eingehenden Informationen abgeglichen.[90] Inwiefern es sich bei „FIU Analytics" tatsächlich um eine KI-Lösung handelt, ist allerdings unklar. Denn im letzten FATF-Bericht wird die Software eher als eine Art Probesoftware bzw. Feldversuch bezeichnet.[91] Diese Zweifel verstärken sich vor dem Hintergrund, dass eine KI-Lösung zum Einsatz bei der FIU seit einiger Zeit auf ihre geplante Ausschreibung wartet.[92]

Unabhängig davon, ob bei der FIU bereits eine KI-Lösung eingesetzt wird oder erst zukünftig eingesetzt werden soll, ist es zugleich problematisch, ob die FIU eine KI-gestützte Analyse der Verdachtsmeldungen auf das vorhandene gesetzliche Regelungskonzept stützen darf oder ob dies gesetzlich näher zu konkretisieren ist. Der Gesetzgeber versteht die FIU als rein administrative Behörde, die nicht mit einer Strafverfolgungsbehörde gleichzusetzen sei, sodass Regelungen der StPO oder des Polizeirechts zur Datenverarbeitung von vorneherein keine Anwendung fänden.[93] Es erscheint nicht vertretbar, eine Ermächtigung zur KI-Datenanalyse – welche letztendlich ein Strafverfahren vorbereitet – allein aus § 32 GwG abzuleiten. Auch der Bundesdatenschutzbeauftragte wies bereits in seinem Jahresgutachten darauf hin, dass für die geplante automatisierte Auswertung der Daten durch die FIU derzeit keine Rechtsgrundlage bestehe.[94]

3 Bei den Strafverfolgungsbehörden

Auf Ebene der Strafverfolgungsbehörden schließlich stellen sich die folgenden Fragen. Erstens: welche rechtliche Qualität ist einer zuvor durch KI generierten

88 BT-Drs. 20/5125, S. 12.

89 Ebd.

90 *Barreto da Rosa*, in: Herzog GwG (Fn. 20), Abschnitt 5, Vorbemerkungen, Rn. 25.

91 FATF (Fn. 6), S. 67.

92 BT-Drs. 20/5125, S. 10 f.

93 BT-Drs. 20/5125, S. 7.

94 BfDI, Tätigkeitsbericht 2020 – 29. Tätigkeitsbericht für den Datenschutz und die Informationsfreiheit, S. 63 f. Als Reaktion auf diese und generelle Kritik wurde § 29 GwG Ende vergangenen Jahres mit dem Gesetz zur Stärkung der risikobasierten Arbeitsweise der Zentralstelle für Finanztransaktionen (BGBl. I 2023, Nr. 311) durch Einfügung von § 29 Abs. 2a dahingehend erweitert, dass die FIU automatisierte Anwendungen zur Datenanalyse einsetzen kann.

Geldwäscheverdachtsmeldung zuzumessen? Könnte ihr nach ihrer Weiterleitung an die Strafverfolgungsbehörden die Qualität eines Anfangsverdachts zukommen?

Und zweitens: Könnte eine KI zur Geldwäschedetektion von den Strafverfolgungsbehörden selbst eingesetzt werden?

Zur ersten Frage ist anzumerken, dass bereits in der Vergangenheit in Rechtsprechung und Literatur vertreten wurde, dass Entscheidungen im strafrechtlichen Ermittlungsverfahren (einschließlich über das Vorliegen eines Anfangsverdachtes) nicht allein auf rein statistische[95] Erkenntnisse gestützt werden dürften.[96] Fraglich ist nun, ob dieser Grundsatz auf die ebenfalls auf (sehr komplexen) statistischen Modellen basierende KI übertragbar ist oder eines Tages bei Fortschreiten der technischen Entwicklung und bei Einbeziehung von stetig mehr Variablen in die KI davon Abstand zu nehmen wäre. Zur zweiten Frage gilt es festzuhalten: Zwar ist es theoretisch möglich, eine KI zur Geldwäschedetektion bei den Strafverfolgungsbehörden anzusiedeln. Praktisch ist der KI-Einsatz hier – sozusagen am Ende der Verdachtskette – wohl am wenigsten interessant. Denn die relevanten Daten für den Anstoß zu den Ermittlungen wurden durch die enorme Vorverlagerung der Informationsgewinnung bereits an anderer Stelle erhoben und vorverarbeitet.

Gleichwohl, soll dem Gedankenexperiment einer Geldwäschedetektions-KI auf Ebene der Strafverfolgungsbehörden (Staatsanwaltschaft und Polizei als deren Ermittlungspersonen) nachgegangen werden. Eine spezielle Rechtsgrundlage für die massenhafte automatisierte Analyse aller durch die FIU übermittelten (Transaktions-)Daten existiert bislang nicht in der StPO. Weder § 98c Satz 1 StPO noch § 100j StPO sind hier einschlägig. § 98c Satz 1 StPO regelt insbesondere im Falle der Fahndung nach einer Person den maschinellen Abgleich von Daten, die mittels verschiedener Verfahren nach der StPO über eine Person erhoben wurden.[97] Im Regelfall dürfte hier keine Fahndungssituation bestehen. § 100j Abs. 1 StPO erfasst nur Fälle, in denen die Strafverfolgungsbehörden verschiedene Telekommunikationsbestandsdaten anfordern.[98] Die Daten der FIU werden jedoch von Gesetzes wegen übermittelt. Übrig bliebe als Grundlage für die Auswertung im Ergebnis nur noch die Ermittlungsgeneralklausel nach § 161 Abs. 1, § 163 Abs. 1 StPO. Diese ist

95 Inwiefern statistische bzw. regelbasierte Verfahren bereits unter die Definition von KI zu fassen sind, ist umstritten, siehe oben unter III.

96 BGH, NStZ 2009, 499; *Boetticher/Dittmann/Nedopil/Nowara/Wolf,* Zum richtigen Umgang mit Prognoseinstrumenten durch psychiatrische und psychologische Sachverständige und Gerichte, NStZ 2009, 478, 480 f.; *Peters,* Der strafrechtliche Anfangsverdacht im Steuerrecht – kooperative Vorermittlungen in Grenzfällen, DStR 2015, 2583, 2586; *Bussmann/Veljovic* (Fn. 1), NZWiSt 2020, 417, 420; *Rudkowski,* „Predictive policing" am Arbeitsplatz, NZA 2019, 72, 76 f.

97 *Hauschild,* in: Münchener Kommentar StPO, Bd. 1, 2. Aufl. 2023, § 98c Rn. 10.

98 *Rückert,* in: MüKo StPO (Fn. 97), § 100j Rn. 10.

jedoch nur für leichte Grundrechtseingriffe heranzuziehen.[99] Für den Einsatz einer das Recht auf informationelle Selbstbestimmung (Art. 2 Abs. 1 GG i.V.m. Art. 1 Abs. 1 GG) umfassend betreffenden grundlegend neuen Technologie wie KI scheint die Generalklausel hingegen ungeeignet. Vielmehr deutet auch die jüngste Entscheidung des BVerfG zur automatisierten Datenauswertung beim präventiven personenbezogenen Predictive Policing, deren Grundgedanken auch auf den repressiven Einsatz von KI übertragbar sind, darauf hin, dass sich eine Geldwäschedetektions-KI in der StPO nur bei Einhaltung enger Voraussetzungen verankern ließe: nämlich nur unter jenen Voraussetzungen, wie sie für eingriffsintensive heimliche Überwachungsmaßnahmen gelten und damit auch nur zum Schutz näher bezeichneter besonders gewichtiger Rechtsgüter.[100] Der EuGH hat den Einsatz selbstlernender KI-Systeme bei der Auswertung von Fluggastdaten zur *Gefahrenabwehr* sogar ausgeschlossen.[101]

Die dreistufige Geldwäschebekämpfung zeigt einmal mehr, dass Strafverfolgung heute nur einen Baustein in einem Gesamtsicherheitskonzept aus Prävention und Repression darstellt.[102] Dies macht die tatsächliche und rechtliche Abgrenzung einerseits als auch die zulässige Informationsgewinnung und -verarbeitung andererseits immens anspruchsvoll.[103]

V Fazit

Beim Einsatz von KI zur Geldwäschedetektion wird es entscheidend auf die Anpassung der rechtlichen Rahmenbedingungen und den Einsatzort und Einsatzzeitpunkt ankommen. Eines der wahrscheinlichsten Einsatzszenarien ist die Nutzung von Automatisierungstechniken direkt zu Beginn der Geldwäschebekämpfung bei den Banken. Dieser Ansatz ist vielversprechend, um eine möglichst effiziente und ressourcenschonende anschließende staatliche Geldwäschebekämpfung zu gewährleisten. Denn durch den frühen Einsatz einer KI-Lösung könnten die Verdachtsmeldungen an die FIU wesentlich gehaltvoller werden und die Arbeit dieser

---

99 *Singelnstein*, Strafprozessuale Verwendungsregelungen zwischen Zweckbindungsgrundsatz und Verwertungsverboten, ZStW 120 (2008), 854, 878; *Sommerer*, Predictive Policing (Fn. 27), S. 256.

100 BVerfG, NJW 2023, 1196.

101 EuGH, Urt. v. 21.6.2022, C-817/19.

102 *Zöller*, Die zweckändernde Nutzung von personenbezogenen Daten im Strafverfahren – Gedanken zu Gegenwart und Zukunft von § 161 StPO, StV 2019, 419.

103 Dazu jüngst erneut das BVerfG zur automatisierten Datenauswertung, BVerfG, NJW 2023, 1196 ff.

Behörde und die anschließenden Ermittlungen der Strafverfolgungsbehörden deutlich vereinfacht werden.

Klar ist: Es ist damit zu rechnen, dass eine Reaktion von Strafverfolgungsbehörden künftig nicht mehr nur das zufällige Ergebnis von Auffälligkeiten, Hinweisgaben durch Anzeigeerstatter oder von Verhaltensstichproben, sondern vielmehr das Ergebnis der automatisierten Suche nach strafrechtsrelevantem Verhalten ist.[104] Im Bereich der Geldwäsche bietet sich dazu in der Zukunft die automatisierte Verkettung von Verdachtsstufen an, die jedoch mit zahlreichen technischen und rechtlichen Herausforderungen verknüpft ist.

104 *Baur* (Fn. 74), ZIS 2020, 275, 276.

Dominik Brodowski

Datengestützte Prognose justizieller Entscheidungen

Entwicklungsstufen, Gefahren, Potentiale

Abstract: Tools trying to predict the outcome of judicial decisions can achieve promising results. In this article, I will discuss their risks and potentials. Such systems can, if designed carefully to avoid perpetuating biases and petrifying the law, improve our legal systems and our understanding of the law.

I Hinführung

Angesichts der Datafizierung von Rechtsprechung und Rechtswissenschaft stehen immer größere Datenmengen zur Verfügung, die sich mit quantitativen Methoden auswerten lassen. Damit wird häufig die Erwartung verbunden, in Gerichtsentscheidungen enthaltene Muster herausdestillieren und für neue Sachverhalte den Ausgang des Verfahrens prognostizieren zu können. Die an Beliebigkeit grenzende Begriffsvielfalt, unter der datengestützte Systeme zur Prognose justizieller Entscheidungen beschrieben werden – von „quantitative legal analysis" über „predictive justice" hin zu „jurimetrics"[1] –, legt jedoch nahe, dass die Funktionsweise, die Einsatzfelder und daher auch die Gefahren und Potentiale derartiger Systeme noch nicht hinreichend ausdifferenziert werden.

Dieser Beitrag möchte dem entgegenwirken und hierzu zunächst verschiedene Arten solcher Systeme unterscheiden; insbesondere sind Prognosesysteme von Entscheidungssystemen, die eine richterliche Entscheidung ersetzen sollen,[2] *a*

1 Instruktiv *Lelieur/Blount/Cherqaoui/Bampasika*, General Report, 94(2) RIDP 29 f. (2023).

2 Zur Automatisierung justizieller Entscheidungen und damit verbundenen (Grundsatz-)Fragen siehe, statt vieler, *Bernzen*, Roboter als Richter? Zur Automatisierung der Rechtsprechung, RDi 2023, 132; *Cassuto*, La justice à l'épreuve de sa prédictibilité, AJ Pénal 2017, 334; *Effer-Uhe*, Überlegungen zur Automatisierbarkeit der Rechtsanwendung, JZ 2023, 833; *Gless/Wohlers*, Subsumtionsautomat 2.0 – Künstliche Intelligenz statt menschlicher Richter?, in: Böse/Schumann/Toepel (Hrsg.), Festschrift für Kindhäuser, 2019, S. 147; *Greco*, Richterliche Macht ohne richterliche Verantwortung: Warum es den Roboter-Richter nicht geben darf, RW 2020, 29; *Lelieur/Blount/Cherqaoui/Bampasika* (Fn. 1), 94(2) RIDP 47 f. (2023); *Nink*, Justiz und Algorithmen – Über die Schwächen menschlicher Entscheidungsfindung und die Möglichkeiten neuer Technologien in der Rechtsprechung, 2021, insb. S. 177 ff., S. 260 ff.; *Rostalski*, Judex ex machina? Zum Einsatz neuer Technologien in der Rechtsfindung, in:

 https://doi.org/10.1515/9783111343341-010

priori zu differenzieren (II.). Hierauf aufbauend lassen sich die Hürden beim Einsatz solcher Systeme, mit diesen verbundene Gefahren, aber auch deren Potentiale analysieren (III.). In diesem Beitrag nicht näher betrachtet werden sollen Systeme, die gelegentlich unter dieselben Schlagworte gefasst werden, jedoch andere Zwecke verfolgen oder lediglich Ausgangspunkt oder Hilfsmittel für die hier in den Blick genommenen Prognosesysteme sind. Damit meine ich etwa juristische Recherchesysteme,[3] Berechnungsprogramme für Gefährdungsprognosen und Rückfallwahrscheinlichkeiten,[4] Datenbanken juristischer Entscheidungen[5] oder Programme zur Analyse digitaler Spuren.[6]

II Phänomenologie datengestützter Systeme zur Prognose justizieller Entscheidungen

Um verschiedene Entwicklungsstufen von datengestützten Systemen zur Prognose justizieller Entscheidungen (unten II.2.) und rechtlich bedeutsame Unterschiede zwischen solchen Systemen herauszuarbeiten, möchte ich zunächst vier Differenzierungskriterien aufzeigen (sogleich II.1.).

Hoven/Kudlich (Hrsg.), Digitalisierung und Strafverfahren, 2020, S. 263; *Zalnieriute/Bell*, Technology and the Judicial Role, in: Appleby/Lynch (Hrsg.), The Judge, the Judiciary and the Court: Individual, Collegial and Institutional Judicial Dynamics in Australia, 2021, S. 116, 120 f.; *Završnik*, Criminal justice, artificial intelligence systems, and human rights, 20 ERA Forum 568, 571 f. (2020).

3 Exemplarisch für aktuelle Entwicklungen: „Wolters Kluwer integriert GPT-generierte Zusammenfassungen in die juristische Recherche auf Wolters Kluwer Online", https://www.wolterskluwer.com/de-de/news/gpt-zusammenfassungen (17.12.2023).

4 Siehe hierzu, statt vieler, *Eisbach/Heghmanns/Hertel*, Künstliche Intelligenz im Strafverfahren am Beispiel von Kriminalprognosen, ZfIStw 2022, 489; *Kovalchuk/Karpinski/Banakh/Kasianchuk/Shevchuk/Zagorodna*, Prediction Machine Learning Models on Propensity Convicts to Criminal Recidivism, 14 Information 161 (2023).

5 Zur Diskussion über die Einführung von Strafzumessungsdatenbanken *Kaspar*, Digitalisierung als Chance für die Strafzumessung?, KriPoZ 2023, 1; *Kaspar/Höffler/Harrendorf*, Datenbanken, Online-Votings und künstliche Intelligenz – Perspektiven evidenzbasierter Strafzumessung im Zeitalter von „Legal Tech", NJ 2020, 35; jeweils m.w.N.

6 Exemplarisch *Brodowski/Hartmann/Sorge*, Automatisierung in der Strafrechtspflege. Legal Tech, KI und eine „hybride Cloud" im Einsatz gegen Kindesmissbrauch, NJW 2023, 583.

1 Differenzierungskriterien

a) Datengrundlage

Ein erstes Differenzierungskriterium sind die zur Konstruktion („Programmierung" und ggf. „Training") und bei Anwendung des Systems verwendeten Daten. Hinsichtlich dieser Datengrundlage ist eine große Datenvielfalt denkbar, die von der sensorgestützten Beobachtung der Außenwelt (etwa in Gestalt einer Videokamera zur Beobachtung des nonverbalen Aussageverhaltens eines Belastungszeugens) über die „elektronische Akte" hin zu Rechtsprechungsdatenbanken reicht.

b) Technologie: Regelbasierte Systeme oder maschinelles Lernen

Systeme, die zur Prognose einen vordefinierten Algorithmus anwenden, lassen sich unterscheiden von Systemen, die Technologien des maschinellen Lernens in sogenannten neuronalen Netzen nutzen, um Muster in (Trainings-)Daten zu erkennen, und diese Muster(-erkennung) sodann auf neue Daten anwenden können.[7] In diese letztgenannte Kategorie, die häufig als „Künstliche Intelligenz" bezeichnet wird, fallen auch Systeme, die maschinell darauf trainiert sind, Sprache zu verarbeiten oder – basierend auf Eingabedaten („Prompts") – sprachliche Rückmeldungen zu generieren (sogenannte generative Künstliche Intelligenz).

Diese Differenzierung ist für die rechtliche Würdigung solcher Systeme höchst bedeutsam: Nach aktuellem Forschungsstand lassen sich nämlich nur bei erstgenannten regelbasierten Systemen diejenigen Kriterien, die zu einem bestimmten Ergebnis geführt haben, anhand des Algorithmus hinreichend klar nachvollziehen. Bei Systemen, die auf mit maschinellem Lernen trainierten neuronalen Netzen beruhen, ist dies – trotz aller Forschungsansätze im Hinblick auf eine „erklärbare Künstliche Intelligenz"[8] – nicht oder zumindest nicht in gleichem Maße der Fall. Zu beachten ist allerdings, dass es neben diesen Extrema, etwa bei nicht auf neuronalen Netzen beruhendem maschinellen Lernen, auch Mischformen gibt.

7 Hierauf fokussiert *Sorge/Krüger*, Die Vorhersage von Gerichtsentscheidungen – Methodische und inhaltliche Ausgangsüberlegungen, BRJ Sonderausgabe 1/2021, 13, 13 f. Zu technischen Grundlagen instruktiv *Alpaydin*, Maschinelles Lernen, 2019, insb. S. 3 f.; *Bauckhage/Hübner/Hug/Paaß/Rüping*, Grundlagen des Maschinellen Lernens, in: Görz/Schmid/Braun (Hrsg.), Handbuch der Künstlichen Intelligenz, 2021, Kap. 11; *Bauckhage/Hübner/Hug/Paaß*, Tiefe neuronale Netze, in: Görz/Schmid/Braun (Hrsg.): Handbuch der Künstlichen Intelligenz, 2021, Kap. 12.

8 *Körner*, Nachvollziehbarkeit von KI-basierten Entscheidungen, in: Kaulartz/Braegelmann (Hrsg.), Rechtshandbuch Artificial Intelligence und Machine Learning, 2020, Kap. 2.4 Rn. 24 f.

c) Vorhersage des Ergebnisses oder der Begründung?

Sodann bietet es sich an, Systeme zur Prognose justizieller Entscheidungen dahingehend zu differenzieren, ob sie darauf ausgerichtet sind, lediglich das Ergebnis einer justiziellen Entscheidung oder auch deren (tragende) Begründung zu prognostizieren.

In die erste Kategorie fallen Systeme, die für jedes mögliche Ergebnis einer juristischen Prüfung einen bestimmten Wahrscheinlichkeitswert berechnen, etwa „Abweisung der Klage: 30 %" oder „Schuldig im Sinne der Anklage: 3 %". Wird im ersten Fall dem Klageantrag entsprochen und im zweiten Fall der Angeklagte freigesprochen, so lässt sich zwar davon sprechen, dass das System das Ergebnis zutreffend prognostiziert hat. Dies bezieht sich jedoch ausschließlich auf eine Ergebnisrichtigkeit in demjenigen, eng begrenzten Sinne, dass das tatsächliche dem vorhergesagten Ergebnis entspricht, also auf eine Korrelation. Auf eine Kausalität oder, allgemeiner gesprochen, auf eine Begründungsrichtigkeit darf man hieraus jedoch nicht schließen.[9] Weder eine Übereinstimmung zwischen Vorhersage und tatsächlicher Entscheidung noch eine Divergenz vermögen über die Tragfähigkeit, Stimmigkeit, Binnenrationalität oder gar Rechtmäßigkeit der Entscheidung etwas auszusagen. Dies ist – bzw. wäre – anders bei Systemen, welche Tatsachenfeststellung, argumentative Schritte und Subsumtionen nachzuahmen suchen, bis hin zum Denkmodell des „Subsumtionsautomaten".

d) Bloße Vorhersage oder bereits Automatisierung?

Eine grundlegende Differenzierung ist schließlich dahingehend vorzunehmen, welche Folgerungen aus der Prognose gezogen werden: Am einen Ende des Spektrums stehen Systeme, die im Dienst der Wissenschaft lediglich eine Vorhersage treffen, ohne dass hieraus für das konkrete Verfahren rechtliche Schlüsse gezogen werden. Am anderen Ende sind Systeme zu verordnen, deren Prognoseergebnis unmittelbar in eine justizielle Entscheidung münden, also Systeme, die „automated judicial decision-making" bzw. „algorithmic justice" betreiben. Wenngleich der Fokus dieses Beitrags auf Prognose- und nicht auf Entscheidungssystemen liegt: Zwischen diesen Extrema befinden sich Systeme, die zwar nicht anstelle eines

9 Statt vieler *Lelieur/Blount/Cherqaoui/Bampasika* (Fn. 1), 94(2) RIDP 48 f. (2023); *Rühl/Reiß*, Datengestützte Entscheidungsvorhersagesysteme vor deutschen Gerichten? Zum Einsatz Künstlicher Intelligenz in der Ziviljustiz, BRJ Sonderausgabe 1/2021, 18; *Sorge/Krüger* (Fn. 7), BRJ Sonderausgabe 1/2021, 13, 14; *Timmermann*, Legal Tech-Anwendungen, 2020, S. 273 f.

Menschen die justizielle Entscheidung treffen, aber eine menschliche Entscheidung vorbereiten bzw. einen Entscheidungsvorschlag unterbreiten sollen.

2 Entwicklungsstufen

Ausgehend von diesen Differenzierungskriterien zeigen sich bislang im Wesentlichen drei Entwicklungsstufen bzw. Generationen von datengestützten Systemen zur Prognose justizieller Entscheidungen.[10]

a) Erste Generation: Regelbasierte Systeme auf Grundlage von Metadaten

Archetypisch für eine erste Generation derartiger Systeme steht ein von *Katz* u. a. entwickeltes Modell zur Vorhersage von Entscheidungen des U.S. Supreme Court, einschließlich des Abstimmungsverhaltens der Richter*innen.[11] Zur Berechnung wurde die 140 Variablen umfassende Supreme Court Database (SCDB) herangezogen, in der Metadaten zum Verfahren – etwa Rechtsgebiet, Instanzgericht und Monat der mündlichen Verhandlung – erfasst sind. Die Gewichtung dieser Parameter wurde durch einen zeitvariablen Zufallswald-Algorithmus (*time-evolving random forest classifier*) mittels maschinellen Lernens ermittelt. Im Unterschied zu einem neuronalen Netz lässt sich bei einem solchen Algorithmus der Entscheidungsprozess und die Gewichtung der einzelnen Faktoren besser nachvollziehen.[12] Die Autoren geben eine Treffgenauigkeit von 70,2 % bezogen auf den – historischen – Verfahrensausgang an.[13]

---

10 Instruktiv zu den verschiedenen Erscheinungsformen ist der rechtsvergleichende Querschnitt von *Lelieur/Blount/Cherqaoui/Bampasika* (Fn. 1), 94(2) RIDP 33 ff. (2023).

11 *Katz/Bommarito/Blackman*, A general approach for predicting the behavior of the Supreme Court of the United States, 12 PLOS ONE e0174698 (2017).

12 Exemplarisch *Petkovic/Altman/Wong/Vigil*, Improving the explainability of Random Forest classifier – user centered approach, in: Altman/Dunker/Hunter/Ritchie/Murray/Klein (Hrsg.), Pacific Symposium on Biocomputing, 2018, S. 204.

13 Noch treffsicherer, aber weniger innovativ wären schließlich Systeme, die allein basierend auf der Variable „Einlegung des Rechtsmittels" als Ergebnis *immer* dessen Erfolglosigkeit zu prognostizieren suchten: Bei Verfassungsbeschwerden erreichte man so eine Treffgenauigkeit von etwa 97 % (Beispiel nach *Sorge/Krüger* [Fn. 7], BRJ Sonderausgabe 1/2021, 13, 13 f.), bei strafrechtlichen Revisionen immerhin von 80 % (unter Zugrundelegung der bei *Basdorf*, Aufhebungspraxis der Strafsenate des BGH 2015 bis 2019, NStZ 2022, 399, 401 berichteten Zahlen). Dies unterstreicht die Notwendigkeit, solche Treffgenauigkeiten kritisch zu hinterfragen.

Systeme der ersten Generation sind somit dergestalt konstruiert, dass sie die justizielle Entscheidung basierend auf Metadaten über das Verfahren – und gerade nicht basierend auf Verfahrensakten, Schriftsätzen oder Plädoyers – prognostizieren.[14] Für derartige, auf Metadaten fußende Prognosen lassen sich durch maschinelles Lernen trainierte, aber auch regelbasierte Algorithmen nutzen. Die Prognosegenauigkeit und damit der Aussagegehalt für einen konkreten, noch nicht gerichtlich entschiedenen Fall ist bei solchen Systemen zwar gering. Deren Stärke liegt indessen darin, empirische Zusammenhänge im Rechtssystem offenlegen zu können.

b) Zweite Generation: Maschinelles Lernen auf Grundlage fallbezogener Feststellungen

Herausragendes Beispiel für eine zweite Generation datengestützter Systeme zur Prognose justizieller Entscheidungen ist die von *Aletras* u. a. publizierte Studie zu Entscheidungen des *EGMR:* Die Feststellungen des *EGMR* zum streitgegenständlichen Sachverhalt und zum Vortrag der Parteien wurden hier als Grundlage verwendet, um den (historischen) Verfahrensausgang mit 79 %iger Wahrscheinlichkeit zu prognostizieren.[15] Spätere Studien vermögen dies zu replizieren[16] und in Bezug auf italienische steuerrechtliche Entscheidungen mit ca. 70 %iger Trefferquote zu übertragen.[17]

Systeme, welche die vom Gericht selbst formulierte Entscheidungsgrundlage heranziehen, um den Ausgang des Verfahrens vorherzusagen, sind offensichtlich untauglich zur Vorhersage zukünftiger Entscheidungen: Gerichte veröffentlichen nämlich die Entscheidungsgründe, die aus diesen Feststellungen und der rechtlichen Würdigung bestehen, erst mit oder sogar erst *nach* dem Entscheidungstenor. Es wäre auch naiv anzunehmen, dass Berichterstatter*innen oder Spruchkörper zunächst die Feststellungen formulieren und sich erst in einem zweiten Arbeits-

14 Ebenso *Rühl*, KI in der gerichtlichen Streitbeilegung, in: Kaulartz/Braegelmann (Fn. 8), Kap. 14.1 Rn. 7 f.

15 *Aletras/Tsarapatsanis/Preoţiuc-Pietro/Lampos*, Predicting Judicial Decisions of the European Court of Human Rights: A Natural Language Processing Perspective, 2 PeerJ Computer Science e93 (2016).

16 *Medvedeva/Vols/Wieling*, Using Machine Learning to Predict Decisions of the European Court of Human Rights, 28 Artif Intell Law 237 (2020).

17 *Galli/Grundler/Fidelangeli/Galassi/Lagioia/Palmieri/Ruggeri/Sartor/Torroni*, Predicting Outcomes of Italian VAT Decisions, in: Francesconi/Borges/Sorge (Hrsg.), Legal Knowledge and Information Systems. (35. JURIX-Tagung), 2022, S. 188.

schritt mit der rechtlichen Würdigung befassen. Vielmehr beziehen sich Sachbericht und rechtliche Würdigung aufeinander und werden mit Blick auf die jeweils andere Komponente verfasst. Damit wird allerdings deutlich, worin die Stärke solcher Modelle der zweiten Generation liegt: in der Analyse der Binnenkohärenz von Entscheidungen, wofür die Korrelation zu Präjudizien als Maßstab herangezogen wird.

c) Dritte Generation: Maschinelles Lernen auf Grundlage von Verfahrensakten und Schriftsätzen

Die neueste Generation an Prognosesystemen zieht Verfahrensakten – sei es in unstrukturierter, sei es in strukturierter Form – heran, um diese in neuronale Netze einzuspeisen. So hat das an der Universität Cambridge entwickeltes System *Case Cruncher Alpha* den Ausgang von Verfahren zu Restschuldversicherungen mit einer Treffgenauigkeit von 86,6 % besser vorhergesagt als eine Vergleichsgruppe von Rechtsanwält*innen (66,3 %).[18] Noch höhere Werte von bis zu 95 % Treffgenauigkeit wird dem argentinischen System *Prometea* zugeschrieben, das dort bereits in Zivilverfahren, z. B. Miet- und Verkehrsunfallsachen, Verwendung finden soll.[19] Ebenso zu dieser Generation zählen Entscheidungsunterstützungssysteme wie FraUKe, Codefy[20] und MAKI[21], die an deutschen Zivilgerichten bereits Verwendung finden.

Zu betonen ist, dass derartige Genauigkeitswerte sich nicht auf den sachlich wie rechtlich *richtigen* Ausgang des Verfahrens beziehen, sondern auf die Übereinstimmung von Testläufen mit Trainingsdaten. Nicht nur hinsichtlich solcher *Ex-ante*-Evaluationen, sondern auch im praktischen Einsatz vermögen derartige Prognosesysteme nur Korrelation mit Präzedenzfällen aufzuzeigen.[22]

Damit wird zugleich deutlich, dass derartige Systeme konzeptionell eine Ähnlichkeit zu *case-law*-basierten Rechtssystemen aufweisen, in denen vergleichbare Sachverhalte bei unveränderter Gesetzeslage nach dem Vorbild von Präjudizien zu

---

18 Vgl. *Rühl*, in: Kaulartz/Braegelmann (Fn. 8), Kap. 14.1 Rn. 10 unter Verweis auf https://www.casecrunch.com/#challenge.

19 *Corvalá*, Prometea: Artificial Intelligence to Transform Justice and Public Organizations, 6 International Journal of Digital and Data Law 89 (2020).

20 Vgl. https://justizministerium.hessen.de/presse/ki-projekt-codefy-am-landgericht-frankfurt-gestartet (17.12.2023).

21 Vgl. https://www.linkedin.com/posts/olg-celle_ki-k%C3%BCnstlicheintelligenz-legaltech-activity-7118550503659053056-FtFU/.

22 Siehe oben II.1.c.

entscheiden sind. Solche Prognosesysteme sind jedoch nicht darauf angelegt, das im *Case-law*-System wichtige *distinguishing* zu leisten: sie sind nicht fähig, rechtlich bedeutsame Abweichungen des Sachverhalts von den zuvor bereits entschiedenen Sachverhalten zu erkennen.

Inhärent problematisch ist die Übertragung in Rechtssysteme wie das deutsche: Hier besteht keine strenge Bindungswirkung an Präjudizien,[23] sodass aus der sachlich richtigen und rechtlich vertretbaren Entscheidung eines Falles gerade nicht darauf geschlossen werden kann, dass ein vergleichbarer, zukünftiger Fall ebenso zu entscheiden ist. Ein Einsatz von Prognosesystemen könnte daher dazu beitragen, dass sich kontinental geprägte Rechtssysteme noch stärker als bisher am *case law* orientieren. Ein erster solcher Effekt ist bereits dahingehend zu verzeichnen, dass Forderungen nach einer vollständigen digitalen Verfügbarkeit *aller* Gerichtsentscheidungen in Deutschland lauter werden.[24]

III Hürden, Gefahren und Potentiale datengestützter Systeme zur Prognose justizieller Entscheidungen

1 Hürden

a) Trainingsdaten und die Evolution des Rechts

Mit dem letztgenannten Aspekt der digitalen Verfügbarkeit von Gerichtsentscheidungen ist sogleich eine erste technische Hürde für Prognosesysteme aufgerufen: Insbesondere das Training von neuronalen Netzen erfordert große Mengen an qualitativ hochwertigen Daten, aus denen die zu erkennenden Muster maschinell erlernt werden sollen. Zwar liegen die Entscheidungen deutscher Höchstgerichte seit einigen Jahren vollständig und in digitaler Fassung vor. Instanzgerichtliche Entscheidungen werden jedoch nur in geringem Umfang veröffentlicht. Zudem ist nicht allein die Quantität der Gerichtsentscheidungen bedeutsam, sondern auch

---

23 Statt aller *Hoch*, Big Data und Predictive Analytics im Gerichtsprozess: Chancen und Grenzen der Urteilsprognose, MMR 2020, 295, 298.

24 „Gerichtsentscheidungen sollen grundsätzlich in anonymisierter Form in einer Datenbank öffentlich und maschinenlesbar verfügbar sein." (Koalitionsvertrag zwischen SPD, Bündnis 90/Die Grünen und FDP, Mehr Fortschritt wagen: Bündnis für Freiheit, Gerechtigkeit und Nachhaltigkeit, 2021, 106).

deren Qualität und Konsistenz.[25] So müsste ein System zur Prognose von Entscheidungen zu strafrechtlichen Konkurrenzen – um nur zwei Beispiele zu nennen – berücksichtigen, dass Entscheidungen, die eine fortgesetzte Handlung angenommen haben, infolge BGHSt 40, 138 überholt sind, und dass Entscheidungen, die zwischen Wohnungseinbruchdiebstahl und zugleich begangener Sachbeschädigung Konsumtion annehmen, infolge BGHSt 63, 253 keine taugliche Prognosegrundlage mehr sind. Je komplexer die zu prognostizierenden Gerichtsentscheidungen sind, desto mehr müssen Prognosesysteme die fortlaufende Veränderung des Rechts durch Rechtsetzung und Rechtsprechung berücksichtigen.[26] Hierfür gibt es, wie das erwähnte Prognosesystem zur Rechtsprechung des U.S. Supreme Court zeigt,[27] zwar innovative Ansätze. Die heutzutage in der Diskussion dominierenden neuronalen Netze haben jedoch ihre Stärke bei der Erkennung von Mustern, die im Verlauf der Zeit konstant bleiben.

b) Prognosegenauigkeit, „Distinguishing" und das Vorandenken des Rechts

Eng damit verbunden ist eine zweite Herausforderung von Prognosesystemen: Weil deren Modelle auf der Vergangenheit und insbesondere auf Präjudizien basieren, ist deren Genauigkeit immer dann hoch, wenn das Verfahren, dessen Ausgang zu prognostizieren ist, eine hohe Übereinstimmung mit den Trainingsdaten aufweist. Somit dürfte die Prognosegenauigkeit insbesondere in „Standardfällen" hoch sein, nicht hingegen in Fällen, in denen rechtlich bedeutsame Sachverhaltsabweichungen vorliegen.

Systeme, die auf einer Mustererkennung basieren, stehen daher insbesondere vor der Herausforderung, wie man zum Zeitpunkt des Trainings dieser Systeme noch unbekannte Muster erkennen kann, die sich zukünftig für die rechtliche Bewertung als entscheidend erweisen.[28] Zudem sind etliche Sachverhaltsabweichungen rechtlich irrelevant, sollten sich also nicht auf die Prognoseentscheidung auswirken. Letztlich erfordert all dies ein umfassendes Verständnis sowohl des Rechts als auch der Realität – und damit Fähigkeiten, die selbst modernsten neuronalen Netzen aktuell noch fehlen.

---

25 *Sorge/Krüger* (Fn. 7), BRJ Sonderausgabe 1/2021, 13, 15.

26 *Rühl/Reiß* (Fn. 9), BRJ Sonderausgabe 1/2021, 18, 19; *Sorge/Krüger* (Fn. 7), BRJ Sonderausgabe 1/2021, 13, 15.

27 Siehe oben II.2.a. unter Verweis auf *Katz/Bommarito/Blackman* (Fn. 11), 12 PLOS ONE e0174698 (2017).

28 Hierzu aus informationstechnischer Sicht *Pearl*, The Seven Tools of Causal Inference, with Reflections on Machine Learning, 62 Communications of the ACM 54 (2019).

Zusätzlich ist hiermit verbunden, dass Prognosesysteme inhärent ungeeignet sind, das Recht „voranzudenken“.[29] Auf Mustererkennung basierende Systeme vergleichen neue Eingabedaten lediglich mit der Vergangenheit und versuchen – überspitzt formuliert – die heutigen Probleme mit den Antworten von gestern zu lösen. Anpassungsbedarfe des Rechts und seiner Auslegung können solche Systeme nicht erkennen. Das erzeugt Spannungen etwa zum europäischen Verständnis der Grund- und Menschenrechte, dass diese dynamisch fortzuentwickeln sind, sodass z. B. die EMRK anerkanntermaßen *„as a living instrument“*[30] auszulegen ist.[31]

d) Korrelation statt Kausalität

Die bisherigen Prognosesysteme vermögen schließlich ausschließlich Korrelationen nachzuweisen. Sie zeigen auf, welche Muster in den Eingabedaten mit welchen Ergebnissen in den Ausgabedaten zusammenhängen. Mit Regressionsanalysen ist man z. B. zusätzlich in der Lage, die Stärke dieser Korrelationen zu bestimmen.

Es ist jedoch in aller Deutlichkeit darauf hinzuweisen, dass statistische Korrelationen nicht gleichzusetzen sind mit Kausalitäten; Korrelationen können lediglich auf vorhandene Kausalbeziehungen hindeuten. Am Beispiel: Dass die Uhrzeit der justiziellen Entscheidung (vor oder nach dem Mittagessen) in einer israelischen Studie mit der Strafaussetzung auf Bewährung korrelierte,[32] kann mit dem Hunger der Richter*innen zusammenhängen, aber auch damit, dass leichtere Fälle vormittags, schwerwiegendere Straftaten nachmittags terminiert wurden.

2 Gefahren

Prognosesysteme basieren zunehmend auf Technologien des maschinellen Lernens, insbesondere unter Verwendung neuronaler Netzwerke. Daher sind die bei solchen Systemen allgemein bekannten Risiken zu berücksichtigen, die von einer antrainierten Diskriminierung (*bias*) über intransparente Datenverarbeitung und einer Enthumanisierung des Rechts hin zu einer großen Abhängigkeit staatlicher Akteure

---

29 Hierzu *Brodowski/Morsch* (Hrsg.), Das Recht vorandenken? Reflexionen über die Rolle der (Straf-)Rechtswissenschaft. Kolloquium zum 80. Geburtstag von Heike Jung, 2023.

30 EGMR, Urt. v. 25.4.1978 – Nr. 5856/72 (Tyrer ./. Vereinigtes Königreich).

31 Statt aller *Grabenwarter/Pabel*, Europäische Menschenrechtskonvention, 7. Aufl. 2021, § 5 Rn. 14 ff.

32 *Danzinger/Levav/Avnaim-Pesso*, Extraneous factors in judicial decisions, 108 PNAS 6889 (2011).

von Privatunternehmen, die Eigeninteressen verfolgen, reichen.[33] Einige Gefahren müssen jedoch bei Prognosesystemen besonders hervorgehoben werden:

a) Begrenzter Aussagegehalt

Man darf nicht müde werden, den begrenzten Aussagegehalt von Entscheidungsprognosen zu betonen: Prognosesysteme sind nicht fähig, den Sachverhalt oder die Rechtslage zu ermitteln und zu subsumieren.[34] Sie können lediglich mit den zur Verfügung gestellten Eingabedaten arbeiten und Korrelationen zwischen diesen Eingabedaten und Präjudizien aufzeigen.[35] Infolgedessen sind sie nicht in der Lage, juristische Begründungen zu liefern. Sie vermögen lediglich statistische Zusammenhänge aufzuzeigen, die in den zugrunde gelegten Trainings- und Eingabedaten – gleich ob hoher oder niedriger Qualität – bereits enthalten sind. In aller Klarheit: Prognosesysteme versprechen zwar eine „Gleichheit" und „Objektivität"; sie können diesem Anspruch jedoch nur im denjenigen Rahmen gerecht werden, der durch die Trainings- und weiteren Eingabedaten abgesteckt wird.

b) Schleichende Automatisierung

Besonders hervorzuheben ist zudem die Gefahr eines *automation bias:*[36] Selbst wenn ein Prognosesystem von Menschen lediglich als Hilfsmittel genutzt werden soll, führen Inertia-Effekte dazu, dass Menschen sich bei der nachfolgenden – autonom zu treffenden – Entscheidung an dieser Prognose orientieren. Ob solche Effekte zusätzlich durch ein Vertrauen in die vermeintlich objektive Technik verstärkt werden, muss die psychologische Forschung noch zeigen.

---

33 Allgemein zu Gefahren des Einsatzes „Künstlicher Intelligenz" in der (Straf-)Rechtspflege, statt vieler, *Bock/Höffler*, Künstliche Intelligenz und Kriminalität, KriPoZ 2022, 257; *Lelieur/Blount/Cherqaoui/Bampasika* (Fn. 1), 94(2) RIDP 11 (2023); *Malek*, Criminal courts' artificial intelligence: the way it reinforces bias and discrimination, 2 AI Ethics 233 (2022); *Martini*, Algorithmen als Herausforderung für die Rechtsordnung, JZ 2017, 1017; *Sprenger/Brodowski*, 'Predictive policing', 'Predictive Justice', and the use of 'Artificial Intelligence' in the Administration of Criminal Justice in Germany, eRIDP A-02/2023, 37 m.w.N.; *Valerius*, „Legal Tech" im Strafverfahren?, ZStW 133 (2021), 152; sowie die Nachweise oben in Fn. 2.

34 Statt vieler *Effer-Uhe* (Fn. 2), JZ 2023, 833, 834; *Hoch* (Fn. 23), MMR 2020, 295, 297 f.; *Timmermann*, Legal Tech-Anwendungen (Fn. 9), S. 273 f.

35 Siehe bereits oben II.1.c.

36 Hierzu, statt vieler, *Lelieur/Blount/Cherqaoui/Bampasika* (Fn. 1), 94(2) RIDP 43 ff. (2023); *Martini/Nink*, Strafjustiz ex machina?, in: Bertelsmann Stiftung (Hrsg.), Automatisch erlaubt?, 2020, S. 44, 50 f.

Solche Inertia-Effekte können durch die Hintertüre zu einer schleichenden Automatisierung führen, wenn Entscheidungsvorschläge eines Prognosesystems nicht oder nur unzureichend hinterfragt und der eigenen Entscheidung zugrunde gelegt werden. So hat eine französische Studie gezeigt, dass Richterkandidat*innen, je nach der ihnen mitgeteilten Entscheidungsprognose, anders entscheiden und ihre Entscheidungen auch anders begründen.[37] Die Frage, ob und wie bei einer Automatisierung oder auch nur bei Entscheidungsvorschlägen *meaningful human oversight* gewährleistet werden kann, wird insoweit zur Gralsfrage der Digitalisierung.

c) Selbsterfüllende Prophezeiungen und die Petrifizierung des Rechts

Angesichts der Bedenken gegen eine Ersetzung menschlicher Richter*innen durch Maschinen bei verfahrensabschließenden Entscheidungen[38] wird für Prognose- und darauf basierende Entscheidungssysteme ein Potential vor allem bei Vor- und Zwischenentscheidungen gesehen. So drängt sich als ein Anwendungsfeld die Bewertung des Prozesskostenrisikos auf Seite der Kläger*innen auf. Von Justizvertreter*innen wird als potentiell automatisierungsfähig angesehen die Entscheidung über die Gewährung von Prozesskostenhilfe (PKH) und dabei insbesondere die Teilfrage, ob die Klage „hinreichende Aussicht auf Erfolg" hat (§ 114 Abs. 1 Satz 1 ZPO).[39]

Indessen droht hierbei eine selbsterfüllende Prophezeiung: Diejenigen, die infolge einer Negativprognose keinen gerichtlichen Rechtsschutz suchen oder, mangels Gewährung von PKH, suchen können, haben ihren Rechtsstreit schon verloren und damit die Prognose bestätigt. Zugleich wird den Gerichten jegliche Chance genommen, die der Prognose zugrunde gelegte Rechtsprechung zu korrigieren. Ein zusätzliches Problem folgt, wenn nur diejenigen Kläger einen Zivilrechtsstreit beschreiten – oder PKH gewährt bekommen –, bei denen ein solches Prognosesystem eine hohe Obsiegenswahrscheinlichkeit berechnet. Dann setzt dies für die Gerichte einen entsprechenden Anker, der – entsprechend dem in der

---

37 *Vial*, Prise en main d'un outil d'intelligence artificielle par des auditeurs de justice: l'office du juge sous 'influence des algorithmes, Recueil Dalloz 2022, 1928.

38 Siehe hierzu oben I. bei und mit Fn. 2.

39 Vgl. das Grundlagenpapier zur 74. Jahrestagung der Präsidentinnen und Präsidenten der OLGs, des KG, des BayObLG und des BGH, Einsatz von KI und algorithmischen Systemen in der Justiz, 2022, S. 37 verfügbar unter https://oberlandesgericht-celle.niedersachsen.de/download/184478/Grundlagen papier_der_Arbeitsgruppe_zum_Einsatz_von_KI_und_algorithmischen_Systemen_in_der_Justiz.pdf (17.12.2023).

(rechts-)psychologischen Literatur umfänglich beschriebenen Ankereffekt und dem sogenannten *confirmation bias* – zusätzlich dazu beizutragen droht, dass sich die Prognose bestätigen wird.

Neben der oben bereits beschriebenen Unfähigkeit von Prognosesystemen, das Recht voranzudenken,[40] besteht ein zusätzlicher Anlass zur Sorge, dass das Recht zunehmend versteinert und verkrustet. Den Gerichten werden Gelegenheiten genommen, ihre Rechtsprechung zu überdenken; die Signalwirkung von negativen Gerichtsentscheidungen – und damit ein gewichtiger Anlass für Gesetzgebung[41] – droht abhanden zu kommen.

Einiges spricht dafür, dass dem durch eine begrenzte Randomisierung bzw. Stochastizität entgegengewirkt werden muss, sprich dass Prognosesysteme dahingehend programmiert werden müssen, dass sie gelegentlich Fehlprognosen liefern. Dies ist bereits aus informationstechnischer Sicht erforderlich, um die Zuverlässigkeit und Fairness von Prognosen zu verfeinern und nicht einseitig in eine Risikoaversität abdriften zu lassen.[42] Integriert man Stochastizität in das Prognosesystem, kann dies für den Einzelnen bedeuten, dass sein Verfahren anders behandelt wird als das nach einer „reinen" Prognose der Fall wäre. Damit können für diesen erhebliche Mühen eines langwierigen und prognostizierbar aussichtslosen Rechtsstreits verbunden sein. Allerdings können Gerichte nur dann, wenn sie auch vermeintlich wenig aussichtsreiche Fälle erreichen, einen Rechtsprechungswandel einläuten.[43] Damit kann, in begrenztem Umfang, eine Inpflichtnahme des Einzelnen zur Führung auch aussichtsloser Rechtsstreitigkeiten sogar notwendig sein, um das Recht insgesamt voranzubringen.

---

40 Siehe oben III.1.b.

41 *Brodowski*, Die Evolution des Strafrechts, 2023, S. 356 ff.

42 *Kilbertus/Rodriguez/Schölkopf/Muandet/Valera*, Fair Decisions Despite Imperfect Predictions. Proceedings of the Twenty Third International Conference on Artificial Intelligence and Statistics, 108 PMLR 277 (2020); *Rateike/Majumdar/Mineeva/Gummadi/Valera*, Don't Throw it Away! The Utility of Unlabeled Data in Fair Decision Making, in: FAccT '22: Proceedings of the 2022 ACM Conference on Fairness, Accountability, and Transparency, 2022, S. 1421; *Evans/Benn/Quintana/Robinson/Thiébaux*, Stochastic Policies in Morally Constrained (C-)SSPs, in: AIES '22: Proceedings of the 2022 AAAI/ACM Conference on AI, Ethics, and Society, 2022, S. 253.

43 Ob die Zeit dafür reif ist und sich daher für den Einzelnen die Mühen lohnen, kann ein auf Präzedenzfällen beruhendes Prognosesystem jedoch gerade nicht voraussehen; siehe hierzu oben III.1.a. und III.1.b.

3 Resolution der AIDP zum Einsatz von „Predictive Justice“

Angesichts dieser Gefahren hat die Internationale Strafrechtsgesellschaft (AIDP), gestützt auf eine umfangreiche rechtsvergleichende Studie von *Lelieur* u. a.,[44] auf einem internationalen Kolloquium in Buenos Aires im März 2023 Resolutionen u. a. zum Einsatz von „Predictive Justice“-Systemen verabschiedet. Darin spricht sich die AIDP für ein striktes Verbot des Einsatzes solcher Systeme bei Entscheidungen über Schuld und Strafe aus, ebenso bei Entscheidungen über Zwangsmaßnahmen wie Untersuchungshaft. Allenfalls in Massenverfahren wegen geringfügiger Delikte sei ein unterstützender Einsatz nicht generell zu untersagen, aber von der Gewährleistung effektiven und menschlichen Rechtsschutzes abhängig zu machen.[45]

4 Potentiale

Trotz dieser weit verbreiteten und im Ausgangspunkt zustimmungswürdigen Skepsis ist es lohnenswert, sich weiterhin mit datengestützten Systemen zur Prognose justizieller Entscheidungen auseinanderzusetzen und derartige Systeme weiterzuentwickeln. Diese Einschätzung beruht indes weniger auf dem Einsatzpotential bei Massenverfahren und mehr auf drei bislang unzureichend genutzten Potentialen solcher Systeme.

a) Wissenschaftlicher Erkenntnisgewinn

Prognosen müssen nicht zwingend die Zukunft betreffen; Prognosen können sich auch – wie es bei den genannten Studien zur Rechtsprechung des *U.S. Supreme Court* und des *EGMR* der Fall ist – auf historisches Fallmaterial beziehen. Wenn Prognosesysteme dazu genutzt werden, Rechtsprechung und Rechtsentwicklung in quantitativer Hinsicht zu analysieren, können sie beispielsweise Anhaltspunkte dafür liefern, welches Gewicht welche Faktoren für den Ausgang eines Verfahrens haben – etwa die Uhrzeit der Entscheidung (und damit der Hunger der Richter*innen),[46] die Besetzung des Gerichts[47] oder auch die Vorstrafen des Beschul-

44 *Lelieur/Blount/Cherqaoui/Bampasika* (Fn. 1), 94(2) RIDP 11 (2023); Deutscher Landesbericht: *Sprenger/Brodowski* (Fn. 33), eRIDP A-02/2023.

45 AIDP Resolutions, Section 3 – AI and the administration of criminal justice: „Predictive policing,“ „predictive justice,“ and evidence. Buenos Aires, 28–31 March 2023, 94(2) RIDP 383, 390 f. (2023) Nr. 16 bis 23.

46 Siehe erneut *Danzinger/Levav/Avnaim-Pesso* (Fn. 32), 108 PNAS 6889 (2011).

digten. Sie können daher wichtige, empirisch unterlegte Evidenzen für das Funktionieren, aber auch für Fehler des Rechtssystems und damit Potentiale für dessen Optimierung aufzeigen.

Prognosesysteme sollten somit nicht allein aus dem Blickwinkel einer Anwendungsorientierung, sondern auch aus dem der juristischen Grundlagenforschung gesehen werden: Sich abseits jeglicher Anwendungsfälle für die Justizpraxis mit der Prognose von Gerichtsentscheidungen zu befassen, kann dazu beitragen, das Rechtssystem, die Anwendung des Rechts und die Praxis juristischer Entscheidungen – und damit das Recht – besser verstehen zu lernen.[48]

b) Einsatz dort, wo menschliche Entscheidungen besonders problembehaftet sind

Einsatzzwecke von Prognosesystemen sollten nicht schlicht nach Effizienzgesichtspunkten ausgewählt werden, sondern danach, wo ihr Einsatz einen besonderen Mehrwert bringen könnte. Das rückt den bislang vorrangig diskutierten Einsatzzweck „Massenverfahren" in den Hintergrund, dafür aber justizielle Entscheidungen in den Vordergrund, bei denen eine menschliche Entscheidung durch das Gericht besonders kritikwürdig oder – weil sie einen Anker setzen, einen *confirmation bias* begründen oder Inertia-Effekte auslösen können – für das weitere Verfahren nachteilig ist.[49] Hierzu drei Beispiele aus dem Strafprozessrecht, die in meinen Augen eher diskussionswürdig sind als eine Automatisierung von Strafzumessung oder Gefährdungsprognosen:

Ein Computersystem könnte beispielsweise anstelle des bzw. der Vorsitzenden (vgl. § 213 Abs. 1 StPO) die Hauptverhandlungstermine nach der Verfügbarkeit der Beteiligten automatisch bestimmen. Ein solches System ließe sich rein regelbasiert programmieren und käme somit ohne „Künstliche Intelligenz" in Gestalt maschinellen Lernens aus. Der Vorteil eines solchen Systems: Eine frühzeitige Belastung des Verhandlungsklimas durch Terminkonflikte und durch Streit über die gerichtliche Terminhoheit und deren Begrenzungen ließe sich weitestgehend vermeiden.

---

47 In Frankreich ist eine Auswertung der Tätigkeit einzelner Richter*innen unter Strafe gestellt worden, Art. L. 10 Code de la justice administrative und Art. L. 111–113 Code de l'organisation judiciaire.

48 In diese Richtung bereits *Zambrano*, Précédents et prédictions jurisprudentielles à l'ère des Big Data: papier sur le résultat (probable) d'un procès, 2015, S. 9.

49 In diese Richtung auch *Busche*, Legal Tech und die verhaltenswissenschaftliche Analyse juristischer Entscheidungen, RW 2023, 69, 84 ff. sowie *Nink*, Justiz und Algorithmen (Fn. 2), S. 360 f.

Ein zweites Anwendungsfeld bezieht sich auf die Auswahl von Pflichtverteidiger*innen: Wenn der bzw. die Beschuldigte von seinem Bezeichnungsrecht keinen Gebrauch macht, ist dieser in der Regel vom Gericht zu bestellen (§ 142 Abs. 3 und 4 StPO) – nach Erhebung der Anklage konkret durch den bzw. die „Vorsitzende des Gerichts, bei dem das Verfahren anhängig ist" (§ 142 Abs. 3 Nr. 3 StPO). Empirische Untersuchungen weisen darauf hin,[50] dass die Auswahl auch aus sachwidrigen Erwägungen auf solche Verteidiger*innen fallen kann, von denen wenig effektive Verteidigung zu erwarten ist. Eine Ersetzung durch ein starres Turnusverfahren hätte den Nachteil, dass möglicherweise besonders spezialisierte Pflichtverteidiger*innen übergangen würden; eine Verlagerung der Auswahlentscheidung auf die Rechtsanwaltskammern fand keine Unterstützung.[51] Ließe sich die Auswahlentscheidung hingegen durch ein Prognosesystem automatisieren oder auch nur vorbereiten (z. B. fünf Vorschläge, aus denen der bzw. die Vorsitzende sodann auszuwählen hat), wäre sachwidrigen Erwägungen bei der Auswahlentscheidung Einhalt geboten. Noch lohnenswerter könnte ein Einsatz automatisierter Systeme beim Verteidigerwechsel nach § 143a Abs. 2 Nr. 3 StPO sein – hat die bisherige Rechtslage, solche Entscheidungen durch den bzw. die Vorsitzende(n) treffen zu lassen, doch den klaren Nachteil, dass vor diesem bzw. dieser Verteidigungsinterna auszubreiten sind, um zu begründen, dass das „Vertrauensverhältnis [...] endgültig zerstört ist".

Drittens: Bei der Entscheidung über die Eröffnung des Hauptverfahrens (§§ 203, 204 StPO) ist der Maßstab anzulegen, ob „nach den Ergebnissen des vorbereitenden Verfahrens der Angeschuldigte einer Straftat hinreichend verdächtig erscheint" (§ 203 StPO), also mit überwiegender Wahrscheinlichkeit wegen der angeklagten Tat zu verurteilen sein wird. Wäre es sinnvoll, ein – hypothetisch zu solch umfassender Prüfung fähiges – Prognosesystem anstelle des Hauptsachegerichts diese Entscheidung treffen zu lassen? Vorteilhaft wäre möglicherweise, dass diese Richter*innen nicht im selben Maße wie bisher durch die psychologischen Effekte, die mit einer *eigenen* Vor-Entscheidung einhergehen (Inertia-Effekt und *confirmation bias*), beeinträchtigt wären. Es ist aber zu befürchten, dass die Nachteile einer Automatisierung überwiegen – etwa dadurch, dass die vorgenannten Effekte dann lediglich durch einen *automation bias*[52] ersetzt werden.

50 *Jahn*, Zur Rechtswirklichkeit der Pflichtverteidigerbestellung: Eine Untersuchung zur Praxis der Beiordnung durch den Strafrichter nach § 140 Abs. 1 Nr. 4 der Strafprozessordnung in der Bundesrepublik Deutschland, 2014; *Schöller*, Die Praxis der Beiordnung von Pflichtverteidigern, 2016.

51 Ein entsprechender Regelungsvorschlag – *Schlothauer/Neuhaus/Matt/Brodowski*, Vorschlag für ein Gesetz zur Umsetzung der Richtlinie (EU) 2016/1919 betreffend Prozesskostenhilfe für Verdächtige und Beschuldigte in Strafverfahren, HRRS 2018, 55, 57, 66 f. – wurde nicht aufgegriffen.

52 Siehe hierzu oben III.2.b.

c) Verbesserung menschlicher Entscheidungsfindung

Jedenfalls drängt sich aber auf, nach Systemen zu suchen, welche die menschliche Entscheidungsfindung *verbessern*, anstatt diese zu *ersetzen*.[53] Am Beispiel: Richter*innen des *EGMR* könnten das von *Aletras* u. a. entwickelte Prognosesystem[54] dazu nutzen, ihre Entscheidungsentwürfe daraufhin zu überprüfen, ob die darin enthaltenen gerichtlichen Feststellungen den Entscheidungstenor mit hoher Wahrscheinlichkeit tragen. Ist dies nicht der Fall, könnte dies ihnen Veranlassung dazu geben, ihre Begründung nachzuschärfen. Ein *automation bias* oder eine schleichende Automatisierung wäre nicht zu befürchten – aber möglicherweise ließe sich so ein Qualitätsgewinn in der Formulierung der Entscheidungsgründe erzielen.

IV Schluss

Der Einsatz datengestützter Systeme zur Prognose justizieller Entscheidungen ist inhärent mit einer Orientierung an Präjudizien verbunden und verträgt sich nur begrenzt mit einem Verständnis des Rechts, das dieses kontinuierlich zu optimieren, zu verbessern und „voranzudenken" sucht. Solche Systeme können zu einer Petrifizierung des Rechts und zu einer risikoreichen schleichenden Automatisierung der Rechtsprechung führen. Zurecht setzten sich daher die Europäische Kommission und vor allem das Europäische Parlament in den Verhandlungen zum sogenannten KI-Gesetz dahingehend durch, dass es sich bei Prognosesystemen, die zur Automatisierung justizieller Entscheidungen oder auch nur zur Entscheidungsunterstützung herangezogen werden, um Hochrisikosysteme handelt (Anhang III Nr. 8 lit. a KI-Gesetz-E).[55]

---

53 In diese Richtung auch *Nink*, Justiz und Algorithmen (Fn. 2), S. 447 f. mit dem Vorschlag eines Kontrollsystems *ex post*.

54 Siehe oben II.2.b. unter Verweis auf *Aletras/Tsarapatsanis/Preoţiuc-Pietro/Lampos* (Fn. 15), 2 PeerJ Computer Science e93 (2016).

55 Europäische Kommission, Vorschlag für eine Verordnung des Europäischen Parlaments und des Rates zur Festlegung harmonisierter Vorschriften für Künstliche Intelligenz (Gesetz über Künstliche Intelligenz) und zur Änderung bestimmter Rechtsakte der Union, COM(2021) 206 final i. d. F. Ratsdok. 5662/24. Das Europäische Parlament (P9_TA(2023)0236) schlug mit Abänderung 738 eine Verschärfung vor, während der Rat in seiner Allgemeinen Ausrichtung (Ratsdok. 15698/22) als Hochrisikosysteme nur solche „KI-Systeme" einordnen wollte, „die bestimmungsgemäß von Justizbehörden oder in deren Namen zur Ermittlung und Auslegung von Sachverhalten und Rechtsvorschriften und zur Anwendung des Rechts auf konkrete Sachverhalte verwendet werden sollen".

Dennoch haben Prognosesysteme, auch und gerade in einem menschenzentrierten Grundrechtsstaat, Potential und ihre Berechtigung: Entscheidend ist es, sie sinnvoll zu konzipieren und dergestalt einzusetzen, dass sie einen Mehrwert liefern – nicht singulär bezogen auf Einsparungen im Justizhaushalt, sondern umfassend: für das Verständnis des Rechts und seiner Anwendung, für die Qualität des Rechtssystems als Ganzes, und für die einzelnen Akteure im Rechtssystem.

Isabella Risini, Shanshan Xu, T. Y. S. S. Santosh, Oana Ichim, Barbara Plank, Matthias Grabmair

Annotation von Referenzdaten zur Entwicklung einer KI-basierten Entscheidungshilfe für den Europäischen Gerichtshof für Menschenrechte

Ein Werkstattbericht

Abstract: This contribution reports on an experiment on human label variation in annotating data for aligning legal case outcome prediction systems with experts in the context of the European Court of Human Rights. With it, we seek to give a view into the engine room of the interdisciplinary development of software that uses natural language processing (NLP) to analyze court data in order to make predictions on case outcomes based on aspects of the case that lawyers consider relevant. While prior work in case outcome classification has been limited to annotations by a single expert, it is well-known that lawyers may disagree in their assessment of case facts. In high-stakes domains, like legal NLP, it is paramount for models to adequately capture the pluralism of human opinions and values. To this end, we construct a taxonomy of different sources of disagreement specific to annotation of legal texts and release a novel dataset of annotations of case fact aspects that are deemed relevant for determining violations of certain provisions of the European Convention on Human Rights. We obtained these annotations from two human rights law experts and explored the extent of their agreement using concepts from the taxonomy. Our case study reveals hitherto underappreciated complexities in creating benchmark datasets in this field that revolve around identifying aspects of a case's facts supposedly relevant for its outcome. This view into the engine room aims to illustrate how NLP research is conducted in the legal domain, and shows how modeling assumptions and human disagreement have a bearing on the reliability, explainability and transparency of the models.

I Die Macht der (heutigen) Computer

Technologien der sog. *künstlichen Intelligenz* (KI) im weiteren Sinne gewinnen an Bedeutung und werden mitunter auch als mögliche Unterstützung von zunehmend

 https://doi.org/10.1515/9783111343341-011

überlasteten Gerichten diskutiert, mancherorts gar erprobt.[1] Der Europäische Gerichtshof für Menschenrechte (EGMR) wurde insbesondere durch die freie Verfügbarkeit und leichte Verarbeitbarkeit seiner HUDOC-Entscheidungsdatenbank zu einem beliebten Experimentierfeld bei der Entwicklung von Pilotsystemen, die mittels maschinellen Lernens und Natural Language Processing (NLP) auf der Basis der Sachverhaltsangaben in den Urteilstexten die durch den Antragsteller gerügten Verletzungen der Europäischen Menschenrechtskonvention (EMRK)[2] sowie eine mögliche Feststellung einer Verletzung durch den Gerichtshof klassifizieren können.[3] Dies geschieht über weite Strecken unter der Prämisse, dass solche Systeme in den Arbeitsabläufen des Gerichtshofs Mehrwert schaffen könnten, beispielsweise durch die rasche Identifikation von entscheidenden Fallaspekten. Dieser Beitrag berichtet von einer veröffentlichten experimentellen Untersuchung, die offenlegt, dass – obgleich diese Systeme ernstzunehmende Genauigkeitswerte erreichen – eine Evaluation der rechtlichen Authentizität dieser Modelle anhand von durch Experten erstellten Referenzdaten eine Herausforderung in sich darstellt.

Der Beitrag bietet zunächst definitorische Grundlagen zum Einsatz von Software im Rahmen von Entscheidungshilfen in gerichtlichen Prozessen, mit dem hier eher moderaten Ziel, die Fächerdistanz zwischen der Informatik und dem Recht zu verkürzen. Darauf aufbauend erfolgt ein „Blick in die Werkstatt" der Forschung rund um KI-basierte Software im Kontext einer möglichen Entscheidungsunterstützung in Prozessen vor dem EGMR. Hierbei wird von unserem Experiment berichtet werden, an dem Juristinnen, Informatiker, Informatikerinnen und Linguisten zusammengearbeitet haben: erstmals wurden bei der Annotierung eines

1 Grundlagenpapier zur 74. Jahrestagung der Präsidentinnen und Präsidenten der OLGs, des KG, des BayObLG und des BGH, Einsatz von KI und algorithmischen Systemen in der Justiz, 2022; *Valcke*, The use of Artificial Intelligence in the justice system, with emphasis on judicial decision-making, Speech at Annual Judicial Seminar 2021 of the ECHR, 10. September 2021; *Pfleger*, Was kann KI an deutschen Zivilgerichten?, LTO v. 14.7.2023, www.lto.de/recht/justiz/j/justiz-ki-kuenstliche-intelligenz-e-akte-digitalisierung-zivilgerichte (4.2.2024).

2 European Convention on Human Rights, www.echr.coe.int/documents/d/echr/Convention_ENG (4.2.2024).

3 z.B. *Aletras/Tsarapatsanis/Preoţiuc-Pietro/Lampos*, Predicting Judicial Decisions of the European Court of Human Rights: A Natural Language Processing Perspective, 2 PeerJ Computer Science e93 (2016); *Medvedeva/Vols/Wieling*, Using Machine Learning to Predict Decisions of the European Court of Human Rights, 28 Artif Intell Law 237–266 (2020); *Chalkidis/Androutsopoulos/Aletras*, Neural Legal Judgment Prediction in English, in: Proceedings of the 57th Annual Meeting of the Association for Computational Linguistics, 2019, S. 4317–4323; *Chalkidis/Fergadiotis/Tsarapatsanis/Aletras/Androutsopoulos/Malakasiotis*, Paragraph-Level Rationale Extraction through Regularization: A Case Study on European Court of Human Rights Cases, in: Proceedings of the 2021 Conference of the North American Chapter of the Association for Computational Linguistics: Human Language Technologies, 2021, S. 226–241.

Datensatzes zwei Expertinnen eingesetzt, deren Übereinstimmung mit in die Analyse einbezogen und quantitativ ausgewertet wurde. Die Ergebnisse sind im Oktober 2023 zur Präsentation bei der renommierten *Conference on Empirical Methods in Natural Language Processing* (EMNLP 2023) sowie zur Publikation im Tagungsband angenommen worden.[4] Das Projekt wurde zum damaligen Stand im September 2022 in Konstanz von *Isabella Risini* und *Matthias Grabmair* im Rahmen eines Werkstattgesprächs vorgestellt.[5]

Joseph Weizenbaum warnte bereits in den 1970er Jahren vor allzu großer Technikgläubigkeit.[6] Knapp fünf Jahrzehnte später haben sich die technischen Möglichkeiten immens verbessert. Es sei vorweggenommen, dass wir keine abschließenden Antworten auf die Frage, ob und wie in gerichtlichen Entscheidungsprozessen KI-basierte Software zum Einsatz kommen sollte, geben können. Vielmehr verweisen wir auf die vorhandenen Überlegungen[7] und möchten die Ergebnisse unserer technischen Forschung den juristischen Forscher- und Praktikergemeinschaften zugänglich machen. Es handelt sich auch nicht um ein Plädoyer für oder gegen einen solchen Einsatz.

II Begriffliche Annäherung

Unsere Experimente sind dem Bereich des NLP zuzuordnen, also einer interdisziplinären Disziplin zwischen der Informatik und Linguistik, die sich der Automatisierung von Verarbeitung von Sprache und Texten widmet. Diese müssen dabei

---

4 *Xu/Santosh/Ichim/Risini/Plank/Grabmair*, From Dissonance to Insights: Dissecting Disagreements in Rationale Construction for Case Outcome Classification, in: Bouamor/Pino/Bali (Hrsg.), Proceedings of the 2023 Conference on Empirical Methods in Natural Language Processing, 2023, S. 9558–9576.

5 KI-basierte Entscheidungshilfe für den EGMR – ein Werkstattbericht, Netzwerkplattform Recht und Digitalisierung, Konstanz, 12.9.2022.

6 *Weizenbaum*, Die Macht der Computer und die Ohnmacht der Vernunft, 1978; im Original: Computer Power and Human Reason, From Judgment to Calculation, 1976.

7 *Dimitropoulos*, Artificial Intelligence and International Adjudication, in: Max Planck Encyclopedia of International Procedural Law, 2023; Grundlagenpapier der Präsidentinnen und Präsidenten der OLGs, des KG, des BayObLG und des BGH (Fn. 1); *Nink*, Justiz und Algorithmen – Über die Schwächen menschlicher Entscheidungsfindung und die Möglichkeiten neuer Technologien in der Rechtsprechung, 2021; *Ornig*, Automation of Decision-Making, in: Max Planck Encyclopedia of International Procedural Law, 2021; *Langford*, Taming the Digital Leviathan: Automated Decision-Making and International Human Rights, 114 AJIL Unbound 141–146 (2020); *Meder*, Zur Vorgeschichte automatisierter Systeme im Recht: vom Subsumtionsautomaten zu lernfähigen Systemen und künstlicher Intelligenz, in: Chibanguza/Kuß/Steege (Hrsg.), Künstliche Intelligenz, Recht und Praxis automatisierter Systeme, 2021, S. 1119 ff.

nicht spezifisch für die Verarbeitung einer Software geschrieben oder aufbereitet worden sein, sondern können als „natürliche Sprache“ oder „natürlicher Text“ vorliegen. Der Zugang zu solchen Texten ist eine zentrale Grundlage für die gesamte analytische Arbeit im Bereich NLP. Fehler in den Daten oder unzureichender Zugang zu Daten für die Aufgabe repräsentativer Sammlungen verfälschen Ergebnisse.

Vorarbeiten in *Legal Judgment Prediction* bzw. *Case Outcome Classification* (COC) verfolgen die Leitvision einer Software, die auf der Grundlage einer Beschreibung eines Sachverhalts vorhersagen könnte, ob ein Verstoß gegen die EMRK vorliegt oder nicht. Dies würde das internationale Menschenrecht näher an den Bürger bringen und auf eine Annäherung von nationalem und internationalem Recht hinwirken.

Die EMRK ist ein menschenrechtlicher Vertrag mit derzeit 46 Mitgliedstaaten. Sie trat 1953 in Kraft, der Gerichtshof existiert seit 1959. Die EMRK ist ein völkerrechtliches Abkommen, das im Rahmen des 1949 gegründeten Europarates verabschiedet wurde. Der Sitz des Europarates und des Gerichtshofes ist Straßburg. Die Urteile des Gerichtshofes sind für die Mitgliedstaaten rechtlich verbindlich. Der Gerichtshof beschäftigt ca. 300 Juristinnen und Juristen, die den 46 Richterinnen und Richtern zuarbeiten. Die etwa 680 Millionen Individuen in Europa, die in den Genuss der Anwendung der EMRK fallen, können sich beim EGMR gegen die Mitgliedstaaten beschweren, und etwa Verstöße gegen das Recht auf ein faires Verfahren oder das Verbot der Folter rügen. Die im Experiment verwendeten Daten stammen aus HUDOC[8], einer online frei verfügbaren Datenbank, die etwa 120.000 Fälle enthält, die der Gerichtshof bislang entschieden hat. Die EMRK ist nur auf Englisch und Französisch authentisch, der Wortlaut ist nur in diesen Sprachfassungen verbindlich. Die Entscheidungen des Gerichtshofs liegen entsprechend in der Regel auf Englisch und Französisch vor. Bei wichtigen Fällen werden auch Übersetzungen angeboten, die jedoch nicht amtlich sind.

III Potenzial des Realeinsatzes, Kontext

Die Arbeitsbelastung am Europäischen Gerichtshof für Menschenrechte ist hoch. Derzeit sind über 70.000 Fälle anhängig, zu Spitzenzeiten waren es auch schon 120.000 Fälle. Der Gerichtshof ist bereits der effizienteste internationale Gerichtshof der Welt, wenn man die Zahl der Entscheidungen pro Richter betrachtet.[9] Wie die

8 HUDOC, https://hudoc.echr.coe.int/eng (4.2.2024).

9 *Molbæk-Steensig*, AI at the European Court of Human Rights: Technological Improvement or Leaving Justice by the Wayside?, 5 International Legal Order and Human Rights 1254 (2023).

Präsidentin des Gerichtshofs, *Síofra O'Leary*, Anfang des Jahres 2023 deutlich machte, kann der Gerichtshof zwar versuchen, noch „effizienter" zu werden, um dem Fallaufkommen gerecht zu werden. Allerdings sind hier die Grenzen des Möglichen erreicht.[10] Die Arbeitsbelastung für den Gerichtshof wuchs über die Jahrzehnte stetig, durch den Wegfall der Russischen Föderation im Jahr 2022 verlor der Gerichtshof etwa 10 % seines jährlichen Budgets, während die vorhandenen ca. 18.000 Fälle gegen die Russische Föderation weiter anhängig bleiben. Ob hierfür ein adäquater finanzieller Ausgleich kommen wird, ist offen. Im Mai 2023 haben die Mitgliedstaaten sich zu einer nachhaltigen Finanzierung des Europarates und des Gerichtshofes bekannt.[11]

IV Wie kann Software von einer Entscheidungsdatenbank lernen?

Der Begriff *Künstliche Intelligenz* wird hier mit Bedacht verwendet. Bei einer KI-basierten Software handelt es sich um ein maschinengestütztes System, das Empfehlungen, Vorhersagen oder Entscheidungen für eine bestimmte Reihe von Zielen trifft. Es tut dies, indem es (i) maschinelle und menschliche Eingaben nutzt, um reale und virtuelle Umgebungen wahrzunehmen; (ii) diese Wahrnehmungen manuell oder automatisch in Modelle abstrahiert; und (iii) aus diesen Modellen Ergebnisse in Form von Empfehlungen, Vorhersagen oder Entscheidungen ableitet, unabhängig davon, ob dies mit menschlichen oder automatischen Mitteln geschieht.[12] Im Kontext der Verarbeitung von EGMR-Daten bedeutet dies im Regelfall, dass ein Modell auf Trainingsdaten statistische Zusammenhänge zwischen einer

---

10 *O'Leary*, President of the European Court of Human Rights, 27. January 2023, S. 3: „Throughout the Interlaken reform process and even beyond, the Court has worked relentlessly to improve its efficiency. It will continue to do so [under my presidency]. In terms of organisation, however, there is no leeway for further improvement. We as a Court are currently dealing with multiple complex inter-State cases, while simultaneously processing tens of thousands of individual applications lodged in some 40 languages. Case management depends not only on the judges, but on the availability of experienced lawyers capable of mastering these languages and who are familiar with the legal systems of 46 member States.", www.echr.coe.int/documents/d/echr/Speech_20230127_OLeary_JY_ENG (4. 2. 2024).

11 Heads of States and Governments of the Council of Europe, Reykjavík Declaration, 16./17. 5. 2023, https://rm.coe.int/4th-summit-of-heads-of-state-and-government-of-the-council-of-europe/1680ab40c1 (4. 2. 2024).

12 Empfehlung der Kommissarin für Menschenrechte des Europarats, Unboxing Artificial Intelligence: 10 steps to protect Human Rights, 2019, S. 5, https://rm.coe.int/unboxing-artificial-intelligence-10-steps-to-protect-human-rights-reco/1680946e64 (4. 2. 2024).

Menge von Eingabevariablen (hier: eine geeignete Repräsentation einer Sachverhaltsangabe in Textform) und einer oder mehrerer Zielvariablen lernt (hier: als verletzt argumentierte oder festgestellte EMRK-Artikel gemäß den in HUDOC vorhandenen Metadaten). Nach dem Training kann das Modell anhand diverser Genauigkeitsmetriken auf Testdaten evaluiert werden, die es bis dahin nicht gesehen hat.

Der verwendeten technischen Modellarchitektur, ihren trainierbaren Parametern und den zum Training verwendeten Algorithmen kommt dabei freilich eine zentrale Stellung zu. Varianten von einfachen linearen Regressionsverfahren auf Worthäufigkeitsstatistiken bis hin zu tiefen neuronalen Netzen können hierbei zur Anwendung kommen und Anforderungen an Daten und Rechenkapazität bestimmen. Sie lernen Muster verschiedener Komplexität in den Daten, erreichen dabei verschiedene Genauigkeitsniveaus und, in unseren Experimenten kritisch, erlauben mehr oder weniger Erklärbarkeit ihres Verhaltens. Einfache Verfahren (z.B. Entscheidungsbäume, logistische Regressionen, lineare Support-Vector-Machines) lassen sich vergleichsweise direkt erklären, sind aber weniger mächtige Lernmodelle als tiefe neuronale Netze. Diese sind wiederum allerdings weitestgehend opak und können nach dem Training lediglich mit speziellen mathematischen Verfahren in begrenztem Maße untersucht werden.

Im Regelfall soll aus den Modellen abgeleitet werden, welche Aspekte des Falls für die Bestimmung relevanter EMRK-Artikel entscheidend sind, z.B. über sogenannte „rationales" (kurze Textpassagen). Sind diese einmal bestimmt, müssen sie mit den Einschätzungen von menschlichen Expertinnen und Experten verglichen werden. Hierzu sind entsprechende Referenzannotationen nötig. Annotierungen können als Markierungen von Schlüsselbegriffen und Wendungen, bisweilen auch Sätzen verstanden werden, die manuell in spezieller Software vorgenommen und in einer Datenbank gespeichert werden. Es darf als inzwischen bekannt vorausgesetzt werden, dass die Annotierung der Expertinnen und Experten kein rein objektiver Vorgang ist. Ihre Präferenzen, ihre ggfs. vorhandene Vorurteile, ihre Fehler und ihre Sachkenntnis beeinflusst die Qualität der Annotierung.[13] Im gleichen Zuge ist auch die Evaluierung des Modells stets relativ zu diesen Daten und den ihnen zugrunde liegenden Annahmen zu verstehen.

13 *Plank*, The 'Problem' of Human Label Variation: On Ground Truth in Data, Modeling and Evaluation, in: Proceedings of the 2022 Conference on Empirical Methods in Natural Language Processing, 2022, S. 10671–10682.

V Die Datengrundlage für das Experiment

Der offizielle EGMR-Datenbank HUDOC bildet die Quelle für die verwendeten Daten. Betonenswert erscheint, dass der Wortlaut der EMRK selbst nicht Teil der Datengrundlage des Experiments ist.[14] Rechtlich ist die Konvention verhältnismäßig übersichtlich komplex – es gibt eine Reihe von Normen (Art. 2 bis 14 EMRK und einige wenige Zusatzprotokolle) – diese Normen ändern sich jedoch auf textlicher Basis nicht – anders als etwa im Kapitalmarktrecht oder im Steuerrecht, wo Normen einem steten Wandel unterworfen sind. Der Wandel innerhalb der EMRK findet vielmehr auf der Ebene der Auslegung, also der Fälle, statt. Anzumerken ist auch, dass diese Evolution in der Rechtsprechung praktisch nicht in einer Software abbildbar ist, die sich allein auf vergangene Fälle bezieht. Anders gewendet müsste die Software regelmäßig mit neuen Fällen aktualisiert werden.

EGMR-Entscheidungen bilden aus verschiedenen Gründen eine attraktive Datenbasis zur Entwicklung von NLP-Modellen. Beschwerdeverfahren zu Grundrechten vor einem prominenten internationalen Gericht bieten auch Nichtjuristen eine vergleichsweise intuitiv zugängliche Rechtsmaterie. Aus technischer Sicht sind allerdings insbesondere zwei Aspekte vorteilhaft: Zum einen können die Urteile über die HUDOC-Datenbank leicht abgerufen werden.[15] Sie liegen als strukturierte Textdokumente vor und benötigen vergleichsweise wenig Vorverarbeitung. Zum anderen folgen sie weitestgehend einem konsistenten Überschriftenschema, insbesondere hinsichtlich der Aufteilung zwischen der Sachverhaltsschilderung (d. h. den der Beschwerde zugrunde liegenden Tatsachen) zu Beginn des Dokuments einerseits und den argumentativen Teilen der Entscheidung andererseits.

Außerdem enthält HUDOC zu jeder Entscheidung oberflächliche Metadaten-Elemente, u. a. die vom Beschwerdeführer als verletzt gerügten sowie vom Gerichtshof als verletzt erachteten Konventionsartikel. Dabei handelt es sich um Daten, die einen schnellen Überblick erlauben sollen und v. a. die Information enthalten, welche Artikel der EMRK in einem Verfahren relevant waren. Diese Metadaten werden in bisherigen NLP-Forschung rund um den EGMR vielfach ebenfalls verwendet und sind beispielsweise auch Teil des prominenten *LexGLUE*-

14 Für Experimente zur vergleichbaren Klassifikation der Verletzung von EMRK-Artikeln unter Einbeziehung des Artikelwortlauts, siehe: *Santosh/Ichim/Grabmair*, Zero-Shot Transfer of Article-Aware Legal Outcome Classification for European Court of Human Rights Cases, in: Vlachos/Augenstein (Hrsg.), Findings of the Association for Computational Linguistics: EACL, 2023, S. 605–617.

15 Zum Copyright siehe die Angaben des Gerichtshofes, www.echr.coe.int/copyright-and-disclaimer (4. 2. 2024).

Benchmark-Datensatzes.[16] Es hat sich jedoch bei der Bearbeitung im Rahmen des hier vorgestellten Experiments gezeigt, dass die Metadaten in HUDOC jedenfalls nicht immer verlässlich bzw. richtig sind. In etwa 25 % der Fälle in unserem Datenbankauszug stimmen die Metadaten zu den gerügten Artikeln nicht mit den tatsächlich gerügten Normen überein.

Ein Beispiel ist der Fall Savran gegen Dänemark[17]. Der Fall vor der 7er Kammer, der später auch noch zur Großen Kammer kam, war einer der zufällig ausgewählten 40 Fälle für das Experiment. In den Metadaten für diesen Fall ist nicht ausgewiesen, dass sich der Beschwerdeführer nicht nur wegen Art. 3 EMRK (dem Recht, frei von erniedrigender Behandlung zu sein), sondern auch auf Grundlage von Art. 8 EMRK (dem Recht auf Familienleben) beklagt hat. Dies fiel beiden Expertinnen auf, und diese menschliche Beobachtung im Nachgang zur Annotierung führte letztlich zur händischen Überprüfung der Metadaten.

Wenn nun ein Experte oder eine Expertin die Information erhält, dass ein Fall nur durch die Brille von Art. 3 EMRK und nicht auch zu Art. 8 EMRK annotiert werden soll, fallen die Annotierungen anders aus als mit der zutreffenden Information, dass beide Artikel gerügt wurden. Dies führt zu Verfälschungen in den Trainingsdaten. Für den Fall vor der Großen Kammer stimmen die Metadaten mit dem Inhalt des Falles überein.[18] Wie die unterschiedlichen Metadaten innerhalb von HUDOC zu Stande kommen, kann an dieser Stelle nicht geklärt werden und hängt vermutlich mit den internen Prozessen zusammen, in denen die Daten – menschlich – erstellt und in das System eingespeist werden. Die im Experiment gewonnene Erkenntnis, dass die Metadaten jedenfalls nicht ungeprüft zugrunde gelegt werden können, ist sowohl für vergangene als auch künftige experimentelle Arbeiten auf der Grundlage von HUDOC hervorzuheben.

---

16 *Chalkidis/Abhik/Hartung/Bommarito/Androutsopoulos/Katz/Aletras*, LexGLUE: A Benchmark Dataset for Legal Language Understanding in English, in: Proceedings of the 60th Annual Meeting of the Association for Computational Linguistics, 2022, S. 4310–4330.

17 EGMR, Urt. v. 1.10.2019 – Nr. 57467/15 (Savran ./. Dänemark); Fall und Metadaten: hudoc.echr.coe.int/eng?i=001-196152 (4.2.2024).

18 EGMR (GK), Urt. v. 7.12.2021 – Nr. 57467/15 (Savran ./. Dänemark); hudoc.echr.coe.int/eng?i=001-214330 (4.2.2024).

VI Fallausgangsklassifikation

1 Von Sachverhalt zu Fallausgang

Die oben beschriebene Datenlage in HUDOC legt das Training von Modellen nahe, die auf der Basis des Sachverhalts klassifizieren, ob der beklagte Staat bestimmte Artikel der EMRK verletzt hat oder nicht. Erste Arbeiten in diesem Bereich verwendeten hierfür den Begriff *Legal Judgment Prediction*. *Aletras* u.a. 2016 segmentierten unter anderem die Sachverhaltsangaben von Urteilen und kodierten sie als Features primär anhand von Worthäufigkeitsstatistiken (sog. N-grams).[19] Sie verwendeten eine klassische Technik des maschinellen Lernens (sog. Support Vector Machines – SVMs), um anhand dieser Repräsentation den Fallausgang zu klassifizieren. Die erreichte Genauigkeit lag bei ca. 79 %. Die folgenden Experimente von *Medvedeva* u.a. 2020 sind technisch weitgehend vergleichbar, wurden jedoch auf einem größeren Datensatz durchgeführt und erzielten ca. 75 % Genauigkeit.[20]

Im Rahmen der Verbreitung von tiefen neuronalen Netzen (sog. *Deep Learning*) im Bereich der Sprachanalyse verwendeten *Chalkidis* u.a. 2019 auf englischen Texten vortrainierte Sprachmodelle und erreichte einen F1-Wert[21] von 82 % bei der Klassifikation, ob der Gerichtshof im Sachverhalt mindestens einen Konventionsartikel als verletzt erachten würde.[22] Die Klassifikation von vom Kläger behaupteten oder vom Gerichtshof festgestellten Verletzungen wurde schließlich mit einem neuen Datensatz Teil der *LexGLUE*-Benchmark[23], also einer Art Referenzaufgabe, mit der die erzielten Performanzwerte verschiedener Modelle aus Forschung und Entwicklung verglichen werden.[24] Während diese Arbeiten nur den Sachverhalt des Falles als Eingabe verwenden, haben *Santosh* u.a. 2023 in einer neueren Arbeit versucht, Artikel der EMRK zusammen mit den Fakten des Falles als Eingabe zu

---

19 *Aletras/Tsarapatsanis/Preoţiuc-Pietro/Lampos* (Fn. 3), 2 PeerJ Computer Science e93 (2016).

20 *Medvedeva/Vols/Wieling* (Fn. 3), 28 Artif Intell Law 237–266 (2020).

21 Hierbei handelt es sich um eine gängige Metrik, die zur Evaluation von Klassifikationsmodellen verwendet wird. Detailliertere Ausführungen würden den Rahmen dieses Artikels überschreiten. Der Leser wird auf gängige öffentliche Quellen verwiesen, z.B. de.wikipedia.org/wiki/Beurteilung_eines_bin%C3%A4ren_Klassifikators (4.2.2024).

22 *Chalkidis/Androutsopoulos/Aletras*, in: Proceedings of the 57th Annual Meeting of the Association for Computational Linguistics (Fn. 3), S. 4317–4323.

23 *Chalkidis/Jana/Hartung/Bommarito/Androutsopoulos/Katz/Aletras*, in: Proceedings of the 60th Annual Meeting of the Association for Computational Linguistics (Fn. 16), S. 4310–4330.

24 Siehe z.B. für aktuelle Ergebnisse von auf großen juristischen Korpora trainierten Sprachmodellen: *Niklaus/Joel/Matoshi/Stürmer/Chalkidis/Ho*, MultiLegalPile: A 689GB Multilingual Legal Corpus, 6.6.2023, https://doi.org/10.48550/arXiv.2306.02069 (4.2.2024).

verwenden, um das Ergebnis des Falles zu identifizieren, was zu einer besseren Leistung führen kann als das reine sachverhaltsbasierte Klassifizierungsmodell.[25]

2 Das Risiko oberflächlicher Signale

Ungeachtet der erreichten Genauigkeiten informiert die Machbarkeit der Klassifikation von Fallausgangs-Metadaten auf der Basis von Sachverhaltsangaben aus den Urteilen die juristische und ethische Diskussion um die Frage, ob und wie solche Systeme am Gerichtshof zum Einsatz kommen könnten.[26] Zugleich werden das Verhalten der Systeme sowie die bei ihrer Entwicklung gemachten Annahmen in vertiefender Forschung überprüft. Kernfragen sind dabei, welche Textelemente mit dem Fallausgang korrelieren, wie sich dieser Zusammenhang ergibt und ob er als Entscheidungsgrundlage geeignet ist. EGMR-Urteile enthalten statistisch prädiktive Signale, die juristisch allerdings bedeutungslos sind oder gar als diskriminierend wahrgenommen werden können. Die Identität des beklagten Staates ergibt beispielsweise bereits stark bedingte Wahrscheinlichkeiten hinsichtlich der möglicherweise verletzten Konventionsartikel.[27] Ferner enthalten Urteile, in denen eine Konventionsverletzung abgelehnt wird, tendenziell kürzere Sachverhaltsangaben.[28] Systemisch kann außerdem im Fall von EGMR-Urteilen nicht wirklich von *Legal Judgment Prediction* im Sinne einer Voraussage gesprochen werden[29], da die Sachverhaltsangaben bis zum Ende des Verfahrens bearbeitet werden können und die Möglichkeit besteht, dass diese in Kenntnis oder Erwartung einer bestimmten Entscheidung in der Sache verfasst werden bzw. der Fallausgang die Dokumentstruktur beeinflusst. Beispielsweise enthält ein früher Datensatz auch Entscheidungen, die Beschwerden als unzulässig ablehnen.[30] In diesem Fall wird die an-

---

25 *Santosh/Ichim/Grabmair,* in: Vlachos/Augenstein (Fn. 14), S. 605-617.

26 Siehe z.B. *Fikfak,* What future for human rights? Decision-making by algorithm, Strasbourg Observers, 19.5.2021, strasbourgobservers.com/2021/05/19/what-future-for-human-rights-decision-making-by-algorithm/ (4.2.2024); *Valcke* (Fn. 1), Speech at Annual Judicial Seminar 2021 of the ECHR.

27 *Santosh/Xu/Ichim/Grabmair,* Deconfounding Legal Judgment Prediction for European Court of Human Rights Cases Towards Better Alignment with Experts, in: Proceedings of the 2022 Conference on Empirical Methods in Natural Language Processing, 2022, S. 1120–1138.

28 Ebd.

29 *Medvedeva/Üstün/Xu/Vols/Wieling,* Automatic Judgement Forecasting for Pending Applications of the European Court of Human Rights, in: Joint Proceedings of the Workshops on ASAIL & LegalAIIA in conjunction with 18th ICAIL, 2021.

30 Die Rede ist vom Datensatz paperswithcode.com/dataset/echr (4.2.2024) des Papers von *Chalkidis/Androutsopoulos/Aletras,* in: Proceedings of the 57th Annual Meeting of the Association for Computational Linguistics (Fn. 3), S. 4317–4323.

waltliche Vertretung des Klägers nicht unter einer separaten Überschrift angeführt, sondern in die Sachverhaltsangabe aufgenommen, was ein starkes textuelles Indiz für eine Nichtverletzung der Konvention ist.[31] Sofern solche „Confounding Effects" nicht in der Entwicklung berücksichtigt werden, nutzen NLP-Modelle diese oberflächlichen Muster für ihre Klassifikation. Dies läuft dem erstrebenswerten Ziel eines solchen Systems, menschliche Expertise zu unterstützen, zuwider.

Es existieren technische Möglichkeiten, das Modell zum Trainingszeitpunkt von solchen irrelevanten Informationen abzulenken[32], womit eine größere Übereinstimmung zwischen Modell und Experten hinsichtlich für den Fallausgang als relevant erachteter Passagen erreicht werden kann. Dies setzt jedoch Kenntnis der Störelemente voraus. Alternativ kann eine Voraussage auf Basis der Sachverhaltsschilderung in der Dokumentation der sog. *Communicated Cases* erfolgen, die nach Beschwerdeerhebung verfasst und dem beklagten Staat zugeleitet werden.[33] Hierbei handelt es sich tatsächlich um *ex ante* Schilderungen der Fälle, die jedoch lediglich aus der Perspektive des Klägers stammen und entsprechend einseitige Darstellungen enthalten können. In vergleichenden Experimenten stellte sich heraus, dass die maschinelle Voraussage auf der Grundlage dieser Daten deutlich schwieriger ist und die Modelle Klassifikationsgenauigkeit einbüßen.[34]

VII Von Klassifikation zur Entscheidungsunterstützung

Es zeichnet sich ab, dass die Einschätzung der technischen Machbarkeit einer Fallausgangsprognose auf der Basis einer textuellen Sachverhaltsschilderung hinsichtlich der bei den Vorarbeiten getroffenen Annahmen zu qualifizieren ist. Hierbei spielen erreichte Genauigkeitswerte unseres Erachtens zunächst eine untergeordnete Rolle. Wichtiger sind folgende drei Fragen, die unsere jüngst veröffentlichte Arbeit motivierten:

Wie kann ein Prognosesystem dazu genutzt werden, um menschliche Experten im Gerichtshof oder die rechtliche Vertretung der Parteien zu unterstützen?

---

31 *Santosh/Xu/Ichim/Grabmair,* in: Proceedings of the 2022 Conference on Empirical Methods in Natural Language Processing (Fn. 27), S. 1120–1138.

32 *Santosh/Xu/Ichim/Grabmair,* in: Proceedings of the 2022 Conference on Empirical Methods in Natural Language Processing (Fn. 27), S. 1120–1138.

33 *Medvedeva/Üstün/Xu/Vols/Wieling,* in: ASAIL/LegalAIIA@ICAIL (Fn. 29).

34 *Medvedeva/Üstün/Xu/Vols/Wieling,* in: ASAIL/LegalAIIA@ICAIL (Fn. 29).

Die Fähigkeiten von KI-Modellen haben sich in den vergangenen Jahren so stark entwickelt, dass zum gegenwärtigen Zeitpunkt noch nicht absehbar ist, wie Rechtsexperten am besten mit diesen Systemen zusammenarbeiten. Bisherige Arbeiten zu erklärbarer KI im juristischen Bereich gingen regelmäßig von einer Situation aus, in der ein Klassifikationsmodell eine rechtlich relevante Entscheidung (z. B. die Feststellung einer Verletzung der EMRK durch den Gerichtshof) prädiziert und dem Benutzer mitteilt, wie und anhand welcher Elemente der Dateneingabe diese Prognose erfolgt ist. Idealerweise könnte der Benutzer sich so schnell auf die entscheidenden Aspekte des Falles konzentrieren und nahtlos mit seiner Expertise die Bearbeitung übernehmen. Im aktuellen Stand der Erklärbarkeit von NLP geschieht dies regelmäßig mittels sog. „Rationales" oder „Saliency Maps". Hier markiert das Modell als wichtig erachtete Segmente des Eingabetextes z. B. durch farbliche Hervorhebung.[35] Ob diese Methode alleine den generellen Ansprüchen an Erklärbarkeit von KI-Systemen entspricht, sei an dieser Stelle offengelassen. Kritisch ist jedoch, dass sie dem Experten nur dann Mehrwert bietet, wenn die durch das Modell markierten Textstellen intuitiv mit rechtlichen Konzepten, Prüfschemata und Argumenten in Verbindung zu bringen sind.[36] Die für die Modellprädiktion entscheidenden Elemente (in unserer Terminologie: der *Fokus* des Modells) müssen also mit denen einer hypothetischen Voraussage durch einen menschlichen Experten möglichst übereinstimmen (sog. „alignment with experts").

Wie können solche Systeme auf Fokus-Übereinstimmung mit Experten quantitativ und qualitativ evaluiert werden?

Es existieren zahlreiche technische Methoden, um aus trainierten Klassifikationsmodellen Fokus-Verteilungen über die Texteingabe in Form von Saliency Maps zu produzieren.[37] Diese haben verschiedene Eigenschaften und die Frage nach einer optimalen Methode ist eine noch offene Forschungsfrage. Im einfachsten Fall wird für jedes Wort der Eingabe ein Gleitkomma-Zahlenwert geliefert, der dessen Einfluss auf die Modellausgabe quantifiziert. Diese kann durch die Einführung eines Schwellenwertes in eine relevant/irrelevant-Indizierung pro Wort umgewandelt werden. In der manuell erstellten Referenzannotation sind Textsegmente ebenfalls

35 *Danilevsky/Qian/Aharonov/Katsis/Kawas/Sen*, A Survey of the State of Explainable AI for Natural Language Processing, in: Proceedings of the 1st Conference of the Asia-Pacific Chapter of the Association for Computational Linguistics and the 10th International Joint Conference on Natural Language Processing, 2020, S. 447–459, https://aclanthology.org/2020.aacl-main.46 (4. 2. 2024).

36 Beispielhaft für eine erste Fallstudie mit weitgehend negativen Ergebnissen aus dem WIPO-Recht: *Branting/Pfeifer/Brown/Ferro/Aberdeen/Weiss/Pfaff/Liao*, Scalable and Explainable Legal Prediction, 29 Artif Intell Law 213–238 (2021).

37 *Danilevsky/Qian/Aharonov/Katsis/Kawas/Sen*, in: Proceedings of the 1st Conference of the Asia-Pacific Chapter of the Association for Computational Linguistics (Fn. 35), S. 447–459.

binär als relevant oder nicht-relevant markiert. Eine quantitative Messung der Kongruenz zwischen den beiden Annotationen kann dann beispielsweise über die spezielle *Kappa*-Metrik[38] erfolgen (sog. *Inter-Annotator-Agreement*), die die einfache prozentuale Übereinstimmung hinsichtlich der statistischen Wahrscheinlichkeit von zufälliger Übereinstimmung korrigiert. Zu dieser Grundkonfiguration stellen sich eine Reihe von Fragen, die die Belastbarkeit der Evaluierung beeinflussen und kontextuell zu erörtern sind, z. B.:

- In welchem Detailgrad werden die beiden Markierungen verglichen? Auf Wort, Satz- oder Absatzebene? Hier gilt es, eine systematische Unter- bzw. Überschätzung der Übereinstimmung zu vermeiden. In Vorarbeiten zu *Rationale Extraction* von EGMR-Daten wurde beispielsweise auf der vergleichsweise groben Absatz-Ebene evaluiert.[39]
- Sollen für mehrere rechtliche Tatbestände (z. B. mehrere als verletzt gerügte Artikel der EMRK) separate Referenzannotationen erstellt werden? Alternativ kann lediglich eine einzige Markierung von für den Fallausgang relevanten Fakten erstellt werden[40], mit der eine entsprechende Vereinfachung der Repräsentation einhergeht.
- Ab welchem *Kappa*-Wert kann von einer guten Übereinstimmung zwischen Mensch und Maschine gesprochen werden?[41] Wie groß ist die Übereinstimmung zwischen zwei menschlichen Experten?

Die letztere Frage stellt sich allgemein bei der Evaluation von KI-Systemen anhand menschlich kodierter Daten. Es kann nicht erwartet werden, dass statistische Modelle besser mit einer „richtigen" Annotation übereinstimmen, als es ein anderer Experte dies tun würde. Es ist daher in empirischer KI-Arbeit generell üblich, die Belastbarkeit von Referenzdaten durch die Erhebung von Kontrollannotation und Berechnung von *Kappa*-Statistiken zu prüfen. Es ist außerdem empfehlenswert, schon zu Beginn mehrere Experten einzubinden und den Erstellungsprozess des Datensatzes auf Konsistenz auszurichten.

---

38 *Cohen*, A coefficient of agreement for nominal scales, 20 Educational and Psychological Measurement 37–46 (1960).

39 *Chalkidis/Fergadiotis/Tsarapatsanis/Aletras/Androutsopoulos/Malakasiotis*, in: Proceedings of the 2021 Conference of the North American Chapter of the Association for Computational Linguistics (Fn. 3), S. 226–241; *Santosh/Xu/Ichim/Grabmair*, in: Proceedings of the 2022 Conference on Empirical Methods in Natural Language Processing (Fn. 27), S. 1120–1138.

40 *Chalkidis/Fergadiotis/Tsarapatsanis/Aletras/Androutsopoulos/Malakasiotis*, in: Proceedings of the 2021 Conference of the North American Chapter of the Association for Computational Linguistics (Fn. 3), S. 226–241; *Santosh/Xu/Ichim/Grabmair*, in: Proceedings of the 2022 Conference on Empirical Methods in Natural Language Processing (Fn. 27), S. 1120–1138.

41 z. B. *McHugh/Mary*, Interrater Reliability: The Kappa Statistic, 22 Biochemia Medica 276 (2012).

Wie kann ein Datensatz zur Evaluation von Modellfokus für Fallausgangsklassifikation im Kontext des EGMR unter Einbeziehung mehrerer Experten erhoben werden?

Es ist jedoch bekannt, dass Juristen und Juristinnen in ihrer Einschätzung der Fakten eines Falles nicht zwingend immer übereinstimmen. Dies kann z. B. durch die individuellen Umstände des Falles bzw. seiner Sachverhaltsangabe, die (Un-) Bestimmtheit des einschlägigen Rechts, die Unbestimmtheit der gerügten Norm, unterschiedliche Rechtsauffassungen oder durch nicht ausreichend detaillierte Annotationsanleitungen bedingt sein. Obgleich den von Modellen erreichten Genauigkeitswerten auf öffentlichen EGMR-Benchmark-Datensätzen große Aufmerksamkeit entgegengebracht wird, werden die vereinfachenden Annahmen der verwendeten Datenschemata und Robustheit der Relevanzannotationen bislang kaum geprüft. Arbeiten zur Auswertung der Erklärbarkeit der Fallausgangsklassifikation von EGMR-Fällen beschränkten sich ferner auf Annotationen durch einen einzigen Experten oder einer einzigen Expertin.[42] Unser Experiment hatte zum Ziel, einen Datensatz von Relevanzannotationen durch zwei Expertinnen erstellen zu lassen, um Übereinstimmungen und Unterschiede wissenschaftlich zu untersuchen. Der Prozess sollte daher so gestaltet sein, dass ausreichende detaillierte Annotationen bei einem zugleich möglichst geringen Risiko von Unstimmigkeiten erstellt werden konnten.

VIII Die Besonderheit des Experiments: Zwei juristische Expertinnen bei der Annotierung der Daten

Zur Annotation von zwei Expertinnen im Bereich des internationalen Menschenrechtsschutzes[43] wurden insgesamt 50 Fälle aus dem vergleichsweise beschränkten Zeitraum 2019-2022 ausgewählt. Zum einen haben sich Stil und Länge der Sachverhaltsangaben über die Jahre stark verändert. Zum anderen erlaubt dies, die vorherigen Jahre als Entwicklungsdaten zu verwenden, was eine saubere zeitliche Trennung der Datengrundlage zwischen Training und Evaluation erlaubt. Die Auswahl der Fälle erfolgte dabei semi-zufällig, um sicherzustellen, dass die am

42 *Chalkidis/Fergadiotis/Tsarapatsanis/Aletras/Androutsopoulos/Malakasiotis*, in: Proceedings of the 2021 Conference of the North American Chapter of the Association for Computational Linguistics (Fn. 3), S. 226–241; *Santosh/Xu/Ichim/Grabmair*, in: Proceedings of the 2022 Conference on Empirical Methods in Natural Language Processing (Fn. 27), S. 1120–1138.

43 Es handelt sich hierbei um *Oana Ochim* und *Isabella Risini*.

häufigsten als verletzt gerügten EMRK-Artikel hinreichend repräsentiert wurden. Es sei angemerkt, dass diese Angaben aus den durch uns händisch korrigierten Metadaten bestanden (siehe V. oben).

Um eine einheitliche Annotierung zu erzielen, wurden zunächst auf der Grundlage von zehn „Übungsfällen" gemeinsame Richtlinien zur Annotierung erarbeitet, die als Anhang des Papers ebenfalls veröffentlicht wurden.[44] Als Granularität der Annotierungen wurde die Wortebene gewählt. Es sollten also nicht ganze Sätze oder – wie in früheren Arbeiten[45] – Absätze markiert werden, sondern möglichst nur einzelne Schlüsselbegriffe. Die Expertinnen arbeiteten dabei mit dem GLOSS Annotationstool[46]. Für jeden Fall wurde ihnen lediglich der Sachverhaltsabschnitt des Urteils sowie die vom Beschwerdeführer als verletzt gerügten Artikel gezeigt. Die übrigen Dokumentteile sowie Angaben über die Entscheidung des Gerichtshofs in der Sache blieben gleichsam hinter einem *veil of ignorance* verborgen.

Die Expertinnen erhielten die Tatsachenbehauptungen des Falles zusammen mit Informationen über den/die angeblich verletzten Artikel der EMRK. Für jeden Artikel wurden sie gebeten, relevante Textabschnitte des Sachverhalts farblich hervorzuheben, die die Wahrscheinlichkeit erhöhen, dass sie zu der Vorhersage kommen, dass ein bestimmter Artikel verletzt wurde oder nicht. Der vollständige Leitfaden für die Kommentierung wurde im Anhang des Aufsatzes veröffentlicht.[47]

Nach Fertigstellung der Richtlinien wurden diese für die restliche Dauer des Experiments nicht mehr verändert. Während der folgenden Annotation der 40 Fälle des Datensatzes führten die beiden Expertinnen ihre Arbeit unabhängig voneinander aus. Sie haben sich während der Annotierung also nicht abgestimmt, welche Begriffe im Einzelnen zu markieren sind. Dort, wo die Expertinnen die Fälle bereits zufällig kannten, wurde dies gekennzeichnet. In der Regel handelte es sich jedoch um unbekannte Fälle. Die Expertinnen waren außerdem aufgerufen, eine Vorhersage zu treffen, ob der Gerichtshof jeweils eine Verletzung aburteilen würde oder nicht. Diese Informationen zu Bekanntheit und Prognose wurden später in der Auswertung berücksichtigt.

---

44 *Xu/Santosh/Ichim/Risini/Plank/Grabmair* (Fn. 4), Appendix F, https://doi.org/10.48550/arXiv.2310.11878 (4. 2. 2024).

45 *Chalkidis/Fergadiotis/Tsarapatsanis/Aletras/Androutsopoulos/Malakasiotis,* in: Proceedings of the 2021 Conference of the North American Chapter of the Association for Computational Linguistics (Fn. 3), S. 226–241; *Santosh/Xu/Ichim/Grabmair,* in: Proceedings of the 2022 Conference on Empirical Methods in Natural Language Processing (Fn. 27), S. 1120–1138.

46 *Šavelka/Ashley,* Segmenting U.S. Court Decisions into Functional and Issue Specific Parts, in: Palmirani (Hrsg.), Legal Knowledge and Information Systems (31. JURIX-Tagung), 2018, S. 111–120.

47 *Xu/Santosh/Ichim/Risini/Plank/Grabmair* (Fn. 4), https://doi.org/10.48550/arXiv.2310.11878 (4. 2. 2024).

In unserer gemeinsamen Arbeit haben wir so einen neuartigen Datensatz erarbeitet, der unter dem Namen RaVE (für *Rationale Variation in ECHR*) demnächst auch anderen Forschenden zur Verfügung stehen wird.[48]

IX Ergebnisse & Implikationen

Unsere Arbeit gehört zu den ersten im Bereich des juristischen NLP, die sich auf die Variation menschlicher Annotierungen konzentriert.[49] In der Analyse stellten wir fest, dass die Annotierungen der beiden Expertinnen wenig kongruent sind und nur eine schwache Übereinstimmung erzielt wurde. Wir untersuchten die Gründe für die unterschiedliche Annotierung und systematisierten sie in einer Taxonomie, die das *Disagreement* verschiedenen Aspekten der Daten (z. B. normative oder narrative Unklarheiten, Mangel an spezifischen Informationen) und/oder der annotierenden Person (z. B. Unachtsamkeit, Erfahrungen, Rechtskenntnis) zuordnet. Soweit möglich verknüpften wir Taxonomiekategorien mit sog. *Proxy-Variablen* aus den HUDOC Metadaten und von uns erhobenen Informationen, die mit der jeweiligen Quelle von Unstimmigkeit zusammenhängen. Beispielsweise kann eine nicht-einstimmige Entscheidung des Gerichtshofs (*Judge Split*) rechtliche Unklarheit implizieren oder unterschiedliche Prognosen unserer Experten auf eine abweichende Wahrnehmung des Sachverhalts hinweisen. Die vollständige Taxonomie ist hier in Gänze als Diagramm dargestellt.

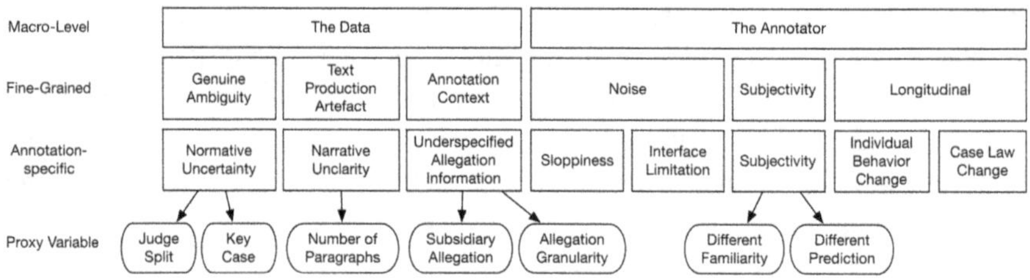

Abb. 1: Taxonomie von Quellen von Unstimmigkeiten im Annotationsprozess.

Wir bewerten verschiedene Taxonomiekategorien anhand der Proxy-Variablen quantitativ. Beispielsweise beobachteten die Expertinnen, dass Unstimmigkeiten in großen Teilen auf eine Unterspezifikation des rechtlichen Kontextes zurückzufüh-

48 https://github.com/TUMLegalTech/RaVE_emnlp23 (4. 2. 2024).

49 Siehe z. B. auch *Braun*, I Beg to Differ: How Disagreement Is Handled in the Annotation of Legal Machine Learning Data Sets, Artif Intell Law (2023).

ren sind. Konkret messbar wurde dies in Fällen, in denen eine Verletzung des Rechts auf ein faires Verfahren in Art. 6 EMRK beklagt wurde. In den HUDOC-Metadaten wurde dieser sehr komplexe Artikel, der drei Unterabsätze umfasst, nicht weiter aufgeschlüsselt, was eine differenzierte Annotation behinderte. Ein weiteres, kontraintuitives Ergebnis war, dass die Übereinstimmungen in Fällen, die mit nichteinstimmigen Richtervoten entschieden wurden, deutlich höher war als bei einstimmigen Entscheidungen. Wir mutmaßen, dass es sich bei nicht einstimmigen Entscheidungen um schwierige Meilensteinurteile handelte, in deren Nachgang sich die Rechtsprechung festigte, was wiederum zu konsistenteren Annotationen führen konnte. Ebenfalls unerwartet war die Beobachtung, dass die beiden Expertinnen in den Fällen, zu denen sie unterschiedliche Ausgangsprognosen abgaben, dennoch hinsichtlich relevanter Sachverhaltselemente vergleichsweise besser übereinstimmen. Abschließend untersuchten wir die Erklärbarkeit von modernen COC-Modellen auf RaVE und stellten eine begrenzte Übereinstimmung zwischen Modellen und Experten fest. Für eine detaillierte Erklärung der Ergebnisse, inklusive der Modellarchitekturen und quantitativen Übereinstimmungswerte sowie eine umfassende Erklärung aller Taxonomie-Konzepte und messbaren Variablen wird an dieser Stelle auf unseren Artikel verwiesen.[50]

Insgesamt zeigt unsere Fallstudie bisher unterschätzte Komplexitäten bei der Erstellung von Benchmark-Datensätzen im juristischen NLP auf, die sich um die Identifizierung von Aspekten der Fakten eines Falles drehen, die für den Ausgang des Falles relevant sein sollen.

Wichtig zu unterstreichen ist, dass die qualitativ hochwertige Annotierung von qualifizierten Expertinnen und Experten kostenintensiv ist, was hinsichtlich der Größe von neu geschaffenen Datensätzen begrenzend wirkt. Ferner sind die von uns annotierten Texte, hier die Sachverhaltsangaben aus Urteilen aus der HUDOC-Datenbank, ihrerseits keine rein objektiven oder neutralen Beschreibungen von Sachverhalten. Vielmehr werden die Texte zu dem Zweck erstellt, die Entscheidungen des Gerichtshofes zu stützen. Obgleich es intuitiv vorteilhaft wäre, mehr Daten bei der Entwicklung zur Verfügung zu haben, etwa auch die Antragsformulare mit dem bereits strukturierten Parteivortrag, stellen sich Praktikabilitätsfragen. Auch der Parteivortrag sowie die Repliken der beklagten Staaten auf die sog. *Communicated Cases* enthalten in der Regel keine neutralen Beschreibungen des Sachverhalts. Ein Experiment auf der Basis dieser Daten müsste entsprechend neu konzeptioniert werden. Die in unserer Untersuchung gewonnen Erkenntnisse könnten in die dabei notwendigen neuen Annotationsprozesse einfließen.

---

50 *Xu/Santosh/Ichim/Risini/Plank/Grabmair* (Fn. 4), https://doi.org/10.48550/arXiv.2310.11878 (4.2.2024).

X Zukunft: Einsatz generativer Sprachmodelle

Obgleich große generative Sprachmodelle (auch *Large Language Models, LLMs*) schon seit mehreren Jahren entwickelt wurden, erhielten sie im juristischen Kontext erst mit der Veröffentlichung von ChatGPT im November 2022 große Aufmerksamkeit. Die aktuelle Generation (z. B. die OpenAI Produkte ChatGPT oder GPT-4) können ebenfalls zur Analyse und Fallausgangsklassifikation verwendet werden. LLMs sind tiefe neuronale Netze, die zunächst auf großen Mengen rohen Textes mit der Aufgabe vortrainiert werden (sog. *Pretraining*), diesen entweder wortweise weiterzuschreiben oder fehlende Segmente zu ergänzen. Auf diese Weise entsteht eine Art Basismodell (z. B. OpenAIs GPT-3 oder Googles T5 Modell). Dieses kann im Anschluss mittels sog. *Instruction-Fine-Tuning* darauf optimiert werden, auf durch Menschen formulierte Fragen und Anweisungen (sog. *Prompts*) intuitiv zu reagieren.[51] Hierbei kann die Sachverhaltsangabe als Kontext mit einem entsprechenden Prompt kombiniert werden, so dass das System einen Text generiert, der auf möglicherweise verletzte Artikel der EMRK hinweist. So kann Klassifikation mittels generativer Sprachmodelle implementiert und mit anderen Modelltypen verglichen werden.[52]

Durch die Freitextgenerierung entstehen neue Möglichkeiten der Wertschöpfung, wie das Vorschlagen von Argumenten zu jeder möglichen Normverletzung. Im Gegensatz zu den speziell trainierten Klassifikatoren früherer Arbeiten bieten aktuelle LLMs diese Funktionalität „out-of-the-box" und ohne die Notwendigkeit von speziellem Training zum Zweck der Prognose von plausiblen EMRK-Verletzungen. Auch können relevante Passagen im Sachverhalt einfach erfragt werden, ohne dass man dabei spezielle mathematische Zurechnungsmethoden aus dem Gebiet von *Explainable Artificial Intelligence* benötigte.

Ungeachtet dieser teils beeindruckenden Fähigkeiten von LLMs in der Erstellung von natürlich anmutenden Texten können diese faktisch falsche oder unsinnige Informationen enthalten[53] und bedürfen insbesondere in der Rechtspraxis der

---

51 *Ouyang/Wu/Jiang/Almeida/Wainwright/Mishkin/Zhang/Agarwal/Slama/Ray/Schulman/Hilton/Kelton/Miller/Simens/Askell/Welinder/Christiano/Leike/Lowe*, Training Language Models to Follow Instructions with Human Feedback, 4. 3. 2022, https://doi.org/10.48550/arXiv.2203.02155 (4. 2. 2024).

52 Siehe als Beispiel für eine frühe vergleichende Benchmark von ChatGPT und anderen Modellen auf EGMR-Daten: *Chalkidis*, ChatGPT May Pass the Bar Exam Soon, but Has a Long Way to Go for the LexGLUE Benchmark, 15. 3. 2023, http://dx.doi.org/10.2139/ssrn.4385460 (4. 2. 2024); die Ergebnisse sind mit der Veröffentlichung von GPT-4 freilich veraltet.

53 Zur Übersicht von problematischen Inhalten in automatisch generierten Texten siehe z. B. *Ziwei/Lee/Frieske/Yu/Su/Xu/Ishii/Bang/Madotto/Fung*, Survey of Hallucination in Natural Language Generation, 55 ACM Computing Surveys 248:1–248:38 (2023).

Prüfung durch einen menschlichen Experten. Im Kontext der Entwicklung und Diskussion von prognoseartigen Modellen im Allgemeinen stellt sich allerdings nach wie vor die Frage, wie genau diese arbeiten und wie gut ihre Vorhersagen mit denen von Experten übereinstimmen. Die Notwendigkeit einer rigorosen Evaluation gegen robuste Referenzdaten besteht weiterhin. Sofern die Generierung von argumentativem Text als erwünschte Funktionalität solcher Systeme hinzutritt, wird die Auswertung sogar noch komplizierter, da für den inhaltlichen Vergleich von maschinengeneriertem Text mit durch Menschen geschriebenen Vorlagen nur eingeschränkt aussagekräftige Metriken zur Verfügung stehen.[54] Die Ergebnisse unserer Untersuchung der Konsistenz von HUDOC-Metadaten und Übereinstimmung von Expertenannotationen bleiben daher auch in der von generativen Sprachmodellen dominierten Zukunft methodisch relevant.

XI Fazit

Bei der gerichtsseitigen Verwendung von KI sind noch viele Fragen offen, die in nationalen Justizkontexten und internationalen Gerichten diskutiert werden. Nicht mehr offen ist die Frage, ob in der Anwaltschaft solche Modelle bereits im Einsatz sind und u. a. das Dokumentvolumen von Klägerinnen und Klägern in Verfahren enorm steigern können. Es muss daher auch unter dem Gebot der „Waffengleichheit" überlegt werden, wie Gerichte in die Lage versetzt werden, sich zu positionieren. Auch in Bezug auf den EGMR gibt es schon konkrete Modelle.[55] Zuzugeben ist freilich, dass im EGMR-Kontext eine Begrenzung des Textes einer Beschwerde durch das Beschwerdeformular (Rule 47 Rules of Court) erreicht wird. Ein proaktiver Ansatz im Umgang mit KI-basierter Software würde den Gerichtshof (und den Europarat[56]) als Vorbild etablieren, und helfen, rechtliche Maßstäbe zu setzen, die auch in ganz Europa dienen könnten. Überzeugungsarbeiten zu Gunsten des grund- und menschenrechtsschonenden Einsatzes von KI auch in gerichtlichem Kontext

---

54 Die Rede ist von gängigen Metriken zur Evaluation von automatisch generierten Textzusammenfassungen (ROUGE, BLEU, METEOR, etc.), die regelmäßig auch bei in anderen Aufgaben generierten Texten zum Einsatz kommen, siehe *Fabbri/Kryściński/McCann/Xiong/Socher/Radev*, SummEval: Re-Evaluating Summarization Evaluation, 9 Transactions of the Association for Computational Linguistics 391–409 (2021).

55 Anwendungen wie JustBot, https://justbot.org (4.2.2024), die von Tech-R und der Universität Oslo entwickelt wurden, helfen Beschwerdeführern, die sich an den EGMR wenden wollen (befindet sich im Oktober 2023 laut den Informationen auf der Seite noch in der Beta-Version; in späteren Phasen sollen auch Algorithmen integriert werden, um den Schreibprozess zu automatisieren).

56 *Breuer*, The Council of Europe as an AI Standard Setter, Verfassungsblog v. 4.4.2022, verfassungsblog.de/the-council-of-europe-as-an-ai-standard-setter/ (4. 2. 2024).

könnte so geleistet werden. Hierbei kann es nicht das Ziel sein, menschliche Entscheidungen durch maschinelle zu ersetzen.

Der Zugang zu qualitativ hochwertigen Trainingsdaten ist sicherlich eine zentrale Stellschraube für die transparente und verlässliche Entwicklung von Modellen, auch jenseits des EGMR. Die Ergebnisse unserer hier umrissenen Experimente unterstreichen dies. Überlegenswert erscheint, ob für die Forschenden ein Recht vorhanden ist, das eine hinreichend saubere und anspruchsvolle Datenhaltung und den Zugang zu Trainingsdaten unter dem Gesichtspunkt der Wissenschaftsfreiheit ermöglicht. Fraglich ist, ob auch gewinnorientiert arbeitende Unternehmen ein solches Recht hätten. In Deutschland gibt es eine Pflicht, veröffentlichungswürdige Gerichtsentscheidungen zu publizieren. Eine genauere gesetzliche Grundlage und ein möglichst breiter Zugang zu den Daten wäre notwendig, um die Entwicklung von Algorithmen zu gewährleisten und eine Verzerrung zu vermeiden. Dabei gibt es Hürden tatsächlicher wie rechtlicher Art: rechtlich und praktisch gleichermaßen schwierig ist die Bewältigung von Anforderungen des Datenschutzes.[57] Bei der Anonymisierung von Urteilen könnte wiederum nach Einschätzung eine KI mittelfristig eingesetzt werden.[58]

Neben dem Recht auf Datenschutz gibt es eine Reihe rechtlicher Maßstäbe, die zu beachten sind. Grund- und Menschenrechte sind hier sicherlich zentral, etwa der Schutz vor Diskriminierung, das Recht auf den gesetzlichen und menschlichen Richter, das Recht auf ein faires und transparentes Verfahren, das Recht auf ein unparteiisches Gericht, das Recht auf einen wirksamen Rechtsbehelf. Für die EMRK stellen sich spezifisch die Fragen, ob das Recht auf individuelle Beschwerde in Art. 34 EMRK ein Recht auf Beschwerde bei einem menschlichen Richter enthält, und umgekehrt, wie weit das Recht des Gerichtshofes nach Art. 24 EMRK geht, sich selbst zu organisieren, ggfs. Fälle nach gewissen Merkmalen zu priorisieren. Ebenso stellen sich Fragen nach Art. 6 EMRK[59], ggfs. Art. 13 EMRK und Art. 14 EMRK.

Sollte man der Anwendung einer KI-basierten Software auf absehbare Zeit näher treten, so sollte auf jeden Fall menschliche Aufsicht gewährleistet werden. Kein KI-System sollte ohne die Prüfung durch menschliche Experten eingesetzt werden. Ziel sollte nicht sein, Richterinnen und Richter zu ersetzen. Sie müssen im

57 *Eberstaller*, Datafying the Law – Zugang zu juristischen Daten, in: Huggings u. a. (Hrsg.), Zugang zu Recht, 2021, S. 71–87.

58 Grundlagenpapier der Präsidentinnen und Präsidenten der OLGs, des KG, des BayObLG und des BGH (Fn. 1), S. 5.; für aktuelle Arbeiten im deutschen Bereich: *Adrian/Dykes/Evert/Heinrich/Keuchen/Proisl*, Manuelle und automatische Anonymisierung von Urteilen, in: Adrian/Kolhase/Evert/Zwickel (Hrsg.), Digitalisierung von Zivilprozess und Rechtsdurchsetzung, 2022, S.173–197.

59 *Klemenjak/Pirker*, Algorithmen und richterliche Entscheidungsfindung – Gratwanderung für die Gewährung von Artikel 6 EMRK?, EALR 2021, 45.

Umgang mit einer entsprechenden Software gut geschult werden, damit sie auch inhärenten Anreizen auf die problematische Übernahme von generierten Ergebnissen widerstehen können.[60] Die Art und Weise der Überprüfung des Systems muss sicherstellen, dass der gesamte Lebenszyklus der Software überwacht wird. Dabei sind funktionale Anforderungen regelmäßig zu aktualisieren und ihre Erfüllung zu prüfen.

Die Vorteile der Nutzung einer KI-basierten Software sind dahingehend zu sehen, dass Entscheidungen konsistenter werden könnten, was für den EGMR[61], aber auch für andere Gerichte, wünschenswert erscheint. Ob ein solcher Einsatz lohnend sein kann, kann hier nicht bewertet werden. Hierzu müssten in Straßburg spezifische Bedarfe reflektiert werden.

---

60 *Albright*, If you give a judge a risk score: Evidence from Kentucky Bail Decisions, 3.9.2019, https://thelittledataset.com/about_files/albright_judge_score.pdf (4.2.2024).

61 *Letwin*, Why Completeness and Coherence Matter for the European Court of Human Rights, 2 European Convention on Human Rights Law Review 119 (2021).

Krisztina Karsai

KI vs. menschliche Entscheidung bei der Analyse und Anwendung des Rechts

Abstract: The paper compares human and Artificial Intelligence in legal decision-making, particularly criminal justice. The author explores the idea that AI could support specific decision-making processes in criminal justice, such as identifying elements of crimes through statistical patterns, reviewing the legality of judicial documents, and potentially aiding in routine decisions. However, the text emphasises the limitations of AI, especially in comprehending context, meaning, and causality, which are crucial in legal interpretations. It also touches upon the ethical and philosophical dilemmas surrounding the integration of AI into the justice system, suggesting that while AI might aid in specific tasks, fundamental aspects of legal decision-making rooted in centuries-old axioms – such as individualised judgments and the consideration of human values like fairness and justice – might remain beyond the capabilities of current AI systems. Furthermore, it discusses the ongoing debates within the European Union regarding the regulation and ethical use of AI in legal systems, highlighting the need for stringent rules and oversight to ensure accountability and prevent potential misuse of AI technologies.

I Einführung

Sowohl der Titel als auch das Thema sind provokativ, da sie einen Wettbewerb zwischen künstlicher und menschlicher Intelligenz implizieren, d.h. die Einführung des Themas fordert das Publikum bereits zu einer notwendigen Wahl auf. Indes wird suggeriert, dass die beiden Arten von Entscheidungsmechanismen vergleichbar sind – obwohl ein solcher Vergleich eigentlich gar nicht möglich ist. Während menschliche Intelligenz (bzw. Entscheidungsprozesse) ungenau und langsam ist, ist Künstliche Intelligenz präzise und schnell. Menschliche Intelligenz erkennt Zusammenhänge aufgrund kognitiven Verständnisses und kann auch in-

Anmerkung: Die Forschung ist Gegenstand des Forschungsprojektes „Künstliche Intelligenz und die Rechtsordnung“ des Kompetenzzentrums Digitale Gesellschaft des Clusters Geistes- und Sozialwissenschaften und wurde vom Exzellenzzentrum für Interdisziplinäre Forschung, Entwicklung und Innovation der Universität Szeged unterstützt.

 https://doi.org/10.1515/9783111343341-012

tuitiv entscheiden; die KI[1] hingegen entscheidet zwar nicht intuitiv, stellt aber statistische Probabilität fest und entscheidet – wenn man es ihr vorgibt – tatsächlich nach dem Zufallsprinzip. Die eine ist menschlich intelligent, die andere ist künstlich unintelligent.

Die einzige Rechtfertigung für diese Wahl besteht darin, dass wir auch KI für entscheidungsfähig halten. Die Notwendigkeit einer Wahl ist derzeit jedoch weder relevant noch zwingend. Solange sich die Anwendung und Auslegung/Analyse des Rechts in seiner Zielsetzung und Funktion in der Zukunft nicht wesentlich ändern, wird diese Wahl weder für uns noch für künftige Juristen eine große Herausforderung darstellen oder zumindest nicht so, wie wir es uns heute vorstellen.

In diesem Beitrag möchte ich ein Teilgebiet unter die Lupe nehmen und kurz untersuchen, ob KI die Funktion übernehmen kann, im Bereich der Justiz Entscheidungen zu treffen; also, ob es Entscheidungen gibt, die durch KI überhaupt gefällt werden können und zwar auch zur Unterstützung menschlicher Entscheidungsträger. Ganz konkret wird hier die Frage gestellt, ob solche Entscheidungen zu identifizieren sind, die in der Strafjustiz während der Verhandlungsphase des Strafverfahrens normalerweise von Richtern getroffen werden, aber tauglich wären, um nunmehr von einer KI getroffen zu werden.

Das Thema, das wir jetzt erörtern, ist jedoch eigentlich, wofür wir KI einsetzen können und sollten, und warum wir KI überhaupt in der Strafjustiz einsetzen sollten. Um diese Fragen zu beantworten, müssen die Debatten geführt und die Voraussetzungen dafür geschaffen werden, worüber heute in fast allen Foren diskutiert wird: über die Grundlagen, d. h. darüber, was wir eigentlich machen, wenn wir das Recht anwenden, welche Funktionen diese Tätigkeit auf der theoretischen Ebene erfüllt und natürlich darüber, was die Verwirklichung dieser rechtlichen Prozesse bedeutet.

1 In diesem Beitrag werde ich nicht näher auf die Definition von „Künstlicher Intelligenz“ eingehen. Der hier verwendete Begriff bezieht sich auf die Verwendung von Computeralgorithmen (Softwarelösungen), die zum maschinellen Lernen fähig sind und auf dieser Grundlage für den Menschen verständliche und sinnvolle Antworten auf von Menschen gestellte Fragen geben können. Siehe mehr zu dieser Frage z. B. *Coglianse/Lehr*, Regulating by Robot: Administrative Decision Making in the Machine-Learning Era, 105 Geo. L. J. 1147 (2017); *Kaplan*, Künstliche Intelligenz. Eine Einführung, 2017.

II Anwendung der Algorithmen- bzw. KI-Technologie

Wir befinden uns in dieser Debatte, da der greifbare Paradigmenwechsel die Welt um uns herum erobert: die Anwendung der Algorithmen und KI-Technologie ist bereits unaufhaltsam und tief im Alltagsleben verbreitet, Beispiele dafür müssen nicht mehr genannt werden. Es ist allerdings wichtig, zu verstehen und uns immer wieder daran zu erinnern, dass allein die Tatsache, dass z. B. einige Staaten der USA eine KI für die Schätzung der Rückfallwahrscheinlichkeit[2] nutzen, noch längst nicht bedeutet, dass diese Entscheidungen korrekt oder sogar gut seien.

Sicherlich sollte eine wissenschaftliche Untersuchung mit herkömmlichen Mitteln durchgeführt werden, um zu beweisen, dass diese Entscheidungen gut und richtig waren, als sie getroffen wurden. Wenn eine solche Untersuchung dies nachträglich bestätigt, dann – und nur dann – könnten wir behaupten, dass die Entscheidungen der KI richtig waren. Also befinden wir uns genau an dem Punkt, an dem das Collingridge-Dilemma uns selbst zur Vorsicht mahnt: in der Anfangsphase einer Technologieentwicklung ist es schwierig, deren Auswirkungen auf die Gesellschaft und die Umwelt zu erkennen, da die Informationen begrenzt und unsicher sind. Wenn die Technologie jedoch erst einmal eingeführt und weit verbreitet ist, wird es schwieriger, sie zu kontrollieren oder zu ändern, da sie in die Strukturen und Verhaltensweisen der Gesellschaft und der Wirtschaft eingebettet ist.[3] Die Regulierung der Technologie bildet eine erhebliche Herausforderung für die Politik, die oft gezwungen ist, Entscheidungen auf der Grundlage von begrenzten Informationen zu treffen, die später schwer rückgängig zu machen sind. In nationalen und internationalen politischen und gesetzgeberischen Bereichen[4] sowie in

2 Siehe z.B: die Anwendung von COMPAS; zu der Analyse und Debatte (auf deutsch) siehe zusammenfassend *Nink*, Justiz und Algorithmen – Über die Schwächen menschlicher Entscheidungsfindung und die Möglichkeiten neuer Technologien in der Rechtsprechung, 2021, S. 375.

3 ‘Attempting to control a technology is difficult...because during its early stages, when it can be controlled, not enough can be known about its harmful social consequences to warrant controlling its development; but by the time these consequences are apparent, control has become costly and slow.’, *Collingridge,* The social control of technology, 1980. Analyse bei *Genus/Stirling*, Collingridge and the dilemma of control: Towards responsible and accountable innovation, 47 Research Policy 61 (2018).

4 CEPEJ, European Ethical Charter on the use of artificial intelligence (AI) in judicial systems and their environment, 2018; General Assembly UN, Roadmap for Digital Cooperation A/74/821, 29. 5. 2020; Europäisches Parlament, Künstliche Intelligenz im Strafrecht und ihre Verwendung durch die Polizei und Justizbehörden in Strafsachen (2020/2016(INI)), 2021; Europäische Kommission, Vorschlag für eine Verordnung des Europäischen Parlaments und des Rates zur Festlegung harmonisierter

der Zivilgesellschaft, Geschäftswelt[5] und Aktivistenszene[6] existiert bereits eine Vielzahl an Regulierungsversuchen. Deren Anstrengungen bleiben jedoch bis heute eher fragmentarisch und oft nur teilweise miteinander vergleichbar, sogar gar nicht kompatibel. Aber der Tsunami an Versuchen zeigt, dass sich die Geschichte der Zukunft gerade in diesen Jahren abspielt.

Da ich mich hier mit dem Strafrecht befasse, werde ich meine Ausführungen auf die Justiz und näher auf Strafsachen und auf die Feststellung der strafrechtlichen Verantwortlichkeit beschränken. Eine weitere Einschränkung besteht darin, dass ich mich nur auf den Aspekt der Verhandlungsphase konzentrieren werde. Eine dritte Einschränkung ist, dass ich mich dem Thema nur von der Seite der Behörden nähere. Der mögliche Einsatz von KI-gestützter Software-Analyse durch die Verteidigung mag zwar – vielleicht – im Rahmen der Beweisführung relevant sein, da es aber im Strafverfahren weder für den Angeklagten noch für die Verteidigung ein ähnliches Entscheidungsgebot gibt, werde ich nicht näher darauf eingehen. Auch der mögliche Einsatz von Software, mittels derer die Urteilsfindung der Strafgerichte kalkuliert und (nach statistischer Wahrscheinlichkeit)[7] eingeschätzt werden soll, wird hier nicht erörtert, ohne zu bezweifeln, dass diese geeignet sein könnten, generell das Vertrauen in das Recht, das Vertrauen in die Rechtspflege und in die Rechtsstaatlichkeit in der Gesellschaft insgesamt durch Vorsehbarkeit zu fördern.

III Algorithmen in der strafgerichtlichen Verhandlung

KI kann (heute) für solche Entscheidungsprozesse eingesetzt werden, die sonst von der natürlichen Intelligenz geleistet werden. Ein Grund für die Anwendung der künstlichen anstelle der natürlichen Intelligenz könnte sein, dass dadurch die Entscheidung (im weiteren Sinne) besser, schneller und effektiver wäre.

Kann eine KI besser, schneller oder effektiver sein? Nur begrenzt. Zwar wird die KI als Nachbildung menschlicher und analytischer Entscheidungsfähigkeiten angesehen, aber das ist durchaus „falsch" im Sinne von unterkomplex, weil

---

Vorschriften für Künstliche Intelligenz (Gesetz über Künstliche Intelligenz) und zur Änderung bestimmter Rechtsakte der Union, COM(2021) 206 final.

5 Vgl. https://futureoflife.org/open-letter/pause-giant-ai-experiments/ (30.11.2023); https://www.uschamber.com/technology/open-letter-to-state-leaders-on-artificial-intelligence (30.11.2023); https://www.nytimes.com/2023/03/29/technology/ai-artificial-intelligence-musk-risks.html (30.11.2023).

6 Vgl. https://www.fairtrials.org/campaigns/ai-algorithms-data/ (30.11.2023).

7 Siehe https://ilas.io/ (30.11.2023) eine „Wettervorhersage" für den Kriminalfall.

a. wir selbst nicht ganz genau wissen, wie menschliches Denken funktioniert;
b. KI-Systeme die menschliche Entscheidungsfindung durch probabilistisches Denken und Analyse durch das Erkennen (formaler) Muster in Daten ausführen. Sie sind also richtigerweise nicht mit der menschlichen Denkweise vergleichbar;
c. die KI unfähig ist, Kontext und Bedeutung zu verstehen und Kausalität zu erkennen. Außerdem ist sie abhängig von Schülerdaten und „Lehrern".[8]

Im Ergebnis kann eine jede KI nur begrenzt besser, schneller oder effektiver sein als natürliche Intelligenz.

Algorithmen-basierte Datenanalyse und KI könnten jedoch in der Lage sein, die Schwächen menschlicher Entscheidungsfindung wie Vorprägungen und Vorurteile, Beeinflussung durch die eigene Befindlichkeit, Emotionen, Erwartungen und Forderungen Dritter, wie der Medien und der öffentlichen Meinung, zu kompensieren oder zumindest abzuschwächen.[9] Wie *Preuß* korrekt zusammenfasst: Gleiches gilt für menschliche Entscheidungen beeinflussende kognitive Verzerrungen wie den Ankereffekt (anchoring effect), den Backfire-Effekt, den Rückschaufehler (hindsight bias) und den Bestätigungsfehler (confirmation bias).[10]

KI ist vor allem dann schneller und effektiver, wenn große Mengen von Lerndaten zur Verfügung stehen, die ansonsten von Menschen analysiert und ausgewertet werden müssten. Dies ist kaum noch zeitgemäß oder gar möglich. Ein weiteres Beispiel für die Schnelligkeit und Effektivität ist die Erzielung eines probabilistischen[11] Outcomes.

Fassen wir also im Folgenden die Tätigkeiten des Fachjuristen in der Verhandlungsphase[12] zusammen, so reicht dies an sich schon aus, um die theoretischen

---

8 Gemeint sind Abhängigkeiten von einerseits Trainingsdaten mit allen darin liegenden Bias-Strukturen und Fragen, die hier nicht ausführlich erörtert werden können und andererseits von jenen, die mit den Trainingsvorgaben und Algorithmen bestimmen, von welchem Ausgangspunkt aus eine KI erlernt.

9 Siehe *Nink*, Justiz und Algorithmen (Fn. 2), S. 130–133.

10 *Preuß*, Digitalisierung im Strafverfahren. Von der elektronischen Aktenführung bis zum Einsatz von KI als Hilfsmittel der Entscheidungsfindung, JZ 2023, 176.

11 *Shaviro*, Statistical-Probability Evidence and the Appearance of Justice, 103 Harv. L. Rev. 552–554 (1989); *Hunt/Mostyn*, Probability reasoning in judicial fact-finding, 24 The International Journal of Evidence & Proof 86–87 (2019).

12 Dieser Beitrag geht von den ungarischen strafprozessualen Strukturen aus. Die Ergebnisse der Untersuchung können aber sowohl vergleichend als auch allgemein verwendet werden.

Positionen,[13] wonach Juristen (insbesondere Richter) „Subsumtionsautomaten“ seien, in Frage zu stellen.

IV Einige Ergänzungen zu der Tabelle

1 Auslegung der strafrechtlichen bzw. nebenstrafrechtlichen Normen

Die Rechtsauslegung, also die Bestimmung der Bedeutung des Normtextes ist mittels einer schwachen KI nicht möglich, vor allem aus zwei manifesten Gründen: Einerseits ist die Straftat selbst eine normative Kategorie. Jede begangene Straftat ist einzigartig und die notwendige Auslegung der abstrakten Normen, die die Anwendung des Strafrechts möglich machen, erfordert Wertungsurteile seitens des Entscheidungsträgers (Richter). Andererseits erlangen systemimmanente Werte mittels Auslegung (fair trial, Menschenwürde, vernünftiger Täter, Verhältnismäßigkeit, gesellschaftliche Entwicklungen, Sozialschädlichkeit, Zweck des Gesetzes usw.) erst ihre Bedeutung. Jene ist für Algorithmen so nicht erreichbar und aus sich heraus nicht anwendbar, da wir (die Menschen) diese nicht mathematisieren können. Wir können Menschlichkeit, Menschenwürde[14] oder Gerechtigkeit (usw.) also nicht in korrekte mathematische Formeln transformieren, sodass diese für Algorithmen notwendig „unverständlich“ bleiben müssen.[15] Mit *Nink:* „die in die Gesetzesauslegung integrierten Gerechtigkeitserwägungen und Wertungen beruhen nicht auf exakter Erkenntnis. Gerechtigkeits- und Richtigkeitsvorstellungen sind keine eindeutigen mathematischen Formeln.“[16] Auch *Gless* und *Wohlers* formulieren zutreffend: „Richter müssen offene Rechtsbegriffe ausfüllen, Ermessen ausüben – und manchmal müssen sie vielleicht sogar Gnade vor Recht ergehen lassen.“[17]

---

13 *Gless* und *Wohlers* berichten über die Debatte und vertreten die Auffassung, dass diese These nicht akzeptabel ist, *Gless/Wohlers*, Subsumtionsautomat 2.0 – Künstliche Intelligenz statt menschlicher Richter?, in: Böse/Schumann/Toepel (Hrsg.), Festschrift für Kindhäuser, 2019, S. 147–165.

14 *Golla*, In Würde vor Ampel und Algorithmus – Verfassungsrecht im technologischen Wandel, in: Donath u. a. (Hrsg), Verfassungen – ihre Rolle im Wandel der Zeit. (AssÖR Bd. 59), 2019, S.183.

15 *Karsai*, Algorithmic Decisions within the Criminal Justice Ecosystem and their Problem Matrix, 92(1) RIDP 13–30 (2021).

16 *Nink*, Justiz und Algorithmen (Fn. 2), S.117.

17 *Gless/Wohlers*, Festschrift Kindhäuser, S. 152.

	OB	wenn ja / teils – wie	wenn nein - warum	Bemerkungen
allgemeine Auslegung	nein		KI kann Normtexte nicht verstehen	statistische Zusammenhänge werden im Strafverfahren nicht akzeptiert
Tatbestands-feststellung	ja	wenn sich Tatbestandselemente statistisch feststellen lassen		z.B. Bilderkennung, Tonerkennung usw.
	nein		Tatbestandselemente können nicht begrifflich verstanden werden	z.B. heimtückisch usw.
Subsumtion / Anwendung	nein		KI kann Normtexte nicht verstehen	Solange starke KI nicht entwickelt wird
Rechtmäßigkeits-kontrolle	ja	wenn Pflichtbestandsteile eines richterlichen Schriftstücks zu kontrollieren sind		mandatorische Bestandteile eines Textes können syntaktisch (und statistisch) geprüft werden
	nein	Das Meritum der Entscheidung, Argumentation	statistische Denkwege können immanente Argumentationswege bzw. die Compliance der Subsumtion nicht prüfen	es sei denn, wir geben uns mit einer guten statistischen Annäherung zufrieden
Urteilsfällung (strafbar / schuldig)	nein		die Hauptfragen werden nicht nach statistischen Regeln entschieden	es sei denn, wir geben uns mit einer guten statistischen Annäherung zufrieden
	ja	Routineentscheidungen, die sowohl eine relativ begrenzte Anzahl von Startkriterien als auch begrenztes Ergebnis haben		z.B. in Ungarn: Strafrichter berechnen Strafverfahrenskosten selbst
Strafzumessung	ja	wenn Strafzumessung eine mathematische Gleichung wäre, d.h. die Zumessungsfaktoren kategorisiert und klar skaliert werden könnten		bei bestimmten Straftaten (Bagatellkriminalität) könnte es eingeführt werden
	nein		da Strafzumessung nichtmathematisierbare Faktoren innehat	statistische Zusammenhänge werden im Strafverfahren nicht akzeptiert
Urteilsfassung	ja	Syntaktisch korrekte Texte können mithilfe der großen neuralen Sprachmodellen zusammengestellt werden		

Abb. 1: KI-Entscheidungen in der Verhandlungsphase (Autor).

2 Tatbestandsfeststellung

Die Tatbestandsfeststellung ist insofern möglich, als dass sich bestimmte Tatbestandselemente von bestimmten Straftaten mittels statistischer Denkwege feststellen lassen: durch Bilderkennung, Sprachmodelle (Fälschung von Objekten, Videos mit kinderpornographischem Inhalt, betrügerische Buchhaltung usw.) oder Chatbots für Zeugenvernehmungen. Aber auch das ist nur begrenzt möglich, wie es *Tober*[18] betont: „Sachverhalte sind keine raum-zeitlich-ausgedehnten Gegenstände, sondern müssen erst begrifflich kodiert werden. Bereits hier muss die anzuwendende Norm mitgedacht werden, denn der Sachverhalt drückt dasjenige aus, was als Anwendungsfall einer Norm in Betracht kommt, indem er Begriffe bezeichnet, die unter die Norm subsumiert werden können. Es zeigt sich, dass ein Sachverhalt selbst nur ein begriffliches Modell der Wirklichkeit ist, dass diese im Hinblick auf die für die Normanwendung relevanten Merkmale verkürzt. Kann ein unbeweglicher Gegenstand ein Werkzeug sein? Diese Frage kann nicht mit Mitteln der Logik beantwortet werden."

3 Subsumtion

Die Subsumtion, also die konkrete Anwendung der Norm als Teil juristischer Entscheidungsfindung und Verbindung zwischen Sachverhalt und Strafnorm, kann von einer KI nicht hergestellt werden. KI kann selbst keinen Bezug zu Normen herstellen, sondern sich allenfalls syntaktisch auf Normsätze beziehen. Der Norminhalt selbst (als Regelungsvorgabe) spielt hier also keine Rolle. Selbst unter der Annahme, dass im Fall rechtlicher Subsumtion, die Haftung dann begründet ist, wenn alle Bedingungen erfüllt sind, so erfolgt die dem zugrundeliegende menschliche Entscheidungsfindung gerade nicht kausal, sondern berücksichtigt sowohl Inhalt als auch Kontext der Norm.[19] Eine algorithmischen Entscheidungsfindung wäre als Wenn-Dann-Beziehung demgegenüber im logischen Sinne kausal.

Oft enthält der Hauptsatz einer Norm keinen konkreten Satz, meint vermittelt kein präzises „Ergebnis", sondern eröffnet gerade einen Auslegungsspielraum; insbesondere im Gesamtbereich des Strafrechts und des Nebenstrafrechts sind die Normsätze auf diese Weise aufgebaut. Das bedeutete aber dann konkret im Falle der „Übernahme" der Subsumtion durch eine KI, wie wir sie (bis) jetzt kennen, dass KI-gesteuerte Subsumtion gerade die Normauslegungsinhalte festschrieben und

18 *Tober*, Ist Normanwendung automatisierbar?, MMR 2021, 779, 780.

19 *Tober* (Fn. 18), MMR 2021, 779, 782; ähnlich *Nink*, Justiz und Algorithmen (Fn. 2), S 37–38.

damit selbst Subsumtionsregelungen schüfe. Mit *Wörner*, „Code creates law"; „mittels Programmierung [werden] Regelungen festgeschrieben […], denen quasi-gesetzgeberische Macht zukommt."[20] KI-gesteuerte Subsumtion wäre nicht fähig, auf individuelle Auslegungsdetails zu reagieren, sondern schüfe eigene normative Inhalte ohne Auslegungsspielraum.

4 Rechtmäßigkeitskontrolle

Die formale Rechtmäßigkeitskontrolle könnte ihrerseits nun durchaus mittels KI-Lösungen durchgeführt werden, wenn und soweit die Rechtmäßigkeitskontrolle in Schriftstücken (z. B. Beschlüssen) erfolgt. Das heißt, die Feststellung, ob eine bestimmte gerichtliche Entscheidung (in Schriftform) die erforderlichen, gesetzlich vorgeschriebenen Inhaltselemente enthält, könnte mit Hilfe einer KI-basierten Lösung insbesondere angesichts des jüngsten Anstiegs der Leistung großer Sprachmodelle und ihrer damit einhergehenden derzeitigen Verbreitung möglich sein; vorausgesetzt, die Inhaltselemente enthalten Textbestandteile.[21]

Die Prüfung, ob eine Entscheidung der objektiven Rechtslage materiell-rechtlich auch entspricht, wäre aber schwierig vorstellbar, da diese Prüfung wiederum solche Komponenten voraussetzt, die Verständnis erfordern: „die Subsumtion, also die Unterordnung des konkreten Lebenssachverhalts unter die (abstrakte) Tatbestandsformulierung einer Rechtsnorm, das Anwenden der Rechtsnorm sowie das Auffinden der richtigen Rechtsfolge."[22] *Nink* bringt das bezeichnende Beispiel mit der Frage eines rechtswidrigen Beweismittels: „Angenommen, ein Angeklagter ist tatsächlich (materiell-rechtlich) schuldig, das einzige ihn belastende Beweismittel unterliegt aber einem absoluten Beweisverwertungsverbot. Der Richter muss diesen Angeklagten freisprechen: Die materiell-rechtlich für sich genommen unrichtige Entscheidung entspricht der objektiven Rechtslage."[23] In einem solchen Fall beruht die Unzulässigkeit des Beweismittels auch auf der Auslegung des Gesetzes, der Abwägung der faktualen Umständen und der Subsumtion. D. h., die Summe dieser Faktoren führt dazu, dass das Beweismittel nicht verwendet werden kann. Da die jedenfalls derzeitige Unzulänglichkeit von KI und anderen Formen maschinellen Lernens für die Teilhandlungen dieses Gesamtprozesses festgestellt

20 *Wörner*, „Code ~~is~~ creates Law" – Im Programmcode festgelegte Regeln haben quasi-gesetzgeberische Macht oder das Programmieren der Algorithmen ist unsere Freiheit?, Politikum Tatort Rechtsstaat 2023, 65, 69.

21 Vgl. dazu *Wilhelmi/Leue*, in diesem Band, S. 67–89.

22 *Nink*, Justiz und Algorithmen (Fn. 2), S. 114.

23 *Nink*, Justiz und Algorithmen (Fn. 2), S. 114.

werden muss, folgt daraus zwingend, dass der Rest des aus diesen Komponenten bestehenden Verfahrens jedenfalls derzeit auch (noch) nicht mittels KI durchgeführt werden kann.

5 Urteilsfindung (schuldig / nicht schuldig)

Eine Urteilsfindung wäre nun ihrerseits gar nicht vorstellbar, wenn sich eine etwaig eingesetzte KI – anhand vergangener Fälle und Muster – allein auf statistischer Basis für das wahrscheinlichste Ergebnis entschiede. Entsprechende Auslegungsmängel bzw. regelgeprägte Subsumtionsinhalte mittels KI würden dann noch verstärkt. Wenn aber in speziellen Verfahren gerade die Bedeutung eines Ermessensspielraums bei der Entscheidung durch den Gesetzgeber verringert wird oder, wenn tatsächliche Umstände des Einzelfalles eine weniger komplexe Situation beinhalten und Subsumtion erfordern (verkürztes Verfahren, Verwaltungsstrafverfahren und/oder sog. Strafbefehle), so kann zumindest die wissenschaftliche Prüfung[24] der Möglichkeit einer automatisierten Entscheidungsfindung gerechtfertigt sein. Mit anderen Worten, routinemäßige Entscheidungsfindungen ließen sich durchaus und gut denkbar, mittels KI unterstützen. So wäre es für Ungarn beispielsweise durchaus vorstellbar, die Kosten des Strafverfahrens, die heute noch vom Richter errechnet werden müssen, KI-basiert festzustellen.

6 Strafzumessung

Eine Strafzumessung mittels KI wäre denkbar, wenn das Urteil bereits gefällt wurde (wie in den Justizsystemen des common law), nunmehr aber die KI – anhand vergleichbarer Fälle – die Strafzumessung beurteilen soll. Das setzt voraus, dass die vielen bei der Strafzumessung zu berücksichtigenden Umstände für den Algorithmus richtig kodiert sind, was wiederum die Formulierung der möglichen Strafarten sowie ihrer Stufen und Anwendungsvoraussetzungen in einer quasi-mathematischen Formel erfordert, wie sie auf Basis der im US-amerikanischen Raum diskutierten *Sentencing Guidelines*[25] denkbar sind. Jener Ansatz vermag allerdings den

---

24 Siehe Forschungsprojekt der Forschungsgruppe „Künstliche Intelligenz und die Rechtsordnung" mit dem Titel „Möglichkeit der algorithmischen Entscheidungen in Straftverfahren wegen Menschenschmuggel in Ungarn" 2023–2025, https://u-szeged.hu/ikikk/ (4.1.2024).

25 https://www.ussc.gov/guidelines (4.1.2024); zu der Kritik: *Bowman*, The Failure of the Federal Sentencing Guidelines: A Structural analysis, 105 Colum. L. Rev. 1315 (2005); *Ambos* (Hrsg.), Strafzumessung. Angloamerikanische und deutsche Einblicke, 2020.

Grundgedanken eines freien richterlichen Beurteilungsspielraums in der Strafzumessung nicht zu berücksichtigen. Ermessen – im Allgemeinen – ist gegeben, wenn dem Richter (dem Entscheidungsträger) hinsichtlich der Anwendung der Rechtsnorm eine Entscheidungsfreiheit eingeräumt und ihm gestattet ist, von mehreren Rechtsfolgemöglichkeiten eine oder mehrere zu wählen. Der Gesetzgeber seinerseits hat einen eigenen Ermessens- und Entscheidungsspielraum, da er nicht jeden konkreten Fall und jedes potenziell relevante Detail vorhersehen kann[26] und insbesondere Strafnormen abstrakt und nicht konkret einzelfallbezogen zu formulieren hat.

Im Ergebnis ist es damit denkbar, eine KI-basierte Unterstützung bei der konkreten Strafzumessung beispielsweise in Verfahren über Ordnungswidrigkeiten oder in Strafsachen im vereinfachten Verfahren mit weniger komplexen Strafzumessungsfaktoren zu entwickeln, vor allem, um eine einheitliche und vorhersehbare Urteilspraxis landesweit zu gewährleisten.

7 Urteilsfassung

Die Urteils(ab)fassung ihrerseits wäre nun wiederum mittels KI-basierter Lösungen möglich, da die großen neuralen Sprachmodelle gerade geeignet sind, syntaktisch korrekte Texte aus Textbausteinen zusammenzustellen, die auf der Grundlage einer entsprechenden vorab erfolgten Einarbeitung alle rechtlich erforderlichen Komponenten eines rechtmäßigen Beschlusses beinhalten.[27]

Gless und *Wohlers* führen hierzu aus, dass „ein Computerprogramm […] zwar insoweit eine Begründung für seine Entscheidung geben [könnte], als bei entsprechender Programmierung der Entscheidungsvorgang dokumentiert wird. Das Nachvollziehen einer derartigen Auskunft dürfte aber – insbesondere dann, wenn Maschinenlernen zum Einsatz gekommen ist – mit einem sehr hohen Aufwand verbunden sein, der tatsächlich oft die Grenzen des Möglichen übersteigen dürfte. Und gleichzeitig dürfte das Ergebnis – wenn überhaupt – nur bei Routineentscheidungen in typischen Fällen befriedigend ausfallen."[28] Mit anderen Worten, auch die Urteilsabfassung selbst ist nicht vollständig mittels einer KI-basierten Lösung denkbar.

---

26 *Nink*, Justiz und Algorithmen, S. 189.

27 Die Urteilsvorhersage selbst wird hier nicht aufgegriffen – es wird von den Beamtenjuristen im Strafverfahren nicht ausgeübt, aber wie bereits angesprochen, ist es eine aktuelle Thematik für das Publikum bzw. für die Anwaltschaft. Siehe https://ilas.io/ (30.11.2023), ein dänischer Versuch.

28 *Gless/Wohlers*, Festschrift Kindhäuser, S. 159.

V Fazit und Ausblick

Was liegt vor uns und was können wir tun, wenn wir uns unserer Rolle im Collingridge-Dilemma bewusst sind? Die philosophischen und moralischen Grundsätze und Grundmechanismen der Strafjustiz sind in jahrhundertealten Kompromissen und Axiomen verankert.

Axiom Nr. 1: Menschen entscheiden (Laien oder Fachrichter), eventuelle Fehler werden prozessrechtlich korrigiert.

Axiom Nr. 2: Kriminalfälle werden individuell entschieden.

Axiom Nr. 3: Eine Entscheidung erfolgt auf der Grundlage der vergangenen Wahrheit bzw. Wirklichkeit (*ex post facto*).

Axiom Nr. 4: Sanktionen werden individualisiert.

Heute also, meint: in der Gegenwart, muss entschieden werden, ob man jenen traditionellen Grundsätzen weiter folgen und die jahrhundertealten Axiome beibehalten oder ob man sie ggf. jetzt durch neue ersetzen will. Jedenfalls legen die aktuellen Gesetzgebungstendenzen und der aktuelle politische Diskurs nahe, dass sie nicht ersetzt werden sollen und dabei zugleich versucht werden soll, jedwede Datafizierung zu vermeiden. Jedenfalls soll in der Verhandlungsphase eines Strafprozesses derzeit keine KI eingeführt werden, außer in den in der Tabelle aufgeführten Fällen:

a. wenn sich Tatbestandselemente statistisch feststellen lassen
b. wenn Pflichtbestandteile eines richterlichen Schriftstücks anhand fester Regeln zu kontrollieren sind
c. bei Routineentscheidungen, die sowohl eine relativ begrenzte Anzahl von Startkriterien als auch ein begrenztes Ergebnis haben
d. für die Erstellung syntaktisch korrekter Texte mithilfe großer neuraler Sprachmodelle und
e. für die Strafzumessung, wenn und soweit deren Regeln algorithmisch kordiert werden können, indem ihre Zumessungsfaktoren kategorisiert und klar skaliert werden könnten.

Dagegen zeigen sich in Wissenschaft, Markt und Marktentwicklung, aber auch anderen Rechtsbereichen, deutliche Hinweise für eine Abkehr von jenen hergebrachten Grundsätzen. Eine Abkehr von obigen Axiomen zeichnet sich dort ab, wo etwa die Vorhersehbarkeit der Rückfälligkeit von Straftätern mittels KI-basierter Systeme untersucht wird. Dann liegt keine *ex post facto*-Beurteilung zugrunde. Bei der Stellungnahme zur Rückfallgefahr von Straftätern handelt es sich vielmehr eindeutig nicht um eine nachträgliche Bewertung einer Tat, sondern um eine erst noch anzustellende Überlegung zu einer noch nicht begangenen zukünftigen Tat.

In Europa ist die Europäische Union ein wichtiger Akteur zur Schaffung einer europaweiten Regulierung verwendbarer Software. Orientiert man sich an Zielen und Vorstellungen der Europäischen Kommission, so wird die EU eine KI-Strategie entwickeln, in die die Menschen Vertrauen haben. Um dieses Vertrauen zu stärken, „stützt sich die EU-Strategie auf die Werte der EU und erhöht damit nicht nur die Akzeptanz KI-basierter Lösungen bei den Bürgerinnen und Bürgern, sondern spornt auch Unternehmen zu deren Entwicklung und Verbreitung an."[29] Nach Vorstellung der Kommission werden eingeführte KI-Systeme auf dem Markt dann durch die Behörden überwacht, während die Nutzer selbst für die Aufsicht durch einen Menschen sowie für deren Kontrolle sorgen. Anbieter und Nutzer sind dann gehalten, schwere Vorfälle und Fehlfunktionen zu melden. Damit verfolgt die Kommission auch in dieser Frage einen funktionalen Ansatz, um mittels Regulierung des gemeinsamen Marktes strenge Regeln für die Anwendung, Entwicklung und Verwendung von KI-Systemen (und KI-basierten Produkten im weiteren Sinne) aufzustellen, die auf den Markt gebracht und dort verwendet werden dürfen.

Das Europäische Parlament (EP) ist jedoch seinerseits besorgt und forderte in seiner Entschließung vom 6. Oktober 2021 zu dem Thema *Künstliche Intelligenz im Strafrecht und ihre Verwendung durch die Polizei und Justizbehörden in Strafsachen* (2020/2016(INI)) in vielerlei Hinsicht ein weit umfassenderes Anwendungsverbot von KI, nämlich den Einsatz von KI und verwandten Technologien für die Erstellung von Vorschlägen von Gerichtsentscheidungen gänzlich zu verbieten (Nr. 16), die Verwendung einer automatisierten Analyse und/oder Erkennung menschlicher Merkmale, wie Gangart, Fingerabdrücke, DNA, Stimme und anderer biometrischer und verhaltensbezogener Signale in öffentlich zugänglichen Räumen zu verbieten (Nr. 26) sowie die Nutzung privater Gesichtserkennungsdatenbanken in der Strafverfolgung (Nr. 28) zu untersagen. Das EP ruft die Kommission auf, mit legislativen und nichtlegislativen Mitteln und erforderlichenfalls mittels Vertragsverletzungsverfahrens ein Verbot jeglicher Verarbeitung biometrischer Daten, einschließlich Gesichtsbildern, zu Strafverfolgungszwecken in allen EU-Mitgliedstaaten zu erwirken (Nr. 31). Zu konstatieren ist, dass weder die Marktentwicklung in der freien Wirtschaft noch in Industrie oder Wissenschaft aufzuhalten sind, solange solche Regulierungen mit Rechtsdurchsetzungscharakter fehlen.[30]

All dies führt auch mich zu der Schlussfolgerung, dass es ohne einen Paradigmenwechsel nicht möglich ist, der algorithmischen Entscheidungsfindung (Entscheidungsunterstützung) in der Strafjustiz einen zufriedenstellenden Platz ein-

29 https://commission.europa.eu/strategy-and-policy/priorities-2019-2024/europe-fit-digital-age/excellence-and-trust-artificial-intelligence_de (4.1.2024).

30 *Wörner* (Fn. 20), Politikum Tatort Rechtsstaat 2023, 65, 69.

zuräumen. Dieser Wandel würde die grundlegenden systemischen Elemente der Justizsysteme und mit ihr jene des strafrechtlichen Denkens berühren und so würde mit dieser Entwicklung eine völlig andere Art und Formatierung der Justiz einhergehen, auf die wir meiner Meinung nach (noch) nicht (hinreichend) vorbereitet sind.

Erlauben Sie mir eine apokryphe Parallele zu ziehen: Hat diese Situation nicht eine Ähnlichkeit mit der sog. Torlinientechnik und dem Einsatz des sog. „Roboter-Linienrichters" in der Fußballwelt? Auch dort erfordert die Akzeptanz über den Einsatz jener Techniken vor allem den Sicht- bzw. den Paradigmenwechsel seitens der Akteure, sonstigen Teilnehmer und Beobachter. In der Tat droht die weitere Entwicklung ohne einen Paradigmenwechsel in der Strafjustiz zu einem heuchlerischen Glaubenskrieg KI-unterstützter Strafjustiz zu degenerieren.

Svenja Behrendt

Menschliches und maschinelles Entscheiden bei der Analyse und Anwendung des Rechts

Abstract: Until recently, analysing and applying the law has been a distinctly human activity involving human decision-making processes. The rise of artificial intelligence could challenge that. Because the analysis and application of law only draw on processing data and providing a certain output, there can be machine equivalences. This begs the question of how the use of algorithmic data processing impacts the law. Knowing the answer would allow us to decide how AI should be trained and under which circumstances it may be used. However, this is built on sand if we fail to acknowledge that every application of the law is a creative act. The established understanding in legal studies distinguishes between easy and hard cases and adheres to the misleading thesis that the interpreter only creates law when the law runs out. If we acknowledge that any application of law is an entirely creative act, we begin to see the complex problems of both human and machine decisions in the analysis and application of law (and of law itself) and are less prone to fall prey to a reduction of complexity, which promotes an idealization of human reasoning capacities or of algorithmic data processing.

I Einführung

Was bedeutet es für das Recht, wenn Algorithmen Recht analysieren und anwenden? Diese Frage ist mittlerweile von erheblicher praktischer Relevanz, denn dass Künstliche Intelligenz (KI) auch im Recht zur Anwendung kommen könnte, dürfte spätestens seit ChatGPT allen klar sein. Denn angesichts der sprachlichen Qualität des erzeugten Textes und des Umstandes, dass der Text häufig Sinn ergibt, dringt KI zum Herzstück des Rechts – Zeichen, die als Träger von Informationen über das Gesollte verstanden werden – vor. Damit bewegen wir uns auf noch nicht vollständig erschlossenem Terrain. Die Analyse und Anwendung des Rechts waren bislang allein durch menschliche Entscheidungen geprägt. Auch wenn das im Laufe der Zeit zunehmend mit einer gewissen maschinellen Unterstützung verbunden wurde, ist die Entwicklung von algorithmischen Systemen bzw. KI geeignet, einiges umzuwälzen und die maschinelle Unterstützung – aber auch die Einbindung ma-

 https://doi.org/10.1515/9783111343341-013

schineller Entscheidung im Recht ganz allgemein – auf ein qualitativ und quantitativ ganz anderes Niveau zu heben.[1]

Die Beschäftigung mit menschlichen und maschinellen, insbesondere algorithmischen, Entscheidungen und Entscheidungsfindungsprozessen (inklusive ihrer Mischformen) bei der Analyse und Anwendung des Rechts wirft eine Vielzahl von Fragen auf. Das beginnt bei der Frage, was mit der Analyse und Anwendung des Rechts genau gemeint ist. Zur Vereinfachung werde ich mich in diesem Beitrag auf die Konstellationen beziehen, die in diesem Zusammenhang typischerweise im Fokus liegen: Konstellationen, in denen Akteure der zweiten oder dritten Gewalt unter Berufung auf das Recht gegenüber den „Rechtsunterworfenen" Entscheidungen treffen und/oder agieren und mit Anspruch auf Verbindlichkeit Aussagen darüber treffen, was aus dem Recht für den konkreten Fall folgt. Die Analyse des Rechts ist dann ein der Anwendung vorgeschalteter Schritt, kann aber auch einem bloß rechtswissenschaftlichen Interesse dienen. Damit wurde der Gegenstand der menschlichen und maschinellen/algorithmischen Entscheidungen zwar auf eine Weise eingegrenzt, die das Thema einer theoretischen Befassung zugänglich macht – das entbindet aber nicht von einer näheren Befassung mit der Frage, was Rechtsanwendung ausmacht und bedeutet. Zudem stellen sich weitere, grundlegende Fragen, darunter solche aus dem Themenkomplex der Entscheidung. Können Maschinen überhaupt Entscheidungen treffen? Impliziert das nicht eine Urteilskraft, ein reflektierendes Abwägen von Handlungsoptionen, welche algorithmischer Datenverarbeitung (bislang) fehlt? Selbst wenn man ein bereits in den Fragen anklingendes, an neuro-biologischer Datenverarbeitung orientiertes Verständnis zugrunde legen würde, kann kaum geleugnet werden, dass algorithmische Systeme bereits in einem schwachen Sinne handlungsfähig sind.[2] Algorithmisch datenverarbeitende Systeme können Daten und Informationen aus der Umwelt aufnehmen, verarbeiten und einen Output generieren (z. B. Durchführung einer bestimmten Bewegung, Versendung einer bestimmten Nachricht an einen bestimmten Empfänger) – sofern die entsprechende Hardware vorhanden und mit dem System verbunden ist. Damit können sie bestimmte Handlungsoptionen ergreifen, welche

---

1 Zu den Vorteilen des Einsatzes von KI im Recht s. exemplarisch *Meyer*, Digitale Anwendbarkeit von Rechtsnormen – Auch eine Frage des Rechtskreises?, in: Kuhli/Rostalski (Hrsg.), Normentheorie im digitalen Zeitalter, 2023, S. 37, 38 ff.; *Broemel*, Algorithmen in der Rechtsanwendung, in: Kuhli/Rostalski (Hrsg.), Normentheorie im digitalen Zeitalter, 2023, S. 123, 125 f. Aus dem Bereich des LegalTech vgl. exemplarisch *Khoja/Kölbl/Leue/Wilhelmi*, Formal Modeling and Analysis of Legal Contracts using ContractCheck.

2 Zu dem Themenkomplex siehe exemplarisch *Hirsch*, Künstliche Intelligenz, normative Ansprechbarkeit und die normentheoretische Beschreibung des Strafrechts, in: Kuhli/Rostalski (Hrsg.), Normentheorie im digitalen Zeitalter, 2023, S. 151, 156.

erst das Resultat des konkreten algorithmischen Datenverarbeitungsprozesses sind und bei anders gelagerter Datenverarbeitung ggfs. anders ausgefallen wären.[3] Wenn man sich von metaphysischen Überhöhungen menschlicher Datenverarbeitung befreit und menschliche Entscheidungsfindung als einen nach Kausalgesetzen ablaufenden, komplexen neuro-biologischen Prozess begreift, dann gibt es durchaus Grund zur Annahme, dass algorithmische und neuro-biologische Entscheidungsfindung zwar gravierende Unterschiede aufweisen, es sich aber in beiden Fällen um Entscheidungsfindungsprozesse handelt. Davon ausgehend dürfte auch die Frage, ob eine rein maschinelle Verarbeitung von Daten eine Analyse und Anwendung des Rechts sein kann, nicht kategorisch abzulehnen sein. Akzeptiert man, dass menschlichem Entscheidungsverhalten und kognitiven Datenverarbeitungsprozessen nichts Metaphysisches anhaftet, dass es sich also lediglich um eine biologische Form der Datenverarbeitung handelt,[4] dann wird deutlich, dass es jedenfalls maschinelle Äquivalente für das, was man bei menschlicher (neurobiologischer) Datenverarbeitung[5] als Entscheidung, Analyse oder Anwendung bezeichnen würde, geben muss. Dementsprechend muss es grundsätzlich möglich sein, Phänomene der maschinellen/algorithmischen Datenverarbeitung als Analyse und Anwendung des Rechts zu qualifizieren. Bei menschlichen Entscheidungen und menschlichem Verhalten müsste man sich insofern die Frage stellen, unter welchen Bedingungen man von einer Analyse und Anwendung des Rechts sprechen kann. Bei maschinellen Entscheidungen und maschinell angestoßenen realen Prozessen, welche den Bereich der reinen Datenverarbeitung verlassen, wäre die Frage dieselbe. Die Beantwortung der Fragen kann aber unterschiedlich

---

3 Zu algorithmischer Datenverarbeitung siehe exemplarisch: *Tamò-Larrieux*, Decision-making by machines: Is the 'Law of Everything' enough?, 41 Computer Law & Security Review 105541 (2021); *Ernst*, Algorithmische Entscheidungsfindung und personenbezogene Daten, JZ 2017, 1026, 1027 f.; *Nink*, Justiz und Algorithmen. Über die Schwächen menschlicher Entscheidungsfindung und die Möglichkeiten neuer Technologien in der Rechtsprechung, 2021, S. 143 ff., 201.

4 *Nink*, Justiz und Algorithmen, S. 33 geht davon aus, dass „Überlegungen zur Entscheidungsfindung im Rahmen einer rechtswissenschaftlichen Untersuchung sowie darüber, ob und wie Entscheidungsfindung rationaler gestaltet werden könnte, […] nur […] unter der Grundannahme [sinnvoll sind], dass Entscheidungen prinzipiell frei zustande kommen“. Diese Annahme teile ich nicht, s. *Behrendt*, Entzauberung des Rechts auf informationelle Selbstbestimmung. Eine Untersuchung zu den Grundlagen der Grundrechte, 2023, S. 284 ff. m.w.N.

5 Zur menschlichen Entscheidungsfindung s. *Pfister/Jungermann/Fischer*, Die Psychologie der Entscheidung: Eine Einführung, 4. Aufl. 2017, S. 2 ff., 16 ff.; *Hastie*, Problems for Judgment And Decision Making, 52 Annual Review of Psychology 653, 655 ff. (2001); *Nink*, Justiz und Algorithmen, S. 30 f.; zur verhaltensökonomischen Diskussion s. *Hacker*, Verhaltensökonomik und Normativität, 2017, S. 31 ff.

ausfallen, weil menschliche Datenverarbeitung grundlegend anders funktioniert als maschinelle.[6]

Dieser Beitrag beschäftigt sich insbesondere mit dem Verständnis des Rechts bzw. mit den rechtstheoretischen Grundlagen der Anwendung des Rechts und erfragt, darauf aufbauend, was das für menschliche und maschinelle Entscheidungen bei der Anwendung des Rechts bedeutet. Nach dem etablierten Verständnis wird nach wie vor zwischen der Anwendung des Rechts und der Fortbildung des Rechts unterschieden. Rechtserzeugung wird allenfalls mit Rechtsfortbildung assoziiert. Maschinelles und algorithmisches Entscheiden wird deshalb auch eher in diesem Bereich für problematisch gehalten. Im Grunde ist aber jedwede normativ geprägte Entscheidung ein Akt der Rechtserzeugung.[7] Wenn wir menschliches und maschinelles Entscheiden bei der Analyse und Anwendung des Rechts verstehen wollen, sollten wir uns zunächst von den Idealisierungen befreien, welche das Verständnis normativ geprägter Entscheidungen nach wie vor begleiten. Der Beitrag schließt mit einigen Überlegungen dazu, welche Rolle maschinelle Entscheidungen bzw. die maschinelle Unterstützung menschlicher Entscheidungen bei der Analyse und Anwendung des Rechts haben kann.

II Anwendung und Erzeugung des Rechts

Die Frage nach dem, was Rechtsanwendung substantiell ausmacht, bringt uns zu dem ersten Problem, denn die Anwendung des Rechts lässt sich nicht von der Erzeugung des Rechts trennen. Es gilt „Abschied zu nehmen von einem – zumindest unterschwellig noch weitverbreiteten – einseitig am Gesetz als Rechts(erzeugungs) quelle orientierten Verständnis von Rechtsgewinnung". Dass „alles Recht bereits im Gesetz beschlossen und die in concreto zu fällende Einzelfallentscheidung dem Gesetz allein auf logisch-deduktivem Wege zu entnehmen [ist]", müsse – so sagt *Matthias Jestaedt* – „längst als widerlegt gelten".[8] Das mechanistische Rechtsver-

---

6 *Ernst* (Fn. 3), JZ 2017, 1026, 1027 f.; *Nink*, Justiz und Algorithmen, S. 176.

7 Kein mit autoritativer Entscheidungsmacht ausgestatteter Interpret des Rechts wird indes behaupten, dass seine Entscheidung auf Rechtserzeugung beruht – er wird sie im Regelfall als bloße Anwendung des Rechts ausgeben, *Shapiro*, Legality, 2011, S. 261, und sich durch diese Entpersonalisierung aus der Verantwortung stehlen.

8 *Jestaedt*, Maßstäbe des Verwaltungshandelns, in: Ehlers/Pünder (Hrsg.), Allgemeines Verwaltungsrecht, 16. Aufl. 2022, § 11 Rn. 9. Siehe auch *ders.*, Richterliche Rechtsetzung statt richterliche Rechtsfortbildung: Methodologische Betrachtungen zum sog. Richterrecht, in: Bumke (Hrsg.), Richterrecht zwischen Gesetzesrecht und Rechtsgestaltung, 2012, S. 49; *Becker*, Was Bleibt? Recht und Postmoderne. Ein rechtstheoretischer Essay, 2014, S. 17, 96.

ständnis des Rechtsformalismus, welches insbesondere dem deutschen Rechtsverständnis gegen Ende des 19. und zu Beginn des 20. Jahrhunderts nachgesagt wird,[9] ist rechtstheoretisch unhaltbar. Jede Anwendung des Rechts ist Rechtskreation.[10] Außerdem kommt jedenfalls gelegentlich durchaus in Betracht, dass die Rechtsanwendung mit gleicher Berechtigung auch anders hätte ausfallen können. Das ist kein Phänomen, welches sich damit erklären ließe, dass die Rechtsanwendung bislang primär auf menschlichen Entscheidungen beruht. Das schöpferische Element bei der Rechtsanwendung entspringt – worauf ich im Folgenden noch näher eingehen werde – der strukturellen Offenheit des Rechts, dem unausweichlich subjektiven Zugriff auf das Recht und die hermeneutische Struktur bei dem Vorgang, welcher vom Interpreten als Vorgang der Rechtserkenntnis empfunden wird, im Grunde aber ein Vorgang der Rechtserzeugung ist.

1 Rechtsfortbildung und Rechtserzeugung als Problemkind des Rechts

Es ist indes kaum zu leugnen, dass man in der (deutschen) Rechtswissenschaft nach wie vor ein tief verankertes Misstrauen gegen eine allzu große interpretatorische Macht hegt – nicht zuletzt aus demokratietheoretischen Gründen.[11] Man misstraut dem Interpreten, will ihn bändigen, Willkür verhindern.[12] Richter, welche jedenfalls

---

9 Der Rechtsrealismus hat sich insbesondere als Gegenbewegung zum deutschen Rechtsformalismus formiert, siehe dazu *Priel*, The Return of Legal Realism, in: Dubber/Tomlins (Hrsg.), The Oxford Handbook of Legal History, 2018, S. 457, 461 f. Ob der Stein des Anstoßes – ein mechanistisches Rechtsverständnis – in dieser Form indes derart verbreitet vertreten wurde, wird von *Tamanaha*, Beyond the Formalist-Realist Divide: The Role of Politics in Judging, 2009, S. 28 ff. in Zweifel gezogen. Er geht sogar so weit, zu behaupten, dass der Rechtsformalismus in der vom Rechtsrealismus behaupteten Weise gar nicht existiert habe: „The formalists never speak for themselves. Every account of the legal formalists and the purportedly widespread belief in 'mechanical jurisprudence' has been written by critics […], and by modern historians and theorists relying upon the accounts of critics", ebd., S. 4.

10 *Becker*, Recht und Postmoderne, S. 73; *Behrendt*, A Constructivist Discourse Theory of Law, Rechtstheorie 51 (2020), 171, 179. Ähnlich, aber nicht ganz so weit gehend: *Jestaedt*, in: Bumke, S. 51, 62 ff. (Mischung von Fremd- und Selbstprogrammierung).

11 *Hillgruber*, in: Dürig/Herzog/Scholz, Grundgesetz, 101. EL Mai 2023, Art. 97 Rn. 63; *Hirsch*, Auf dem Weg zum Richterstaat?, JZ 2007, 853, 857. Aus beobachtender Perspektive: *Jestaedt*, in: Bumke, S. 50.

12 BVerfGE 34, 269, 287; 87, 273, 280 m.w.N. Willkür und subjektive Dezision sind äußerst negativ belegt; gleichzeitig sind Entscheidungen aber elementar für das Funktionieren des Rechtssystems (und sonstige Bereiche des individuellen und gesellschaftlichen Lebens). Man trifft eine Entscheidung, wenn man sich auf eine bestimmte Option festlegt, obwohl man sich auch auf eine andere Option festlegen könnte, s. beispielsweise *Laux* u. a., Entscheidungstheorie, 10. Aufl. 2018, S. 3, zur

zu den im Rechtssystem bedeutendsten Interpreten gehören, sollen das Recht anwenden, es aber nicht erzeugen. Sie sollen die Rechtsanwendung durch die Exekutive daraufhin überprüfen, ob sie rechtskonform ist (mithin ob es sich um eine/die „richtige“ Anwendung des Rechts handelt). Richter sollen nicht ihre Rechtsauffassung an die Stelle derjenigen des demokratisch legitimierten Gesetzgebers setzen, sich keine politische Gestaltungsmacht anmaßen, sich nicht von eigenen moralischen Überzeugungen oder Vorverständnissen leiten lassen.[13] Alles, was sich bei Entscheidungen mit normativem Gepräge nicht als *Anwendung* des Rechts darstellen lässt, ist demnach *Schöpfung* von Recht und zur Schöpfung von Recht ist – so das wohl etablierte Verständnis – nur der Gesetzgeber ermächtigt.

Richterliche Rechtsanwendung wird demnach als der nicht-pathologische Normalfall verstanden, bei dem ein eigener schöpferischer Anteil des Interpreten (also des Richters) entweder geleugnet (Rechtsschöpfung ist erst das, was nicht mehr Rechtsanwendung ist) oder als unproblematisch skizziert wird. Indes: Wenn jegliche Rechtsanwendung ein schöpferisches Element in sich trägt, dann kann man nicht behaupten, dass Rechtsanwendung und Rechtserzeugung voneinander zu unterscheiden wären, denn Rechtsanwendung *ist* dann – jedenfalls zum Teil – auch Rechtserzeugung.[14] Mit *Jestaedt* ließe sich die These aufstellen, dass Gerichte wenigstens zu diesen rechtsschöpfenden Akten ermächtigt sind: Da unsere Rechtsordnung von der Rechtsanwendung durch die Gerichte ausgeht, müssen sie zu solchen Akten der Rechtskreation ermächtigt sein, die mit der Anwendung des Rechts zwingend einhergehen. Auf der Basis eines setzungsorientierten, gestuft-arbeitsteiligen Verständnisses des Rechts kann es sich aber nicht um eine vollumfassende Ermächtigung zur Rechtserzeugung handeln, diese gesteht man schließ-

---

Inklusion der Vorbereitungsphase in den Begriff der Entscheidung s. ebd., S. 12. Entscheidungen haben dementsprechend immer einen subjektiven Charakter; es ist schließlich der Entscheidungsträger selbst, der sich festlegt. Eine Dezision ist nichts anderes als eine Entscheidung: der lateinische Begriff für Entscheidung lautete *decisio*. Schon aus etymologischen Gründen ist es deshalb unverständlich, wenn man subjektiven Dezisionen mit Skepsis begegnet, Entscheidungen aber für unproblematisch hält. Siehe dazu auch *Greven*, Über demokratischen Dezisionismus, in: Greven (Hrsg.), Kontingenz und Dezision. Studien zur politischen Gesellschaft, 2000, S. 51, 55. Die Annahme, dass ein konstruktivistisches Verständnis des Rechts Willkür Vorschub leisten würde, ist unbegründet, s. *Becker*, Recht und Postmoderne, S. 73 (Zitat), 113 ff.: „Die damit oft verknüpfte Angst vor Relativismus und Willkür [… ist] unbegründet […]. Konstruktivistisch bedeutet keineswegs, dass der Konstrukteur völlig frei in der Wahl des zu konstruierenden ‚Objekts‘ ist. Es ließe sich sogar behaupten, dass die konsequente Anerkennung dieses konstruktivistischen Moments der Rechtsanwendung die Begründungslast erhöht.“

13 So gibt *Dworkin*, Law’s Empire, 1986, S. 8 das damalige etablierte Verständnis in Großbritannien und den USA wieder. Vgl. auch *Luhmann*, Das Recht der Gesellschaft, 8. Aufl. 2020, S. 38, 50.

14 *Jestaedt*, in: Bumke, S. 49 (62 ff.).

lich nur der Legislative zu.[15] Aus diesem Grund geht es dann eigentlich um die Kontrastierung von *legitimer Rechtserzeugung* und *illegitimer Rechtserzeugung.* Illegitime Rechtserzeugung wäre dann grundsätzlich alles, was nicht Rechtsanwendung ist. Ausnahmen wäre auf der Basis dieses Verständnisses nur denkbar, wenn der jeweilige Akteur ausnahmsweise doch zur Rechtserzeugung ermächtigt wäre.

Rechtsfortbildung wird damit jedenfalls auf einer semantischen Ebene in den Bereich illegitimer Rechtserzeugung gerückt, denn wer das Recht fortbildet, der geht über die Anwendung des Rechts hinaus. Richterliche Rechtsfortbildung ist in diesem Narrativ ein Phänomen, dass man nur wegen der unausweichlich offenen Struktur des Rechts[16] und der Existenz von sog. *hard cases*[17] duldet, weil man es wohl oder übel dulden muss.[18] Wenn dem Recht keine klare Aussage zu entnehmen ist („*when the law runs out*")[19] muss trotzdem darüber entschieden werden (können), was das Recht gebietet.[20] Ein Gericht kann sich der Entscheidung des Falles nicht entziehen. Selbst wenn das Verhalten eines Akteurs in einem Fall „unreguliert" zu sein scheint – das Gericht also annimmt, dass es weder eine ausdrückliche noch eine irgendwie geartete, im Wege der Interpretation ermittelbare klare Regelung gibt, und es annimmt, dass dem Vorhandenen keinerlei Aussagekraft mit Blick auf den konkreten Fall zukommt – der Fall muss entschieden werden. Wenn es richtig ist, dass das Recht überhaupt „Lücken" aufweisen kann, dann würde sich die Frage aufdrängen, ob die in diesen Fällen vorgenommene, „lückenschließende"

---

15 *Jestaedt* spricht deshalb von einer Mischung aus Fremdprogrammierung und Selbstprogrammierung, welche sich in jeder Rechtsanwendung zeige, s. *Jestaedt*, in: Bumke, S. 62 f.; *ders.*, in: Ehlers/Pünder Rn. 10 f.

16 Siehe zur offenen Struktur des Rechts *Hart*, The Concept of Law, 3. Aufl. 2012, S. 124 ff.; *Shapiro*, Legality, S. 260 ff., 277 ff.

17 Zur Differenzierung von easy und hard cases *Marmor*, No Easy Cases?, 3 Canadian Journal of Law and Jurisprudence 61 (1990); *Shapiro*, Legality, S. 261 ff.

18 *Jestaedt*, in: Bumke, S. 51; *Fischman*, How Many Cases Are Easy?, 13 Journal of Legal Analysis 595, 596 (2021); *Poscher*, Hermeneutics, Jurisprudence and Law, in: Malpas/Gander (Hrsg.), The Routledge Companion to Hermeneutics, 2015, S. 451, 455: „Legal construction creates a kind of a double bind: On the one hand it seems inevitable for the law, and on the other hand it shifts the full burden of legitimation to the judge or whoever has to construct, that is, to amend, the law. So there has always been some unease about whether legal construction can be supported by a sufficiently strong legitimation given the wide-ranging effects of legal hermeneutics."

19 *Shapiro*, The „Hart–Dworkin" Debate: A Short Guide for the Perplexed, in: Ripstein (Hrsg.), Ronald Dworkin, 2007, S. 22, 29, 31; *Tamanaha*, Role of Politics in Judging, S. 91, 184, 186.

20 Siehe dazu insbesondere *Hart*, Concept of Law, S. 126 ff., 272 f. (postscript); *Poscher*, in: Malpas/Gander, S. 451, 455; *Fischman*, 13 Journal of Legal Analysis 595, 596 (2021). Zur Entscheidung, sofern das Recht mehrere Möglichkeiten offen lässt, aus Sicht der Reinen Rechtslehre siehe *Kelsen*, Reine Rechtslehre, 2. Aufl. 1960, S. 348 ff. Gegen die Annahme, dass das Recht überhaupt Lücken aufweisen könne, siehe *Hillgruber*, in: Dürig/Herzog/Scholz, Grundgesetz (Fn. 11), Art. 97 Rn. 69.

richterliche Rechtsfortbildung nicht auch eine Form *legitimer* Rechtserzeugung kraft impliziter Ermächtigung darstellt. Die Vorbehalte, die richterlicher Rechtsfortbildung entgegengebracht werden, wären dann allenfalls aus pragmatischer Sicht berechtigt, da man dann auch in diesen Fällen legitime Rechtserzeugung von illegitimer Rechtserzeugung unterscheiden müsste und sich diese Differenzierung nicht trennscharf durchführen lässt.

Dass es jedenfalls auch jenseits dessen, was als reine Rechtsanwendung deklariert wird, um legitime Rechtserzeugung handeln kann, ist schon deshalb plausibel, weil Rechtsanwendung und Rechtsfortbildung sich nur in der semantischen Abstraktion klar voneinander trennen lassen.[21] Phänomenologisch liegt in beiden Fällen eine Entscheidung vor, die sich auf bestimmte Normtexte (und in das System des Rechts eingespeiste Kommunikationsakte) stützt und argumentativ begründet, warum der Fall in Anbetracht der Normtexte so zu entscheiden ist, wie er entschieden wurde. Ob die Entscheidung damit das Recht anwendet oder fortbildet, ist ebenso wie die Frage, ob es sich um eine richtige, falsche oder vertretbare Anwendung des Rechts handelt, eine Wertung, die von dem eigenen interpretatorischen Zugriff auf das Recht abhängt und von außen an die Entscheidung herangetragen wird. Die Wertung ordnet die Entscheidung aufgrund einer Analyse am Maßstab des eigenen Zugriffs auf das Recht ein. Die Einordnung als Rechtsanwendung und Rechtsfortbildung ist also nichts, was der Entscheidung als solcher anhaftet. Phänomenologisch ist die Entscheidung zunächst einmal ein Akt der Rechtserzeugung; ob es sich um eine rechtsanwendende oder rechtsfortbildende Rechtserzeugung handelt, ist eine Frage eben jener Einordnung.[22]

Die Beurteilung der *Legitimität* der Rechtserzeugung ist eine Frage, die gesonderte Betrachtung erfordert. Der Gedanke speist sich aus dem überkommenen demokratietheoretischen Rechtfertigungsnarrativ, demzufolge die Rechtsetzung von der Ausführung des Rechts durch die Exekutive und der Kontrolle jener Ausführung durch die Judikative getrennt wird. Rechtserzeugung kann dementsprechend nur der Legislative zugeordnet werden; weder die Exekutive noch die Judikative kann dazu befugt sein, das Recht zu kreieren, an das es sich dann selbst bindet. Die These, dass jeder Rechtsanwender (und damit auch Akteure der Exekutive und Judikative) bei ihren normativ geprägten Entscheidungen das Recht

21 Zu den Problemen der Abgrenzung *Jestaedt*, in: Bumke, S. 58 ff.

22 Auch der Entscheidungsträger kann den beobachtenden Standpunkt einnehmen und seine Entscheidung einordnen. Die Einordnung ist aber nicht Teil der Entscheidung als solcher, da sie erst das Ergebnis einer analytischen Auseinandersetzung mit der Frage ist, in welchem Verhältnis die konkrete Entscheidung zum bisherigen Recht steht, was unter dem bisherigen Recht verstanden wird, was Rechtsanwendung ist und was vor diesem Hintergrund als Fortbildung des Rechts begriffen wird.

überhaupt erst erzeugen, steht dementsprechend in einem Spannungsverhältnis zu dieser demokratietheoretischen Grundannahme. Allerdings müssen auch Thesen über Normativität einen Bezug zur Realität haben. Gegen die Tragfähigkeit des Narrativs sprechen insbesondere zwei Gründe: (1) Das konkrete normative Gebot, welches von einem Organ der Exekutive ausgeführt wird, müsste vom Gesetzgeber tatsächlich so gesetzt worden sein könne. Sofern man damit eine substantielle Entscheidung über die Setzung eben jenes *konkreten* Sollensgebotes (ggfs. als Bestandteil eines allgemeineren Gebotes) verstehen würde, würde man die Leistungsfähigkeit des Gesetzgebungsprozesses als kollektiven Entscheidungsfindungsprozess überhöhen und idealisieren; ein ontologisches Fundament für eine solche Annahme ist nicht in Sicht.[23] Nimmt man hingegen Abstand von der These, dass es um eine substantielle Entscheidung über das konkrete Sollensgebot geht, und lässt die formale kollektive Entscheidung über die Setzung des Normtextes genügen, dann stellt sich die Frage, woher das Sollensgebot kommen kann, an welchem die rechtsanwendende oder rechtsfortbildende Rechtserzeugung gemessen werden soll.[24] Hinzukommt, dass es – selbst wenn die Entscheidung über die Kreierung dieses konkreten Gebotes möglich wäre und gelingen würde – des Weiteren möglich sein müsste, dass dieses Gebot verlustfrei an den Rechtsanwender kommuniziert werden könnte. Das würde voraussetzen, dass das konkrete normative Gebot nicht durch Sprache übermittelt werden müsste, sondern es (unter Umgehung der hermeneutischen Sinngebungsprozesse) als fertige Entscheidung gewissermaßen in den Kopf des Rechtsanwenders transplantiert werden könnte. Eine absurde Vorstellung. Es wäre allein möglich, die Entscheidung des Rechtsanwenders mit dem zu vergleichen, was – seitens anderer Interpreten, ggfs. den Beteiligten der Gesetzgebung selbst – als Entscheidung des Gesetzgebers aufgefasst

---

23 Zur Vermeidung eines Missverständnisses: Damit wird die Möglichkeit kollektiver Intentionalität, „we-intensions", kollektiver Willensbildungsprozesse und kollektiver „Agency" nicht in Frage gestellt. Insbesondere kann die Entscheidung, das jeweilige Gesetz zu erlassen, durchaus als kollektiv-intentionale Handlung verstanden werden. Es ist indes nicht überzeugend, dass der Autor, also das gesetzgebende Organ in seiner Eigenschaft als Kollektiv, in Bezug auf das konkrete Sollensgebot die erforderlichen substantiell gehaltvollen Intentionen tatsächlich gebildet hat. Siehe dazu auch den kurzen Überblick bei *Wischmeyer*, Der „Wille des Gesetzgebers": Zur Rolle der Gesetzesmaterialien in der Rechtsanwendung, JZ 2015, 957, 959 ff.

24 Semantische Begründungsansätze, die die Lösung in einer objektiven/intersubjektiven Bedeutung sprachlicher Zeichen sehen, können nicht überzeugen, s. *Christensen/Kudlich*, Theorie richterlichen Begründens, 2001, S. 71; *dies.*, Gesetzesbindung: Vom vertikalen zum horizontalen Verständnis. 2008, S. 80 ff.; *Becker*, Recht und Postmoderne, S. 70. Eine Art metaphysisch erzeugter Sinn, welcher unter idealen Bedingungen mithilfe von praktischer Vernunft rekonstruiert bzw. konstruiert werden könnte, ebenso wenig, s. *Habermas*, Faktizität und Geltung: Beiträge zur Diskurstheorie des Rechts und des demokratischen Rechtsstaats, 7. Aufl. 2019, S. 11.

wird. Aber das spielt sich dann allein auf der Ebene der Interpretation und im Diskurs unter den Interpreten ab.

Die Frage danach, ob der jeweilige Rechtsanwender zur jeweiligen Rechtserzeugung *ermächtigt* ist, verzeichnet die Problematik. Rechtserzeugung ist aus hermeneutischen Gründen im System des Rechts unausweichlich;[25] es kann daher nicht auf eine irgendwie geartete Ermächtigung durch den Gesetzgeber ankommen. Dementsprechend kann es im Grunde allein darum gehen, ob der jeweilige Akt der Rechtserzeugung im Diskurs überzeugt.[26] Aus diesem Grund ist es überzeugender, jede normativ geprägte Entscheidung zunächst einmal als Rechtserzeugung zu begreifen.[27] Wie man mit diesen Entscheidungen umgeht, und inwiefern man sie als richtige, falsche oder vertretbare Anwendung des Rechts, als Fortbildung des Rechts oder vielleicht auch einfach als Unsinn und mit dem Recht nicht zu vereinbarende Entscheidung begreift, sind Fragen, denen man sich mit Blick auf den sich dynamisch entwickelnden Diskurs über das Recht, in Relation zu bestimmten Akteuren und mit Blick auf die Verwendung der Begriffe durch spezifische Akteure nähern kann, aber sie sind zu komplex, als dass sie sich simplifizierend beantworten ließen.

2 Rechtserzeugung im sozialen System des Rechts

Der Interpret wird seine Entscheidung in der Regel nicht als einen schöpferischen Akt begreifen. Er ist schließlich bestrebt, zu ermitteln, was das Recht im konkreten Fall gebietet. Das Recht hat seinem Anspruch nach eine überindividuelle,[28] präskriptive Natur;[29] es zielt darauf ab, dass nicht im Belieben steht, wer sich wie verhalten darf.[30] Nur unter diesen Umständen kann das Recht seine koordinierende

---

25 *Ralf Poscher* differenziert zwei Formen hermeneutischer Vorgehensweisen und spricht von „communicative interpretation“ und „legal construction“. *Rechtserzeugung* wird bei ihm allein mit „legal construction“ in Verbindung gesetzt, vgl. *ders.*, in: Malpas/Gander, S. 451 f., 454 f., 458. Sofern es aber richtig ist, dass auch die (seines Erachtens allein mittels *communicative interpretation* herstellbare) Rechtsanwendung Rechtserzeugung ist, dann folgt auch aus seinem Ansatz, dass Rechtserzeugung aus hermeneutischen Gründen unausweichlich wäre. *Poscher* zielt indes vor allem auf die Begründung der These ab, dass nicht nur Rechtsanwendung, sondern auch Rechtsfortbildung hermeneutische Prozesse impliziert und auf diese Weise verstanden werden sollte.

26 Insofern scheint dies auf der Kernthese des sozialen Konstruktivismus aufzubauen, siehe dazu *Lee*, Die Struktur der juristischen Entscheidung aus konstruktivistischer Sicht, 2010, S. 38–67 m.N.

27 Dazu bereits *Becker*, Recht und Postmodern, S. 73, 145; *Jestaedt*, in: Bumke, S. 67; *Christensen/Kudlich*, Gesetzesbindung, S. 130, 137 f.

28 *Kelsen*, Reine Rechtslehre, S. 4, 7.

29 *Tamanaha*, A Realistic Theory of Law, 2017, S. 121.

30 *Habermas*, Faktizität und Geltung, S. 147.

und der Stabilisierung von Verhaltenserwartungen dienende Funktion erfüllen. Es ist offensichtlich, dass dies ein konzeptionelles Problem darstellt, wenn der Zugang zum Recht stets subjektiv geprägt ist und es kein objektives Recht im Sinne von quasi-ontologischen Sollensgeboten gibt.[31] Aber gerade weil das Recht diesen überindividuellen Charakter hat und vom Interpreten die Ermittlung eines Sollensgebotes verlangt, zwingt es bei der Ermittlung des normativen Gebots (also dem Prozess der Rechtserzeugung) zur Befassung mit den einschlägigen Normtexten, zur Auseinandersetzung mit relevanten Kommunikationsakten über die Normtexte und ihren normativen Zusammenhänge sowie zum Kommunizieren einer rationalen Begründung.[32] Diese Schritte können dazu führen, dass ein Fall derart klar liegt, dass kein anderer professioneller Interpret den Fall anders entscheiden würde. Man mag diese Fälle eines Konsenses als „clear cases“[33] bezeichnen. Interpretatorischer Konsens bedeutet allerdings nicht, dass es sich um die „richtige“ Interpretation handelt – sofern mit der richtigen Interpretation gemeint ist, dass das Ergebnis der Interpretation mit dem „objektiven“ Gebot des Rechts übereinstimmt. Das kann es schon deshalb nicht bedeuten, weil jeder Teilnehmer des Diskurses (inklusive der Autoren der in Rede stehenden Rechtstexte) nur ein Interpret ist.[34] Ein substantieller Konsens aller Interpreten würde deshalb lediglich die Prognose plausibilisieren, dass eine andersgelagerte Interpretation als falsche Interpretation abgelehnt werden würde. Die Einordnung als „falsche“ Interpretation bezieht sich indes lediglich auf einen Maßstab, der durch die eigene Interpretation – bzw. die (eigene) These hinsichtlich der Interpretation anderer (professioneller) Interpreten – kreiert wird.[35] Die Bezeichnung als falsch oder richtig

---

31 Diese Diskussion wird unter sehr vielen verschiedenen Gesichtspunkten (u.a. semantische Objektivität, metaethische Objektivität, Wahrheit) geführt und hängt mit weiteren kontrovers diskutierten Fragen (z.B. Abhängigkeit des Geltungsanspruchs des Rechts von der Vereinbarkeit mit moralischen Erwägungen/Erwägungen der Gerechtigkeit) zusammen, siehe dazu exemplarisch *Leiter*, Law and Objectivity, in: Coleman u,a. (Hrsg.), The Oxford Handbook of Jurisprudence and Philosophy of Law, 2002, S. 969; *Becker*, Recht und Postmoderne, S. 15, 37, 48, 55, 62f., 67, 72, 83, 96ff.; *Poscher*, Wahrheit und Recht. Die Wahrheitsfragen des Rechts im Lichte deflationärer Wahrheitstheorie, ARSP 89 (2003), 200; *Christensen/Kudlich*, Theorie, S. 48ff.; *Christensen/Kudlich*, Gesetzesbindung, S. 94ff.; *Alexy*, Theorie der juristischen Argumentation. Die Theorie des rationalen Diskurses als Theorie der juristischen Begründung, 2. Aufl. 1991, S. 134ff.

32 *Alexy*, Theorie, S. 264ff. *Alexy* spricht hier den Anspruch auf Richtigkeit an, welchen er in späteren Arbeiten indes mit seinem nichtpositivistischen Ansatz verbindet, s. *Alexy*, Die Doppelnatur des Rechts, Der Staat 50 (2011), 389. Rationale Argumentation beinhaltet die Beachtung der Logik; zu dem Thema s. exemplarisch *Sieckmann*, Logik juristischer Argumentation, 2020, S. 17; *Alexy*, Theorie, S. 234ff.

33 *Hart*, Concept of Law, S. 126 (Hart spricht mitunter auch von „plain cases“).

34 *Becker*, Recht und Postmoderne, S. 67.

35 *Becker*, Recht und Postmoderne, S. 90.

kann sich nicht auf die quasi-ontologische Ebene, welche durch die Berufung auf das objektive Sollen invoziert wird, beziehen, weil es diese nicht gibt.

Das Gericht muss die eigene Entscheidung, schon wegen der institutionellen Zusammenhänge im Rechtssystem, vollumfänglich rechtlich begründen. Die Begründung ist auch deshalb von enormer Bedeutung, weil eine normativ geprägte Entscheidung stets Rechtserzeugung ist und ein dezisionäres Element unausweichlich ist,[36] aber es ist letzten Endes der Diskurs, welcher aus pragmatischen Gründen die Spielräume des Entscheiders erheblich eingrenzt.[37] Jede Entscheidung wird nur dann als eine legitime Interpretation des Rechts angesehen werden, wenn sie an relevante Normtexte anknüpfen kann und entweder auf im (professionellen) juristischen Diskurs vorgebrachten Thesen aufbauen kann oder die eigenen Thesen auf andere, intersubjektiv überzeugende Weise als rechtlich begründet darstellen kann. Es geht insofern nicht um die Vereinbarkeit der Interpretation mit der „richtigen" Interpretation, sondern nur darum, ob die Interpretation vom jeweils anderen Interpreten als „vertretbare" Interpretation des Rechts akzeptiert wird. Der Interpret muss möglichst rational[38] und intersubjektiv überzeugend erklärt, *warum* er zu eben jenem Ergebnis gekommen ist,[39] und das bedeutet regelmäßig, dass er die Entscheidung mit Kommunikationsakten und Normtexten verknüpfen sowie Rationalitätsstandards und methodische Standards[40] beachten muss. In welcher Intensität das erfolgen muss und nach welchen Selektionskriterien die Kommunikationsakte ausgewählt werden sollten, um im jeweiligen Diskurs Aussicht auf Akzeptanz zu haben, wird auch durch die jeweiligen institutionellen/diskursiven Rahmenbedingungen (z.B. die beteiligten Akteure) sowie der Finalität und den Folgen der Entscheidung beeinflusst. (Insbesondere) in der professionellen Praxis dürfte eine Auseinandersetzung mit relevanter Judikatur zu den Voraussetzungen für im Diskurs überzeugende Entscheidungen gehören – welche Entscheidungen relevant sind, ist indes eine Frage der Wertung und kann dementsprechend von unterschiedlichen Interpreten unterschiedlich beantwortet werden. Eine willkürliche Entscheidung würde die Kontrolle durch den Diskurs nicht

36 *Becker,* Recht und Postmoderne, S. 99.

37 *Becker,* Recht und Postmoderne, S. 113 ff.

38 BVerfGE 34, 269, 287; 87, 273, 280 m.w.N.

39 *Makowski,* Juristische Begründung und Logik, Rechtstheorie 52 (2021), 341.

40 Der Einsatz juristischer Methodik dient in der praktischen Handhabung indes regelmäßig weniger der Herstellung, denn der Darstellung von Ergebnissen, *Jestaedt,* in: Bumke, S. 49. Zur wichtigen Unterscheidung von Rechtsherstellung und Rechtsdarstellung siehe *Lee,* Struktur der juristischen Entscheidung, S. 474.

überstehen.[41] Wenn der Richter den Würfel entscheiden lassen würde, welche von mehreren Optionen er wählt, so wäre das keine rationale Begründung der Entscheidung.[42] Dieser Umstand lässt erkennen, dass es im Grunde weniger um die sachliche Entscheidung als solche geht – es geht vielmehr um den Entscheidungsfindungsprozess und die *Begründung* der Entscheidung.[43] Die Begründung der Entscheidung soll die die Entscheidung tragenden Gründe, mithin die Gründe, welche den Akteur zu der Entscheidung bewegt haben, offenlegen. Da das aber ein kommunikativer Akt ist, lässt sich die Darstellung der Begründung nicht von soziopsychologischen Verzerrungen (z. B. Ex-post-Rationalisierung) befreien. Das bedeutet naturgemäß, dass sich willkürliches Entscheiden nicht vollständig verhindern lässt. Ein Richter könnte den Würfel entscheiden lassen und die ausgewürfelte Entscheidung begründen; der Begründung als solcher wird man den Unterschied nicht ansehen. Das kann aber schwerlich dem konstruktivistischen Rechtsverständnis angelastetet werden.

Das konstruktivistische Rechtsverständnis lässt den Dualismus von Rechtsanwendung-Rechtsfortbildung in einem ganz anderen Licht erscheinen: Der Entscheidungsträger ist der Ansicht, das Recht anzuwenden. Er ist für die rechtsschöpferische Qualität der eigenen Entscheidung ggfs. blind, empfindet den eigenen Entscheidungsfindungsprozess jedenfalls als Vorgang der Rechtsfindung – unabhängig davon, ob das Recht nun aus seiner Sicht in Bezug auf den konkreten Fall klar ist oder nicht. Ein anderer Interpret mag hingegen der Ansicht sein, dass die Entscheidung keine Anwendung des Rechts ist, denn das Recht gebietet – seiner Ansicht nach – eine andere Entscheidung. Er empfindet dementsprechend die Entscheidung des anderen als Rechtsschöpfung.

---

41 *Luhmann*, Recht der Gesellschaft, S. 39: „jedermann weiß, daß im Recht nie und nimmer beliebig entschieden werden kann."

42 Vgl. *Hart*, Concept of Law, S. 273: „there will be points where the existing law fails to dictate any decision as the correct one, and to decide cases where this is so the judge must exercise his law-making powers. But he must not do this arbitrarily: that is he must always have some general reasons justifying his decision and he must act as a conscientious legislator would by deciding according to his own beliefs and values." Die These, dass die richterliche Rechtsfortbildung mit einem hypothetischen gesetzgeberischen Willen gerechtfertigt werden muss, wurde von *Ralf Poscher* umfassend ausgearbeitet, siehe exemplarisch *Poscher*, The Normative Construction of Legislative Intent, Droit & Phil. 2017, 107; *ders.*, Legal Construction between Legislation and Interpretation, in: Hein u. a. (Hrsg.), Relationship between the Legislature and the Judiciary, 2017, S. 41, 53. Rechtsfortbildung sei ein hermeneutischer Akt. Das bedeute, dass eine kommunikative Intention unterstellt werden müsse, welche dem Text den Sinn gibt, der durch den jeweiligen Akt der Rechtsfortbildung behauptet wird. Das wiederum erfordere, dass ein fiktiver Autor behauptet werden müsse.

43 Zur Kontrolle durch den Diskurs und die Bedeutung der Begründung s. *Becker*, Recht und Postmoderne, S. 67, 103. Als diskursive Praxis des Aushandelns und Streitens bei konstanter Erzeugung: *Christensen/Kudlich*, Gesetzesbindung, S. 123.

III Konsequenzen mit Blick auf maschinelles Entscheiden bei der Anwendung des Rechts

Diese Überlegungen zu der Frage, was Rechtsanwendung substantiell ausmacht, haben erhebliche Konsequenzen für die Einordnung maschineller Entscheidungen in der Analyse und Anwendung des Rechts.

Wenn die Rechtsfindung ein *rein* epistemisches Problem wäre (was mittlerweile, wie u.a. Jestaedt darlegt, als überholt gelten muss), dann ginge es um das Auffinden der einen richtigen Antwort und wäre somit ein Ressourcenproblem: Wenn man nur die Zeit, die Fähigkeiten und Methoden, die Daten und die Informationen hätte, die für die Erkenntnis erforderlich sind, dann würde man die eine richtige Antwort „finden" können. Bei einem solchen Verständnis könnte man auf den Gedanken kommen, dass KI bei der Bewältigung dieses Ressourcenproblems hilft und einen normalen menschlichen Richter in einen „herkulianischen" Richter[44] verwandeln könnte. Da ein solches Rechtsverständnis aber nicht tragfähig ist, kann auch die Hinzuziehung von KI bei der Analyse und Anwendung des Rechts nicht im Dienst der Erkenntnis des richtigen Rechts stehen. Da die Rechtsanwendung immer Rechtserzeugung ist, kann es nur darum gehen, den konkreten Fall in einer im fachlichen Diskurs anschlussfähigen Weise *begründet* zu entscheiden und diese Begründung muss den Rationalitätsstandards und methodischen Standards der Rechtsgemeinschaft genügen, um als zumindest vertretbar angesehen zu werden.

Die Hinzuziehung von KI bei Rechtsfindungs- bzw. Rechtserzeugungsprozessen steht vor diversen Herausforderungen, die schlussendlich auf ganz generelle Probleme verweisen. Weil sowohl menschliche als auch algorithmische Entscheidungen im Rahmen von Rechtserzeugungsprozesse auf die Verarbeitung von Daten und Informationen angewiesen sind, stellt sich u. a. die Frage, *welche* Daten und Informationen verarbeitet werden dürfen/müssen/können.[45] Bei menschlichen Rechtserzeugungsprozessen kann sehr viel im Abstrakten verbleiben, sofern man darauf vertraut, dass der jeweilige Akteur kognitiv in der Lage sein wird, die Selektion der Daten und Informationen nach Maßgabe eines positivistischen Rechtsverständnisses vorzunehmen. Wenn es um algorithmische Entscheidungen im Rechtserzeugungsprozess geht, kommen wir um ein Ausbuchstabieren und Determinieren der Kriterien hingegen nicht herum – insbesondere, wenn der Algorithmus auch mit

---

44 *Dworkin*, Law's Empire (Fn. 13), S. 239 ff.

45 Zu dem Problem der Einzelfallgerechtigkeit siehe außerdem *Nink*, Justiz und Algorithmen, S. 202 ff.; zur kontextspezifischen Ausdifferenzierung *Broemel*, in: Kuhli/Rostalski, S. 145 f. Bekannt ist außerdem das Problemfeld der Diskriminierung. Zu dem Selektionsproblem siehe außerdem *Meyer*, in: Kuhli/Rostalski, S. 60.

Texten arbeitet/arbeiten müsste, die nicht eindeutig als dem System des Rechts zuzuschlagenden Kommunikationsakten zuzurechnen sind. Denn eine gewisse Grenzziehung ist (schon aus rechtspositivistischen Gründen) wichtig, durch die Grenze wird dann aber naturgemäß auch determiniert, anhand welcher Kommunikationsakte der Algorithmus „das Recht“ erlernt. Da unterschiedliche Interpreten gegebenenfalls unterschiedlicher Ansicht sind, was zu berücksichtigen ist, erlernt der Algorithmus zwangsläufig gewisse kontingente Wertungen, ist für deren Kontingenz aber blind.

KI kann Rechtsanwendung, also Rechtserzeugungsprozesse, auch erheblich erleichtern.[46] Auf der Basis des hier vertretenen Rechtsverständnisses spielen die Ressourcen, die bei den Rechtserzeugungsprozessen herangezogen werden und zum Einsatz kommen, eine große Rolle. Durch geeignete, ggfs. KI-betriebene Software kann der Aufwand für die Recherchen relevanter Kommunikationsakte erheblich reduziert werden.[47] Das ist – unter anderem – eine Chance für die Justiz. Wenn dadurch eine gewisse thematische Komplexität sichtbar wird, die sich dem erstinstanzlichen Richter sonst nicht offenbaren würde, könnte das dazu führen, dass die Entscheidung vielleicht doch noch etwas „reift“. Das würde die Qualität der erstinstanzlichen Entscheidung verbessern. Wegen der Anreize im System ist aber zu befürchten, dass die maschinelle Unterstützung bei der Entscheidungsfindung einen anderen Effekt haben wird: Durch die leichter auffindbaren Kommunikationsakte werden Präjudizien und etablierte Pfade,[48] die es dem Richter ermöglichen, den Fall vom Tisch zu bekommen, ohne sich große Sorgen hinsichtlich einer Aufhebung der Entscheidung machen zu müssen, ggfs. noch stärker sichtbar. Er kann seine Entscheidung ggfs. leichter in die bereits geprägten Pfade einordnen; das immunisiert seine Entscheidung gegen Vorwürfe, weil das Prozedere völlig fachgerecht ist. Es ist schließlich eher das Ausbrechen aus Pfaden, dass als begrün-

---

46 Beispiele bei *Kähler*, Norm, Code, Digitalisat, in: Kuhli/Rostalski (Hrsg.), Normentheorie im digitalen Zeitalter, 2023, S. 13, 34 f. – Umgang mit Ungewissheit; *Broemel*, in: Kuhli/Rostalski, S. 127 f.; *Nink*, Justiz und Algorithmen, S. 200 – Berücksichtigung von gegebenenfalls verborgenen Kriterien, welche durch Korrelation und die Verarbeitung großer Datenmengen sichtbar werden.

47 Exemplarisch *Broemel*, in: Kuhli/Rostalski, S. 138 f. Zur Bedeutung rechtswissenschaftlicher Reflektion bei der Verarbeitung von konkret-individuellen Entscheidungen mit normativem Gepräge s. *Lepsius*, Kontextualisierung als Aufgabe der Rechtswissenschaft, JZ 2019, 793, 796 ff.

48 Zu Präjudizien s. insbesondere *Payandeh*, Judikative Rechtserzeugung: Theorie, Dogmatik und Methodik der Wirkungen von Präjudizien, 2017; *Effer-Uhe*, Präjudizienbindung, Rechtssicherheit und Vertrauensschutz, JöR 68 (2020), 37; *von Ungern-Sternberg*, Normative Wirkungen von Präjudizien nach der Rechtsprechung des Bundesverfassungsgerichts, AöR 138 (2013), 1; *Behrendt*, Wandel im Recht: Hemmnisse und Wege zu mehr Nachhaltigkeit, in: Valentiner (Hrsg.), Klimaschutz und Städte, 2023, S. 65, 66 ff.

dungsbedürftig angesehen wird.[49] Bemerkenswert ist indes, dass das Phänomen der Pfadbildungsprozesse etwas abbildet, was in der Psychologie jedenfalls auch mit kognitiven Verzerrungen in Verbindung gebracht wird. Ankereffekte, Bestätigungsfehler, Mitläufereffekte, Rationalisierungstendenzen, Status-quo-Verzerrungen und das Phänomen der Verzerrungsblindheit dürften gerade im Zusammenhang mit Pfadbildungsprozessen häufig auftreten, sind aber ggfs. wegen der institutionellen Rahmenbedingungen und Eigenheiten der Rechtserzeugungsprozesse schwerer als solche erkennbar. In diesem Fall wäre zu befürchten, dass die Hinzuziehung von KI bei Entscheidungen in der Analyse und Anwendung des Rechts nicht nur die Pfadbildungsprozesse, sondern auch kognitive Verzerrungen intensivieren wird. Schon dann, wenn die KI lediglich zur Sammlung und Filterung von Kommunikationsakten eingesetzt wird, kann es passieren, dass relevante Kommunikationsakte nicht erkannt werden – es dürfte naheliegen, dass die ggfs. verzerrte Filterung durch den menschlichen Akteur nicht erkannt und/oder korrigiert wird. Zur Verkennung relevanter Kommunikationsakte kann es selbstverständlich auch ohne Hinzuziehung von KI kommen, dennoch sollte man sich der durch das konkrete KI-Programm entstehenden potentiellen Asymmetrien bewusst sein. Wenn KI nicht nur zur Sammlung von Informationen eingesetzt wird, sondern auch bei Entscheidungen im Vorfeld der finalen Entscheidung eingesetzt wird, verschärft sich die Problematik. Da KI bei einem guten, *use-case*-bezogenen Training regelmäßig ein plausibles Ergebnis auswerfen wird, werden die im Rechtssystem enthaltenen Schieflagen ggfs. noch stärker als bislang perpetuiert. Denn das maschinell ausgeworfene, plausible Ergebnis „ankert“ die kognitiven Prozesse des evaluierenden menschlichen Entscheiders gewissermaßen; wenn und soweit es konsistent ist, fehlt es an einem Anlass, das ausgeworfene Ergebnis (weiter) zu hinterfragen.[50] Die dadurch drohende Zementierung der Pfade ist aber ggfs. keine gute Entwicklung. Es droht ein System zu entstehen, in dem eine kritische Reflektion bereits geprägter Pfade kaum noch stattfindet. Da KI zunehmend zum Einsatz

---

49 *Payandeh,* Judikative Rechtserzeugung, S. 261 f.; *Luhmann,* Recht der Gesellschaft, S. 329; *Behrendt,* in: Valentiner, S. 73.

50 Zum sog. automation bias s. *Horowitz/Kahn,* Bending the Automation Bias Curve: A Study of Human and AI-based Decision Making in National Security Contexts, 28.6.2023, https://doi.org/10.48550/arXiv.2306.16507 (4.2.2024); *Vered* u. a., The effects of explanations on automation bias, 322 Artificial Intelligence 103952 (2023), jeweils m.w.N. In der Psychologie wird seit den 50er Jahren des 20. Jahrhunderts dazu geforscht, dass und inwiefern die Wahrnehmung von Dissonanzen psychologisch Prozesse zur Reduktion dieser Dissonanzen auslöst. Forschungen zur Dissonanztheorie aus der Psychologie wecken erhebliche Zweifel daran, dass der Mensch sich von den maschinell ausgeworfenen, als konsistent empfundenen Entwürfen lösen würde.

kommen und weiterentwickelt werden wird, sollten Mechanismen entwickelt werden, um diesen Risiken zu begegnen.

Die Schwächen menschlicher Entscheidungsfindung[51] könnten es attraktiv erscheinen lassen, sich auch bei normativ geprägten Entscheidungen Lösungen durch KI zuzuwenden.[52] Indes würde dieses Unterfangen bedeuten, den Teufel mit dem Belzebub austreiben zu wollen. Schlimmer noch: Es droht die Illusion, vermeintliche Objektivität in der Auslegung und Anwendung des Rechts herbeiführen zu können, obwohl eine an bisherigen Entscheidungen lernende KI sich nur darauf trainiert, den menschlichen Rechtsanwender zu imitieren.

Bei dem Einsatz von KI in der Rechtsanwendung durch die Exekutive besteht auch in ganz anderer Hinsicht einiges an Potential, denn bei der Kommunikation über das Recht an Akteure der Exekutive geht viel Input, viel Substanz, verloren. KI *könnte* hier eine Chance sein, um in der Ausbildung und im konkreten Einsatz für bessere Entscheidungen zu sorgen – das setzt aber voraus, dass die ontologischen Bezugspunkte der normativ geprägten Entscheidungen auch substantiell belastbar verarbeitet und so aufbereitet werden, dass das Exekutivorgan die Komplexität der normativ geprägten Entscheidung in Ansehung des konkreten Sachverhalts wahrnehmen und verantwortungsvoll entscheiden kann. Man könnte den Legalismus, der gelegentlich bei der exekutivistischen Umsetzung des einfachen Rechts beobachtbar ist, hinter sich lassen und zu einer differenzierteren, grundrechtsschonenderen Anwendung des Rechts durch die Exekutive gelangen, wenn es gelänge, für bestimmte Use Cases Software zu entwickeln, die insbesondere die verfassungsrechtlichen Belange berücksichtigt. Überschießende Komplexitätsreduktion und Verzerrungen, welche durch die bisherige Praxis der inhaltlichen Kommunikation entstehen, könnte durch klug konzipierte KI-Software vermieden oder zumindest quantitativ/qualitativ gemindert werden. Das würde aber deutlich mehr voraussetzen als das bloße Zugänglichmachen von Texten, denn in Bezug auf die Anwendung des Rechts stellt auch der *Umgang* mit Texten ein Problem dar.

IV Schlussbemerkungen

Eine einfache, mechanistische Anwendung des Rechts durch maschinelle Entscheidung ist nicht möglich, weder durch den Menschen noch durch die Maschine. Die Annahme, dass das Recht so funktionieren könnte, blendet aus, dass auch die

51 Siehe exemplarisch die Ausführungen bei *Nink*, Justiz und Algorithmen, S. 22, 45 ff.

52 *Meyer*, in: Kuhli/Rostalski, S. 37 f.; *Nink*, Justiz und Algorithmen (Fn. 3), S. 22; *Eidenmüller*/*Wagner*, Law by Algorithm, 2023, S. 1.

Anwendung in vermeintlich klar gelagerten Fällen immer Entscheidungen und Wertungen beinhaltet. Hinzukommt, dass die Beantwortung der Frage, ob ein Fall einfach gelagert ist, erst das Ergebnis einer Interpretation des Rechts bzw. der Rechtstexte und der in Bezug genommenen Kommunikationsakte ist. Es ist deshalb jedenfalls möglich (und hinlänglich bekannt), dass die Frage nicht immer von allen (professionellen) Interpreten gleich beantwortet wird. Das ist kein K.O.-Kriterium für maschinelle/algorithmische Entscheidungen im Recht, aber es hat Konsequenzen dafür, wie man mit solchen Entscheidungen umgeht – insbesondere bei der Kontrolle solcher Entscheidungen, denn dann sollte insbesondere darauf geachtet werden, wofür die maschinelle Entscheidung wegen ihres Trainings bzw. der konkreten Datenverarbeitungsprozesse ggfs. blind ist.

Maschinelle und algorithmische Entscheidungen bei der Analyse des Rechts und Anwendung des Rechts bergen – neben diversen Risiken – auch vielfältige Chancen. Unser Rechtssystem und Rechtsverständnis muss auf die Umwälzungen, die mit dem Einsatz und der Verfügbarkeit von KI verbunden ist, aber vorbereitet sein. Das bedeutet auch, dass der rechtserzeugende Charakter, der mit normativ geprägten Entscheidungen stets verbunden ist, erkannt wird. Was es für unsere Rechtsordnung bedeutet, wenn Maschinen bzw. Algorithmen Recht analysieren und anwenden, hängt deshalb ganz erheblich davon ab, wie sie trainiert und eingesetzt werden und wie der Mensch und das Rechtssystem mit den maschinellen Entscheidungen umgehen. Somit lässt sich die eingangs gestellte Frage nur mit der einigermaßen enervierenden, fachlich fast schon standardisierten Aussage beantworten: Es kommt darauf an.

Autorenverzeichnis

Prof. Dr. **Svenja Behrendt** ist Juniorprofessorin für Öffentliches Recht an der Universität Mannheim und Senior Researcher am Max-Planck-Institut zur Erforschung von Kriminalität, Sicherheit und Recht in der Abteilung für Öffentliches Recht.

Prof. Dr. **Marten Breuer** ist Professor für Öffentliches Recht mit internationaler Ausrichtung an der Universität Konstanz.

Prof. Dr. **Dominik Brodowski**, LL.M. (UPenn), ist Professor für Europäisierung, Internationalisierung und Digitalisierung des Strafrechts und des Strafverfahrensrechts an der Universität des Saarlandes.

Prof. Dr. **Jochen Glöckner**, LL.M. (USA), ist Professor für deutsches und Europäisches Privat- und Wirtschaftsrecht an der Universität Konstanz.

Prof. **Matthias Grabmair**, Ph.D., LL.M., ist Tenure-Track Assistant Professor für Legal Tech an der School of Computation, Information and Technology an der Technischen Universität München.

Prof. Dr. Dr. **Hanjo Hamann**, JSM (Stanford), ist Qualifikationsprofessor (mit Tenure Track) für Bürgerliches Recht, Wirtschafts- und Immaterialgüterrecht an der EBS Universität für Wirtschaft und Recht in Wiesbaden.

Oana Ichim, M.A., M.A., Ph.D., ist Senior Post-doctoral Researcher im Bereich des internationalen Menschenrechts am TechHub des Genfer Graduate Institute of International and Development Studies.

Prof. Dr. Dr. h.c. **Krisztina Karsai** ist Professorin und Leiterin des Instituts für Strafrecht und Kriminalwissenschaften an der Universität Szeged in Ungarn.

Lena Leffer ist Doktorandin und Wissenschaftliche Mitarbeiterin an der Martin-Luther-Universität Halle-Wittenberg.

Prof. Dr. **Stefan Leue** ist Professor für Software and Systems Engineering an der Universität Konstanz.

Prof. Dr. **Barbara Plank** ist Professorin für Künstliche Intelligenz und Computerlinguistik an der Ludwig-Maximilians-Universität München, Co-Direktorin des Center for Information and Language Processing (CIS), und leitet das MaiNLP research lab (Munich AI and Natural Language Processing) an der LMU München. Prof. Dr. Plank ist auch affiliierte Professorin an der IT Universität Kopenhagen.

Prof. Dr. **Isabella Risini**, LL.M. (Chicago-Kent), ist Professorin an der TH Georg Agricola in Bochum.

T.Y.S.S. Santosh, M.S., ist Wissenschaftlicher Mitarbeiter im Bereich Legal Tech an der School of Computation, Information and Technology an der Technischen Universität München.

Ministerialdirigent **Matthias Schmid** leitet die Unterabteilung D A – Bessere Rechtsetzung und Bürokratieabbau – des Bundesministeriums der Justiz in Berlin.

Jun.-Prof. Dr. **Lucia Sommerer**, LL.M. (Yale), ist Juniorprofessorin (TT) für Kriminologie, Criminal Compliance, Risk Management und Strafrecht an der Universität Halle sowie Affiliate Fellow am Information Society Project der Yale Law School.

Prof. Dr. **Friedemann Vogel** ist Universitätsprofessor für Germanistische Linguistik mit Schwerpunkt auf der computergestützten Analyse von Sprache und strategischer Kommunikation in Politik, Medien und Recht an der Universität Siegen.

Dr. **Alexandra Windsberger** ist Senior Researcher (Post-Doc) an der Universität Konstanz.

Prof. Dr. **Rüdiger Wilhelmi** ist Professor für Bürgerliches Recht, Handels-, Gesellschafts- und Wirtschaftsrecht sowie Rechtsvergleichung an der Universität Konstanz.

Prof. Dr. **Liane Wörner**, LL.M. (UW-Madison), ist Professorin für Strafrecht, Strafprozessrecht, Strafrechtsvergleichung, Medizinstrafrecht und Rechtstheorie und Direktorin des Zentrums für Human | Data | Society an der Universität Konstanz.

Shanshan Xu, M.A., ist Wissenschaftliche Mitarbeiterin im Bereich Legal Tech an der School of Computation, Information and Technology an der Technischen Universität München.

Abbildungsverzeichnis

Friedemann Vogel
Der Richter, (k)ein Bot?!
Vier Thesen zur Digitalisierung des Rechts aus rechtslinguistischer Perspektive
Abb. 1: Mehrgliedrige Sprachgebrauchsmuster (hier: 5-Wort-Einheiten) finden sich in Gerichtsentscheidungen deutlich häufiger als in Presse- oder sprachwissenschaftlichen Texten. —— **13**
Abb. 2: Durchschnittliche Textlängen (Median) in Token bei Gerichten über die Zeit; Datengrundlage: Ausschnitt des OpenJur-Korpus, hier mit insg. 381.103 Gerichtsentscheidungen. —— **15**
Abb. 3: Durchschnittliche Textlängen (Median) in Token bei ausgewählten juristischen Zeitschriften über die Zeit; Datengrundlage: Ausschnitt des JuReko-Korpus, hier mit insg. 15.775 Aufsatztexten. —— **15**
Abb. 4: Variations- und Redundanzindikatoren in Texten der Verwaltungsgerichtsbarkeit 2000–2015. —— **16**
Abb. 5: Screenshot des für Forschungszwecke frei verwendbaren korpuslinguistischen Toolkits „AntConc“, das ohne Programmierkenntnisse einfache Textanalysen erlaubt. —— **18**

Stefan Leue, Rüdiger Wilhelmi
Modellierung des Rechts
Abb. 1: Struktur des ContractCheck-Ansatzes und -Werkzeugs —— **84**
Abb. 2: Klassendiagramm eines Unternehmenskaufvertrags —— **85**
Abb. 3: Objektdiagramm über den Kaufvertrag zwischen Eva und Chris über eine Bäckerei —— **86**
Abb. 4: „Red Flag“ für Inkonsistenz zweier Vertragsblöcke —— **88**
Abb. 5: Sequenzdiagram für eine erfolgreiche Vertragsausführung —— **88**

Matthias Schmid
Modellierung als Methode bei der praktischen Rechtsetzung
Abb. 1: Modellierungsmodelle in der Legistik —— **92**
Abb. 2: Modellierung einer Umsetzungsmöglichkeit des Art. 17 der DSM-Richtlinie am Whiteboard —— **95**
Abb. 3: Modellierung einer Umsetzungsmöglichkeit des Art. 17 der DSM-Richtlinie mit *swimlanes* —— **96**
Abb. 4: Modellierung der in Art. 17 der DSM-Richtlinie vorgesehenen Verfahren —— **96**
Abb. 5: Modell der Verfahren des Art. 17 der DSM-Richtlinie —— **97**
Abb. 6: Visualisierung des Regierungsentwurfs zur Umsetzung der DSM-Richtlinie veröffentlicht durch das BMJ —— **98**
Abb. 7: Modifizierung der Visualisierung des BMJ im Rahmen der Parlamentsberatungen —— **98**
Abb. 8: Modell der Europäischen Kommission zur Umsetzung des Art. 17 der DSM-Richtlinie —— **99**

 https://doi.org/10.1515/9783111343341-014

Abb. 9: Verwendung der Visualisierung des BMJ im IT-Magazin c't — **100**
Abb. 10: Wissensbaum zur Strukturierung eines Rechtsbefehls — **101**
Abb. 11: Ausschnitt des Wissenmanagementsystems der zur Modellierung von Rechtsbefehlen genutzten Software — **102**
Abb. 12: Verknüpfung von visuellem Modell und linearem Text von Rechtsbefehlen durch Modellierungs-Software — **103**
Abb. 13: Handskizze zur Modellierung von Rechtsbefehlen — **105**

Lena Leffer, Lucia Sommerer
Zum Einsatz einer Geldwäschedetektions-KI zur Strafverfolgung
Abb. 1: Verdachtsstufen der Geldwäschebekämpfung in Deutschland — **110**

Isabella Risini, Shanshan Xu, T. Y. S. S. Santosh, Oana Ichim, Barbara Plank, Matthias Grabmair
Annotation von Referenzdaten zur Entwicklung einer KI-basierten Entscheidungshilfe für den Europäischen Gerichtshof für Menschenrechte
Ein Werkstattbericht
Abb. 1: Taxonomie von Quellen von Unstimmigkeiten im Annotationsprozess — **158**

Krisztina Karsai
KI vs. menschliche Entscheidung bei der Analyse und Anwendung des Rechts
Abb. 1: KI-Entscheidungen in der Verhandlungsphase (Autor) — **171**

www.ingramcontent.com/pod-product-compliance
Lightning Source LLC
LaVergne TN
LVHW010546300926
849162LV00002B/245
9783111343327